Ulrike und Kurt Wermut Graef

Wir stricken und häkeln

Ein Knaur-Handarbeitsbuch
Mit 341 zum Teil farbigen Fotos und Zeichnungen

Droemer Knaur

1.–30. Tausend

© 1976 Droemersche Verlagsanstalt Th. Knaur Nachf.
München/Zürich
Farbfotos: Evi Stalf-Sesselmann
Schwarzweißfotos: Lothar Schiffler
Zeichnungen: Peter M. Dockhorn und Kurt Wermut Graef
Umschlaggestaltung: Atelier Blaumeiser
Reproduktion: Findl, Baumann und Semmler GmbH & Co.
Druck: Appl, Wemding
Bindung: Großbuchbinderei Sigloch, Stuttgart/Künzelsau
Printed in Germany
ISBN 3-426-02247-8

Inhalt

Abkürzungen

Stricken

re M	rechte Masche
li M	linke Masche
RandM	Randmasche
R	Reihe
Rd	Runde
U	Umschlag

Häkeln

Lm	Luftmasche
Km	Kettmasche
fM	feste Masche
hStb	halbes Stäbchen
Stb	Stäbchen
DStb	Doppelstäbchen

R	Reihe
Rd	Runde
U	Umschlag

Ein Wort zuvor

Es läßt sich nicht leugnen: Stricken und Häkeln sind – wieder einmal – »in«. Ob auch daran nur die bis zum Überdruß zitierte »Nostalgiewelle« schuld ist? Wir glauben nicht recht daran. Viel eher möchten wir annehmen, daß in einer hochtechnisierten und perfektionierten Welt, einer Welt, in der man alles »fertig« kaufen kann, der Reiz des Selbermachens – und des Selbstgemachten – neu entdeckt worden ist. Das weite Feld der Handarbeiten ist nun einmal eines der letzten Reservate, in denen sich schöpferische Phantasie, Farben- und Formensinn nach Herzenslust ausleben können.

Was will dieses Buch?

Das ist mit vier Worten gesagt: Es will Ihnen helfen. Wir stellen uns vor, daß Sie vor längerer oder kürzerer Zeit die Grundbegriffe des Strickens und Häkelns in der Schule gelernt haben. Daß Sie von Zeit zu Zeit einen Anlauf nehmen und sich an Selbstgestricktem oder Selbstgehäkeltem versuchen. Und daß das Feuer der Begeisterung schnell in sich zusammensinkt und deshalb allerlei Angefangenes in Ihrer Wohnung ein trübseliges Dasein führt: schamhaft versteckt und gelegentlich mit Wehmut betrachtet. Man hat sich zuviel zugemutet und dann die Lust verloren – schade um Material und

Geld. Vielleicht sind Sie aber auch eine eifrige, sehr geübte Strickerin. Was Sie sich wünschen, sind Anregungen, für Modelle und für Strickmuster. Vielleicht wollen Sie auch nur einmal ganz genau wissen, wie man dieses oder jenes Detail arbeitet – eine Ausschnittblende etwa oder ein Zackenmuster.

Ob Sie nun zu Typ 1 oder Typ 2 gehören: Dieses Buch läßt Sie nie im Stich: Es berät Sie bei der Auswahl von Material und Handwerkszeug, erklärt in einem kurzgefaßten, bebilderten Strick- und Häkelkurs alle Arbeitsdetails, angefangen beim Maschenaufschlag, gibt Tips für die Pflege von Strick- und Häkelsachen und hilft Ihnen dabei, die eigene Garderobe durch klug ausgewählte selbstgearbeitete Modelle zu ergänzen.

Was finden Sie noch? Viele Strick- und Häkelmuster, zum Aussuchen für den Pulli oder die Jacke nach eigenem Entwurf, ein Kapitelchen, in dem ausführlich erklärt wird, wie man sich einen Schnitt nach den eigenen Maßen anfertigt, Vorschläge für gestrickte und gehäkelte Geschenke – und dann natürlich Modelle. Von ihnen wird gleich noch ausführlicher gesprochen werden.

Einfach, aber superschick:
unsere Modelle

Jedes Jahr erscheinen zahllose Hefte mit Strick- und Häkelmoden, jede

7

Frauenzeitschrift bringt Pullis und Jacken für Mann, Frau und Kind – wir wollen weder mit diesen noch mit jenen konkurrieren. Und wir könnten es auch gar nicht im Rahmen dieses Buches. Die Frauenzeitschriften und die Handarbeitshefte bringen meist Hochmodisches (das vielleicht ein Jahr später schon nicht mehr so modisch ist). Die Modelle, die wir ausgesucht haben, sind nicht weniger schick – die Farbfotos sprechen da für sich –, aber sie sind einfach in der Grundform: denn auch weniger Geübte sollen sich ja ohne Zagen an die Arbeit machen können. Sie haben aber noch einen ganz besonderen Vorzug – sie sind von »klassischer« Schlichtheit. (Die großen Couturiers wissen schon, weshalb sie immer wieder auf ausgereifte und erprobte Formen zurückgreifen!) Und ganz besonderer Schick entsteht da, wo schlichte Form, edles Material und aparte Farbkombinationen eine glückliche Verbindung eingehen. Unter diesem Gesichtspunkt haben wir unsere Modelle für Sie ausgesucht.

Stricken oder Häkeln?

Möglicherweise haben Sie sich noch nie Gedanken darüber gemacht, welche Technik für Sie die geeignetere sein könnte. Haben Sie wenig Zeit, werden Sie rasch ungeduldig und verlieren Sie die Lust, wenn die Arbeit nicht fertig werden will: dann sollten Sie nicht gerade einen Pullover aus hauchdünnem Garn in einem schwieri-gen Spitzenmuster beginnen. Ein Häkelpulli aus kräftigem Garn, in lustigen Farben, oder eine rustikale Jacke sind dann das Richtige für Sie. Die Häkelarbeit hat zudem den Vorteil, daß sie jederzeit aus der Hand gelegt werden kann – weil man keine Nadel zu Ende stricken muß – und daß keine Maschen fallen können. Wer einen Ehemann, Bruder oder Freund mit Selbstgearbeitetem beglücken will, sollte dagegen unbedingt zu den Stricknadeln greifen: behäkelte Männer verlieren merkwürdigerweise, äußerlich, an Männlichkeit – weshalb, ist noch nicht erforscht.

Grundsätzlich gilt (und das ist ja ganz selbstverständlich und einleuchtend): Für Anfänger und noch Ungeübte, für die Ungeduldigen und Nervösen einfache Muster, kräftiges Garn und dicke Nadeln, damit das erste Stück schnell fertig wird. Häkeln ist unter Umständen dem Stricken vorzuziehen. Die erfahrene Handarbeitsfreundin aber kann sich alles zutrauen – schwierige Zopfmuster, zweifarbige Norwegerpullis und kühn durchbrochene Kreationen.

Endstation Selbständigkeit

Das wünschen wir uns: daß Sie unabhängig werden. Unabhängig vom Vorbild und vom Geschmack anderer und jederzeit imstande, modische Wunschbilder Wirklichkeit werden zu lassen. Und dabei, so hoffen wir, wird Ihnen dieses Buch gute Dienste leisten.

8

Das ABC
des Strickens und
Häkelns

Kurz-gefaßter Strickkurs

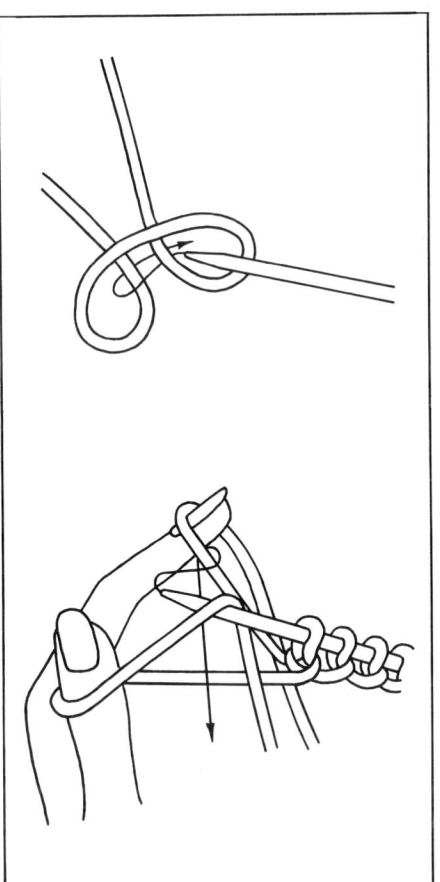

Die Grundmaschen

Der Maschenanschlag (M-Anschlag)
Einen ausreichend langen Faden ab-
wickeln (für 10 M rechnet man etwa
Garn in der Länge einer Strumpfstrick-
nadel). Den Fadenbruch über die
Fadenenden legen, so daß 2 Schlingen
entstehen. Das hintere Fadenende
sollte vom Knäuel kommen. Die vordere Schlinge mit der Nadel durch die
hintere durchziehen. Den Faden anziehen. Nun den Knäuelfaden von hinten
nach vorne über den Zeigefinger legen
und das Fadenende von innen nach
außen über den Daumen. Mit der Nadel den äußeren Faden des Daumens
hochnehmen und den inneren Faden
vom Zeigefinger durch die Schlinge
ziehen. Den Faden anziehen. Auf diese
Weise die erforderliche Maschenzahl
anschlagen. Dabei ist zu beachten, daß
die Anschlagmaschen gleichmäßig,
aber nicht zu fest angezogen werden.

Die rechte Masche (re M)
Den Faden über den linken Zeigefinger legen und hinter der Arbeit halten.
Mit der rechten Nadel von vorne nach
hinten in die 1. M der li Nadel einstechen und den Faden (in Pfeilrichtung) durchziehen.

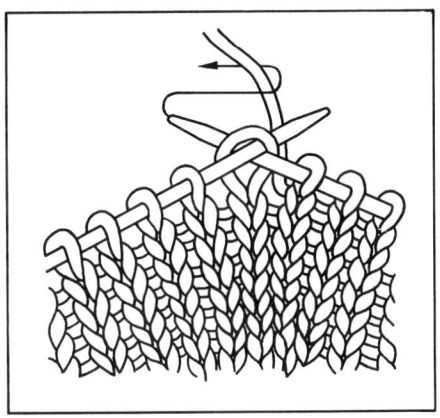

11

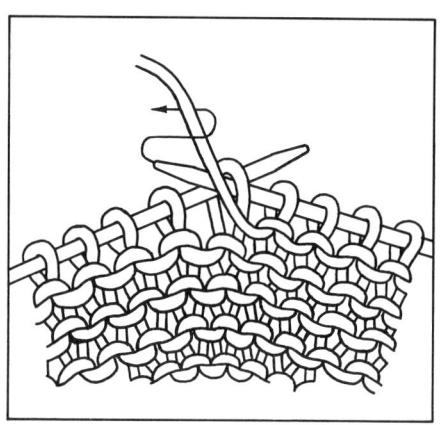

Die linke Masche (li M)

Den Faden über den linken Zeigefinger legen und vor der Arbeit halten. Mit der rechten Nadel von hinten nach vorne in die 1. M der li Nadel einstechen und den Faden in Pfeilrichtung durchziehen.

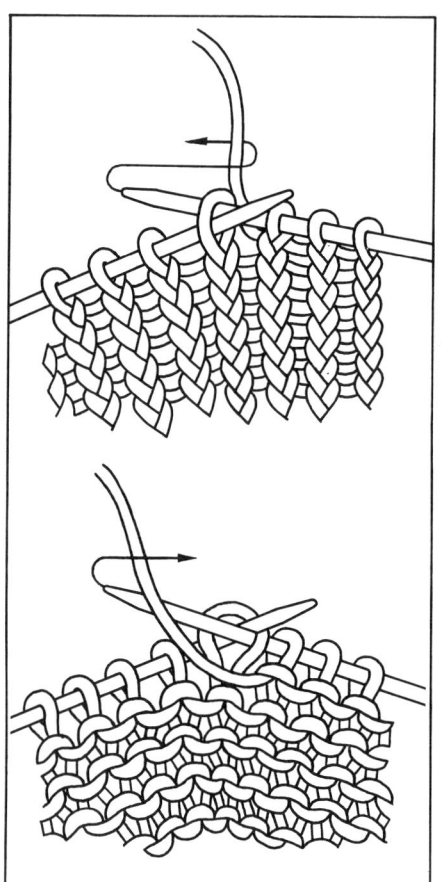

Die rechts verschränkte Masche

Den Faden über den linken Zeigefinger legen und hinter der Arbeit halten. Mit der rechten Nadel von hinten nach vorne in die 1. M der li Nadel einstechen und den Faden in Pfeilrichtung durchziehen.

Die links verschränkte Masche

Den Faden über den linken Zeigefinger legen und vor der Arbeit halten. Mit der rechten Nadel von hinten nach vorne in die 1. M der li Nadel einstechen und den Faden in Pfeilrichtung durchziehen.

Randmaschen

Grundsätzlich muß zwischen 2 verschiedenen Arten von Randmaschen
unterschieden werden: dem Knötchenrand und dem Kettmaschenrand.

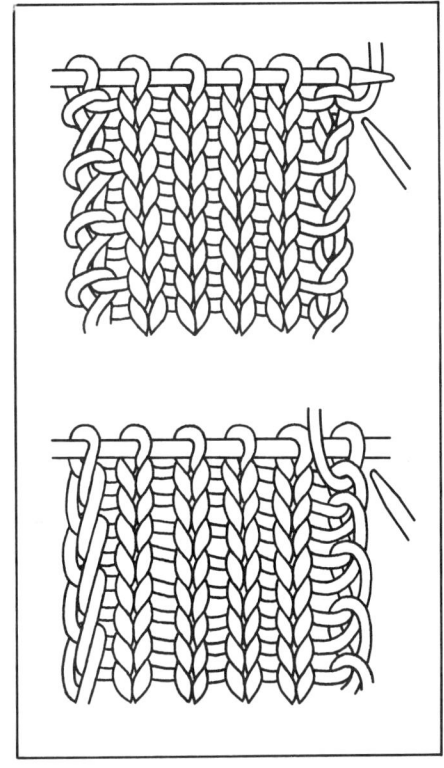

Der Knötchenrand
Dieser Art RandM ist eigentlich immer
der Vorzug zu geben. Sie entsteht dadurch, daß grundsätzlich die letzte M
einer jeden R (also auch einer li R!) re
verschränkt abgestrickt wird. Der dann
hinter der Arbeit liegende Faden wird
beim Wenden der Arbeit mit herumge-
führt, und die 1. M der neuen R wird
abgehoben. Der Knötchenrand neigt
niemals zum »ausleiern« und gibt den
Nähten viel mehr Halt. Außerdem
können auf diese Weise kraus gestrickte Teile fast unsichtbar zusammengenäht werden (siehe Seite 20). Oft nei-
gen RandM auch dazu, etwas größer,
unregelmäßiger auszufallen. Bei Knötchen kann dies nicht vorkommen.

Diese Art RandM ist oft ratsam bei
Leisten, die im Muster 1 M re, 1 M li
gestrickt sind, doch Vorsicht: die
Kante könnte sich »längen«! Wenn
nach ein paar R festgestellt wird, daß
die Kante rund ist, das heißt nach unten zu zipfeln scheint, wird besser wieder aufgetrennt und ein Knötchenrand
gestrickt.

Der Kettmaschenrand
Die 1. M einer neuen R wird ebenfalls
abgehoben, der Faden dabei aber vor
der Arbeit gehalten. Die letzte M wird
so, wie sie im Maschenbild erscheint,
abgestrickt. Oder aber es wird die
letzte M einer jeden R abgehoben und
dabei der Faden vor der Arbeit gehalten. Nach dem Wenden liegt der Faden
hinten, und die 1. M der neuen R wird
im Maschenrhythmus abgestrickt.

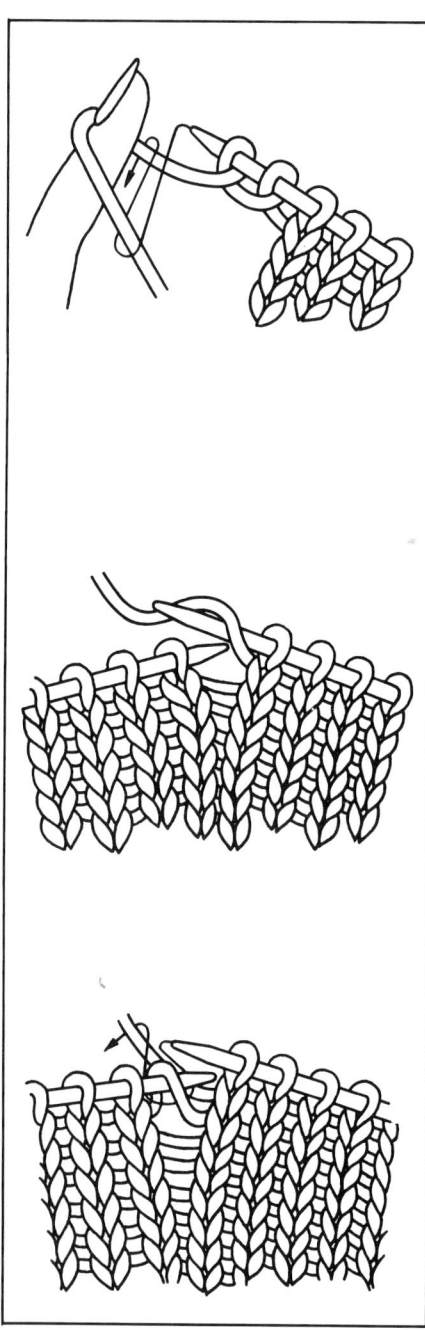

Zunehmen von Maschen

Zunehmen mehrerer Maschen am Rand

Müssen am Rand mehrere M zugenommen werden, so werden einfach am Ende der R Schlingen über die Nadel gelegt. Sie werden in der folgenden R als M abgestrickt.

Zunehmen innerhalb eines Teiles durch Umschläge

Wenn an Seitenkanten oder Ärmelschrägungen in bestimmten Abständen zugenommen werden muß, so ist es immer ratsam, dies innerhalb des Teiles zu tun und nicht einfach aus der letzten M der R 2 M herauszustricken. Die RandM abheben, 1 oder 2 M stricken, einen U machen und die R wie vorgesehen beenden. Den U dann in der folg. R entweder verschränkt abstricken, wobei die Zunahme optisch fast nicht auffällt, oder normal abstricken, wobei ein kleines Loch entsteht. Bei Lochmustern kann letzteres einen zusätzlichen Mustereffekt ergeben.

Zunahmen durch Aufnehmen des Querfadens

Hier wird ebenfalls innerhalb der R zugenommen. Die RandM und die folgenden 2 oder 3 M abstricken, dann den folg. Querfaden auf die li Nadel nehmen und verschränkt abstricken. Dabei darauf achten, daß sich beim Auffassen des Querfadens die M re und li davon nicht verziehen.

14

Abnehmen von Maschen

Das Abnehmen von Maschen innerhalb einer Strickarbeit

Ebenso wie die Zunahmen sollen auch die Abnahmen nicht direkt am Rand, sondern immer einige M davon entfernt innerhalb der Arbeit ausgeführt werden. Beim Abnehmen ist aber zusätzlich darauf zu achten, daß die Deckmaschen der Abnahmen parallel zur Kante verlaufen. Ganz besonders wichtig ist dies bei Raglan- und V-Ausschnittschrägungen.

Abnehmen am Ende einer Reihe
Bis zu den letzten 4 oder 5 M der R stricken. Die folg. 2 M re zusammenstricken und die letzten 2 oder 3 M ebenfalls re stricken.

Abnehmen am Anfang einer Reihe
Die RandM abheben, 1 oder 2 M re stricken, die folg. M abheben, die nächste M re stricken und die abgehobene M überziehen.

Abnehmen für eine Spitze
Die MittelM, zum Beispiel der Spitze eines V-Ausschnitts, markieren. Dann bis zur M vor dieser MittelM stricken, die M vor und die M hinter der MittelM zusammenstricken und die MittelM überziehen. So verläuft die MittelM senkrecht nach oben, und die abgenommenen M laufen gleichmäßig auf diese MittelM zu.

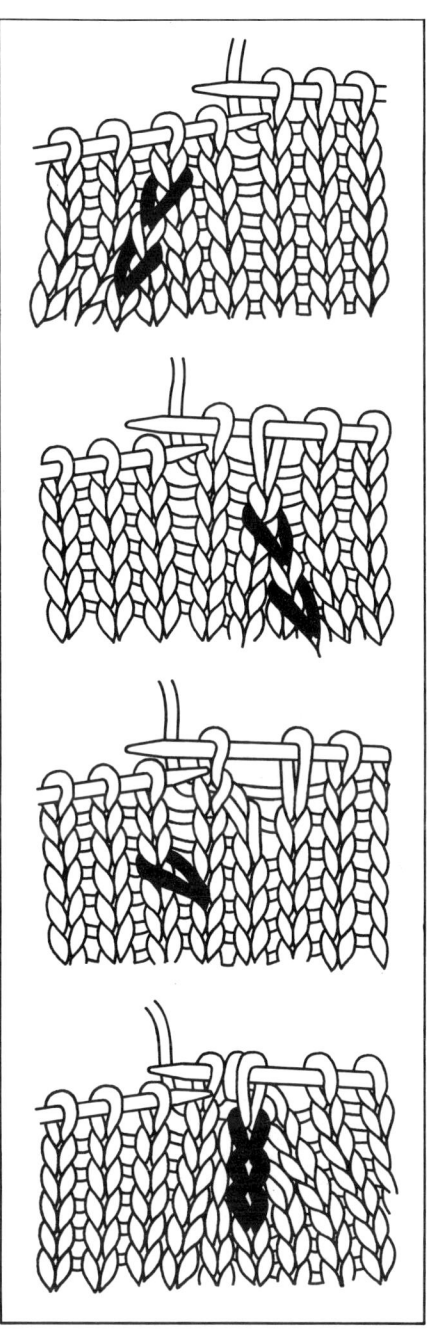

15

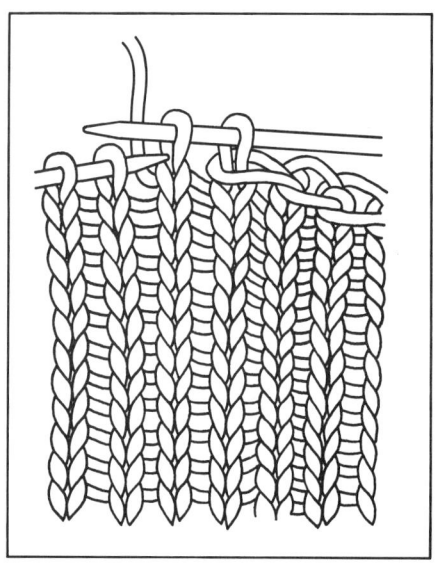

Abketten

Das Abketten von M kann innerhalb eines Strickstücks, an der Kante oder als Abschluß ausgeführt werden. Die 1. und 2. M stricken und die 1. M über die 2. M überziehen. Die 3. M abstricken und die 2. M über die 3. M überziehen. In dieser Art weiterarbeiten, bis alle M abgekettet sind.

Die M sollen vor dem Abketten immer so abgestrickt werden, wie das Muster dies verlangt: bei re M wird re abgestrickt, bei einem Muster aus re und li M wird entsprechend dem M-Rhythmus abgestrickt und dann abgekettet. Es muß besonders darauf geachtet werden, daß die abgekettete Kante locker und dehnbar bleibt und nicht zu straff und unelastisch wird.

Auffassen von Maschen aus Kanten

Wenn aus geraden Kanten M aufgefaßt werden müssen – für das Anstricken einer Leiste zum Beispiel –, dann wird jeweils 1 M zwischen 2 Knötchen oder Kettmaschen herausgeholt. Sollte der Abstand zu groß sein, was bewirken könnte, daß sich die Leiste zieht, dann wird in gleichmäßigen Abständen von 3 oder 4 M ein U gemacht, welcher dann in der 1. R verschränkt abgestrickt wird. Wenn M aus nicht ganz gleichmäßigen Kanten, zum Beispiel runden Halsausschnitten, aufgefaßt werden müssen, dann wird jeweils aus den vor der Kante liegenden M eine M herausgeholt. Sollten diese M nicht ausreichen oder die Abstände von M zu M zu groß sein, darf niemals eine M aus dem zwischen den Abnehmen ent-

standenen Loch herausgeholt werden:
Auch hier einen U machen und diesen
in der folg. R verschränkt abstricken.
Auf diese Weise verschwindet das
Loch, im anderen Falle würde es nur
größer.
Das Aufnehmen aus runden Kanten
erfordert etwas Fingerspitzengefühl.
Je gleichmäßiger die M zuvor an der
Kante abgenommen wurden, desto
leichter fällt danach das Auffassen der
neuen M.

Der Maschenstich

Aufsticken mit Maschenstich
Wenn auf Strickstücken kleine Muster
erscheinen sollen, die wie eingestrickt
aussehen sollen, aber nicht mit eingestrickt werden können, weil die einzelnen Motive zu weit voneinander entfernt sind, als daß man auf der linken
Seite den Faden mitführen könnte,
dann wird solch ein Muster mit Maschenstichen aufgestickt.
Die Nadel unterhalb einer M ausstechen, von re nach li oberhalb der M die
Nadel durchführen und den Faden
durchziehen. In den Ausstichpunkt zurückstechen. Die 2 Stickstiche liegen
genau über der M. Es empfiehlt sich,
mit einer Wolle von gleicher Stärke wie
die Strickwolle zu sticken, damit die M
gut abgedeckt wird. Noch etwas sehr
Wichtiges: Maschenstiche immer nur
mit etwas dickeren stumpfen Sticknadeln sticken oder nähen!

17

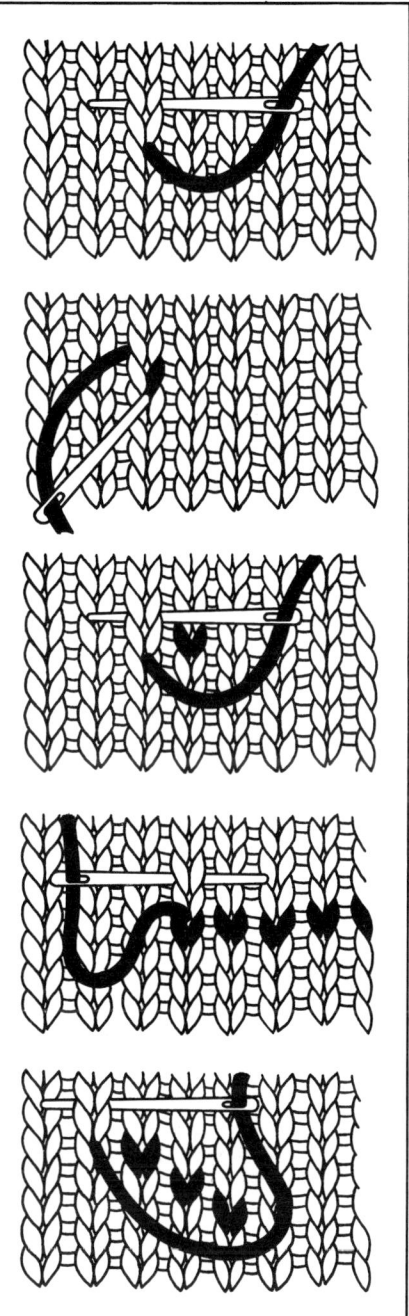

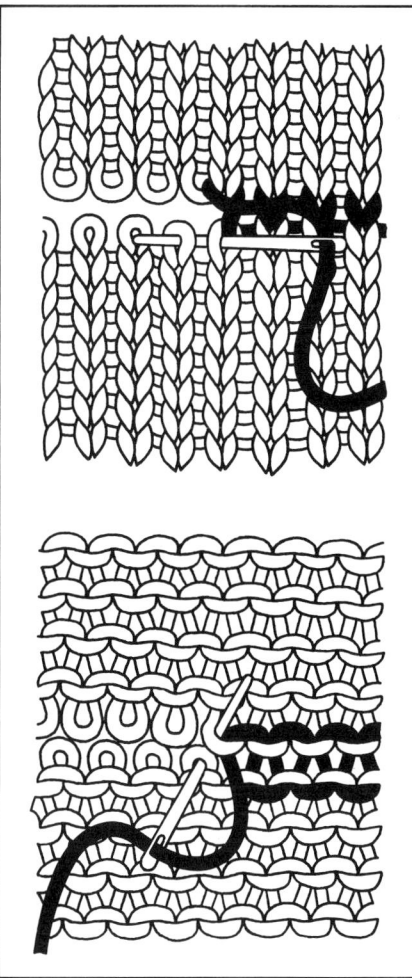

Maschenstiche bei glatt rechts gestrickten Teilen

Die Teile flach gegeneinander auf eine ebene Fläche legen. Aus der 1. M des unteren Teiles von unten nach oben ausstechen. Von oben nach unten in die 1. M des gegenüberliegenden zweiten Teiles einstechen und von unten nach oben aus der danebenliegenden M wieder ausstechen. Von oben nach unten in die 1. M des unteren Teiles zurückstechen, und von unten nach oben aus der danebenliegenden M wieder ausstechen. Von oben nach unten in die 2. M des gegenüberliegenden Teiles zurückstechen, und von unten nach oben aus der danebenliegenden M wieder ausstechen. In dieser Weise weiterarbeiten, bis alle M miteinander verbunden sind.

Maschenstiche bei glatt links gestrickten Teilen

Die beiden Teile flach gegeneinander auf eine ebene Fläche legen. Von oben nach unten in die 1. M des unteren Teiles einstechen. Von unten nach oben aus der 1. M des gegenüberliegenden Teiles ausstechen. Von oben nach unten in die danebenliegende M zurückstechen. Von unten nach oben aus der 1. M des ersten Teiles ausstechen und von oben nach unten in die danebenliegende M zurückstechen. Von unten nach oben aus der 2. M des gegenüberliegenden Teiles ausstechen und von oben nach unten in die 3. M zurückstechen. So fortfahren, bis alle M miteinander verbunden sind.

Zusammennähen mit Maschenstich

Mit dieser Technik des Aneinanderfügens von Strickteilen werden Nähte, die unschön oder auffällig wirken könnten, vermieden.

Abnähen von gestrickten Kanten im Muster 1 M re, 1 M li

Wenn Strickbündchen an ein Teil angestrickt werden, dann wird die abgekettete Außenkante häufig so, wie sie eigentlich nicht werden sollte: entweder zu straff oder zu locker (in letzterem Fall leiert der Rand aus).

Um solche Pannen zu vermeiden, kann man die Kanten abnähen. Sie werden dann fest und doch elastisch und sehen sehr gut gearbeitet aus.

Das Abnähen geschieht mit einer dicken, stumpfen Sticknadel und dem Strickfadenende, wenn die M nach der letzten R noch auf der Stricknadel liegen: Von hinten nach vorne aus der 1. M ausstechen und die M von der Stricknadel gleiten lassen. Die Nadel von re nach li durch die folg. re M führen und den Faden durchziehen. Die Nadel dann von re nach li durch die davor liegende li M führen und durchziehen. Diese M und die danebenliegende re M von der Stricknadel nehmen. Dann die Nadel von li nach re durch die folg. li M führen und durchziehen. Von vorne nach hinten nochmals durch die schon von der Nadel genommene letzte re M durchstechen und von re nach li die Nadel durch die folg. re M führen und durchziehen. So fortfahren, bis alle M abgenäht sind. Es kann sein, daß dieses Abnähen beim ersten Versuch nicht sofort perfekt gelingt, aber die Mühe des Übens lohnt sich hier auf jeden Fall. Abgenähte Kanten wirken eben viel »gekonnter«.

19

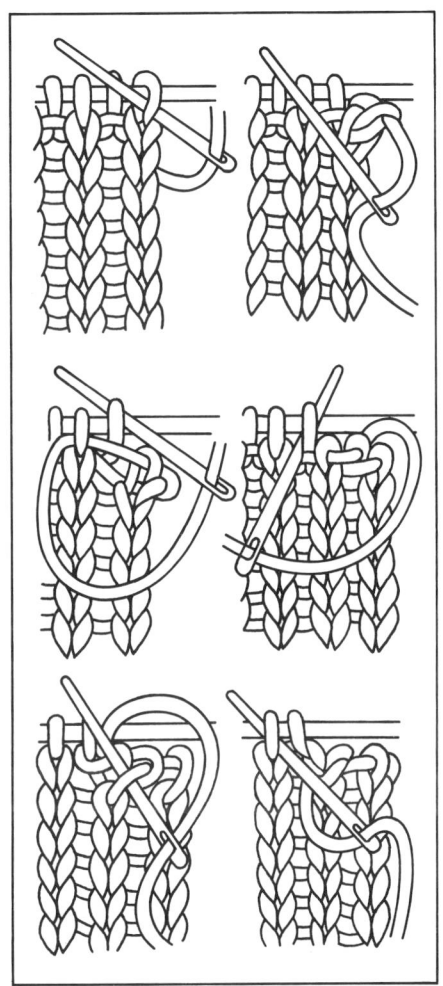

Stricknähte

Zusammennähen von glatt re gestrickten Teilen

Die beiden Teile mit der re Seite (also der Seite, die außen getragen wird) nach oben nebeneinander auf eine ebene Fläche legen. Mit einer dicken, stumpfen Nadel immer neben einer RandM den Faden durchziehen, d. h. abwechselnd die RandM des einen Teiles und des gegenüberliegenden Teiles aufnehmen und den Faden anziehen. Dabei immer jeweils an der Ausstichstelle des letzten Stiches auch wieder einstechen. Nach dem Anziehen des Fadens fügen sich die Teile ohne sichtbare Naht aneinander. Man nennt dies die »unsichtbare« Naht.

Zusammennähen von kraus gestrickten Teilen

Die beiden Teile mit der re Seite (also der Seite, die außen getragen wird) nach oben nebeneinander auf eine ebene Fläche legen. Mit einer dicken, stumpfen Nadel abwechselnd in die RandM des einen Teiles und dann in die des gegenüberliegenden Teiles einstechen und den Faden durchziehen. Nach dem Anziehen des Fadens fügen sich die Teile flach und fast ohne sichtbare Naht aneinander.

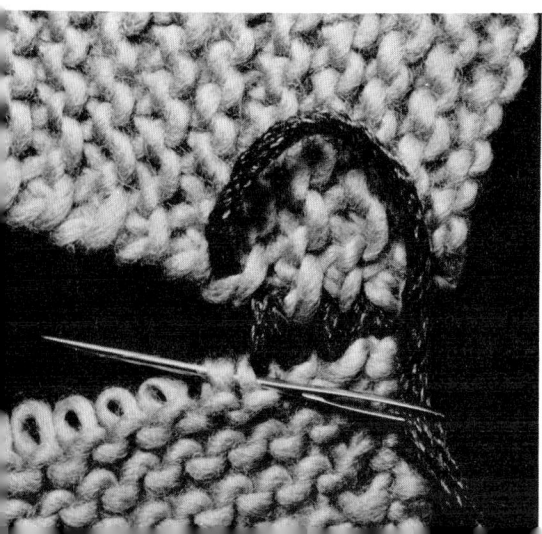

Das Annähen offener Maschen an eine Kante

Die Teile mit der re Seite nach oben nebeneinander auf eine ebene Fläche legen und mit einer dicken, stumpfen Nadel von unten nach oben aus der

20

1. offenen M ausstechen, die 1. RandM des gegenüberliegenden Teiles aufnehmen und den Faden anziehen. Nun von oben nach unten in die 1. M zurückstechen und von unten nach oben aus der nun folgenden M ausstechen, die nächste RandM des anderen Teiles aufnehmen und den Faden anziehen. Von oben nach unten in die letzte M zurückstechen und von unten nach oben aus der folgenden M ausstechen. Auf diese Weise weiterarbeiten, bis alle M angenäht sind.

Wenn die offenen M und RandM von unterschiedlicher Anzahl sind, so müssen, gleichmäßig verteilt, je 1mal 2 M wie 1 M angenäht werden. Vor Beginn des Zusammennähens also die M und RandM auszählen und überzählige M gleichmäßig verteilt markieren.

Knopflöcher

Das waagerechte Knopfloch

Das Strickstück bis zur Höhe des Knopflochs hochstricken und dann je nach Wollstärke oder Knopfgröße 3 bis 6 M abketten. Die fehlenden M werden in der folg. R wieder neu angeschlagen, indem man die erforderliche Anzahl Schlingen über die Nadel legt. Zum Schluß die Kanten des Knopflochs mit Knopflochstichen oder Kettstichen übersticken.

Wenn es sich um »doppelte« Knopflöcher handelt, zum Beispiel bei einer Leiste, die doppeltbreit gestrickt und dann zur Hälfte nach innen umgeschlagen wird, werden die Kanten der beiden Knopflöcher zusammen umstickt.

Das senkrechte Knopfloch

Bis zu Beginn des Knopflochs gerade hochstricken. Dann das Strickstück an der Stelle teilen, an der das Knopfloch beginnen soll, und die Seiten getrennt hochstricken, bis das Knopfloch die erforderliche Länge hat. Nun wieder über die ganze Breite stricken. Zum Abschluß die Knopflochkanten mit Knopflochstichen umsticken. Bei doppelten Knopflöchern die Kanten beim Umsticken zusammenfassen.

Bündchen und Säume

Bündchen im Muster 1 M re, 1 M li

Die erforderliche Maschenzahl anschlagen und das Bündchen 1 M re, 1 M li im Wechsel in der gewünschten Höhe stricken. Dieses Rippenmuster ist von sehr unauffälliger Art, es ergibt ein fast glattes, flaches Strickbild, das sich nicht betont vom glatt re gestrickten Teil abhebt.

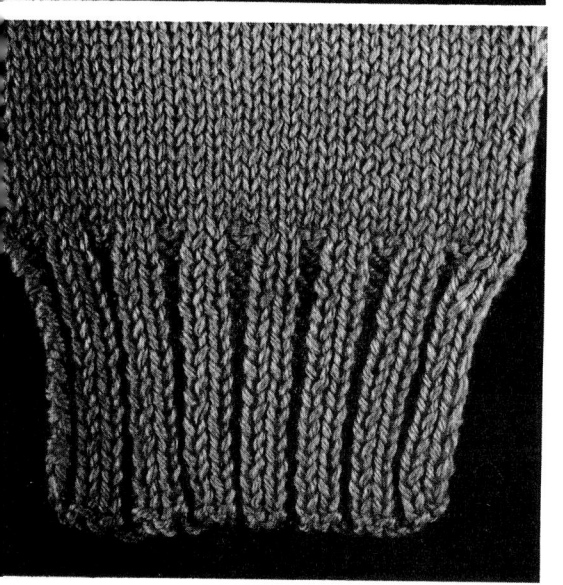

Bündchen im Muster 2 M re, 2 M li

Die erforderliche Maschenzahl anschlagen und das Bündchen 2 M re, 2 M li im Wechsel in der gewünschten Höhe stricken. Diese Rippenbündchen wirken plastischer, rustikaler und werden vor allem für Sportpullover und Jacken bevorzugt.

Der glatte Saum

Die erforderliche Maschenzahl immer mit Nadeln anschlagen, die um eine Nadelstärke dünner sind, als die für das Grundmuster vorgesehenen! Die erforderliche Saumbreite (meist genügen 2–3 cm) glatt re (HinR re, RückR li) stricken. Nun mit den stärkeren Nadeln weiterarbeiten. Nach Beendigung des Teiles den Saum entlang der durch den Nadelwechsel gut erkennbaren Kante nach innen biegen und M für M ansäumen.

Der Mausezähnchensaum

Die erforderliche Maschenzahl anschlagen und 2–3 cm (oder die gewünschte) Saumbreite gerade hochstricken. Die folg. R – die später nach innen gebogen wird – wie folgt stricken: * 2 M re zusammenstricken, 1 U. Ab * fortlaufend wiederholen. Wenn das Teil beendet ist, wird der Saum entlang dieser Lochreihe nach innen gebogen und M für M angesäumt.

Die Taschen

Die aufgesetzte Tasche

Das Taschenteil wird gesondert gestrickt, am besten von oben nach unten, also mit der oberen Kante beginnend, damit diese sich nicht rollt. Die Oberkante der Tasche wird meist kraus (HinR re, RückR re) oder gerippt gestrickt oder passend zu Leisten oder Bündchen im jeweiligen Muster. Die Tasche bis zur erforderlichen Höhe stricken, und die M auf einer Hilfsnadel oder einem Maschenraffer stilllegen. Zuerst müssen die Teile, auf die die Taschen aufgenäht werden sollen, gedämpft werden. Dann werden die ebenfalls gedämpften Taschen aufgenäht: zunächst mit Maschenstichen (siehe Seite 18) die offenen M der Unterkante. Die Seitenkanten werden mit einer Stricknaht (siehe Seite 20) aufgenäht.

Die Pattentasche

Wenn das Strickstück bis zur Höhe des

23

Tascheneingriffs fertig ist, werden die M für die Taschenbreite auf einer Hilfsnadel oder einem Maschenraffer stillgelegt und die nun fehlenden M in der folg. R zuerst wieder neu angeschlagen. Dann wird das Strickstück fertiggestrickt. Nun werden die stillgelegten M für die Tasche wieder aufgenommen und gleichzeitig auf beiden Seiten für das spätere Annähen je 1 M neu angeschlagen. Die Patte wird in der erforderlichen Höhe gerade hochgestrickt und gleichmäßig abgekettet. Bündchen im Muster 1 M re, 1 M li werden abgenäht (siehe Seite 19). Dann werden aus den neu angeschlagenen M die M aufgenommen und die Taschenrückwand in der erforderlichen Höhe gerade hochgestrickt. Nach dem Abketten der M die Taschenrückwand mit einer Stricknaht (siehe Seite 20) annähen, dann auf dieselbe Weise die Seitenkanten der Patten annähen. Vorsichtig von links dämpfen.

Die senkrechte Pattentasche

Das Strickstück bis zu Beginn des Tascheneingriffs hochstricken. Dann die Arbeit an der Stelle – bei einem Pullover-Vorderteil an den beiden Stellen – des Eingriffs teilen und die einzelnen Teile getrennt weiter hochstricken, bis die Höhe der Tasche erreicht ist. Erst dann wieder über die ganze Breite stricken und das Teil beenden.

Aus der inneren Schlitzkante des Tascheneingriffs die M auffassen und dazu re und li je 1 M zusätzlich zum Annähen anschlagen. Die Patte in der erforderlichen Breite und in beliebigem Muster stricken. Die M gleichmäßig abketten. Bündchen im Muster 1 M re, 1 M li abnähen, dann aus den äußeren Schlitzkanten die M auffassen und die Taschenrückwand glatt re stricken. Die Rückwand unsichtbar mit einer Stricknaht (siehe Seite 20) annähen, auf dieselbe Weise auch die Pattenseitenkanten. Die Tasche von links vorsichtig dämpfen.

Die Schlitztasche

Das Strickteil bis zur Höhe des Tascheneingriffs hochstricken, und die M für die gewünschte Taschenbreite auf einer Hilfsnadel oder einem Ma-

schenraffer stillegen. Diese fehlenden M in der folg. R neu anschlagen und zuerst das Strickteil beenden. Dann die stillgelegten M auffassen, zum späteren Zusammennähen re und li je 1 M dazu anschlagen und einen Taschenbeutel stricken, das heißt ein gerades Stück von doppelter Taschenhöhe. Die offenen M mit Maschenstichen (siehe Seite 18) an die neu angeschlagenen M des Strickteiles annähen. Die Seitenkanten des Taschenbeutels zusammennähen.

Diese Art Taschen wird häufig um des Farbeffektes willen in einer Kontrastfarbe gestrickt, was gerade bei saloppen Jacken, die gerne offen getragen werden, sehr reizvoll aussieht. Bei solcher Betonung des »Innenlebens« sollte sich die Kontrastfarbe aber an den Leisten oder den Ärmelbündchen wiederholen.

Die Halsausschnitte

Der Halsausschnitt gibt dem Pullover das »Gesicht«. Man wird ihn deshalb ganz besonders sorgfältig arbeiten – und auch gut überlegen, welche Form am besten zur eigenen Figur paßt. Eng anliegende Bündchen stehen kurzen, stämmigen Hälsen ebenso schlecht wie ein großzügiger weiter und tiefer Ausschnitt knochigen Schultern.
Bündchen, Leisten oder Rollkragen werden immer erst nach dem Zusammennähen des Strickstücks angebracht. Meist wird man sie anstricken (wie man dafür aus Kanten Maschen auffaßt, steht auf Seite 16), man kann

sie aber auch gesondert arbeiten und dann mit einer Stricknaht oder – bei offenen Kanten – mit Maschenstich – annähen.

Der runde Halsausschnitt

Diese Art Ausschnitt wird häufig für schlichte glatt gestrickte Pullover in klassischer Form gewählt. Es werden zunächst in der Mitte des Vorderteils mehrere Maschen auf einmal abgekettet. Dann wird durch beidseitig gleichmäßiges Abnehmen die Rundung harmonisch ausgeformt. Ob man das Bündchen 1 M re, 1 M li oder 2 M re, 2 M li im Wechsel oder aber kraus strickt, hängt von der Art des Modells ab, von der Wollstärke und natürlich davon, in welchem Muster Taillen- und Ärmelbündchen gearbeitet wurden.

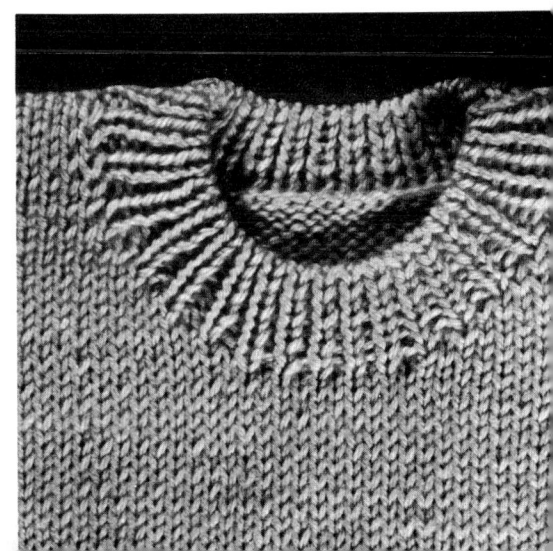

Der V-Ausschnitt

Er ist der »klassische« Ausschnitt für
einen Herrenpullover oder -pullunder
wie für jeden sportlichen Pullover
überhaupt. Man kann ihn knapp oder
etwas großzügiger bemessen – wenn
die Hemdbluse darunter zum Beispiel
noch gut sichtbar werden soll.
Für die Schönheit des fertigen V-Ausschnitts entscheidend ist die exakt ge-
arbeitete Leiste mit einer gut geform-
ten Spitze. (Wie ein V-Ausschnitt mit
angestrickter Leiste gearbeitet wird,
steht bei unserem Herrenpullover auf
Seite 202.)

Der viereckige Ausschnitt

Wie auf dem Foto gut zu sehen, wird
ein viereckiger Ausschnitt nicht rechtwinklig gestrickt; er verläuft vielmehr
in einer sanften Schrägung nach unten,
das heißt, zur Schulter hin wird abgenommen. Auf diese Weise liegt der
Ausschnitt tadellos an, kann weder zu
stramm sitzen, noch häßliche Buckel
bilden.
Besonders exakt gearbeitet werden
müssen die Ecken der Ausschnittblende. Wie bei der Spitze der V-Aus-
schnittleiste muß die Mittelmasche in
beiden Ecken eine re M sein. Links und
rechts davon werden die Abnahmen
vorgenommen.

Der Rollkragenausschnitt

Man arbeitet einen runden Halsausschnitt, der allerdings nicht zu tief ausfallen darf – der Rollkragen bekäme
sonst einen »Zug nach unten«. Den
Rollkragen selbst strickt man, zu Tail-
len- und Ärmelbündchen passend, im
Muster 1 M re, 1 M li oder 2 M re, 2 M li
auf einem Nadelspiel gerade hoch.
Wichtig ist, daß man möglichst locker
abkettet. Der Rollkragen muß sich ja
beim Umschlagen gut dehnen können.
Ist die verwendete Wolle sehr dick, so
empfiehlt es sich, den Rollkragen als
offenes rechteckiges Teil gesondert zu
stricken, mit einer Stricknaht zu schließen und dann, ebenfalls mit einer
Stricknaht, an den Halsausschnitt an-
zunähen.

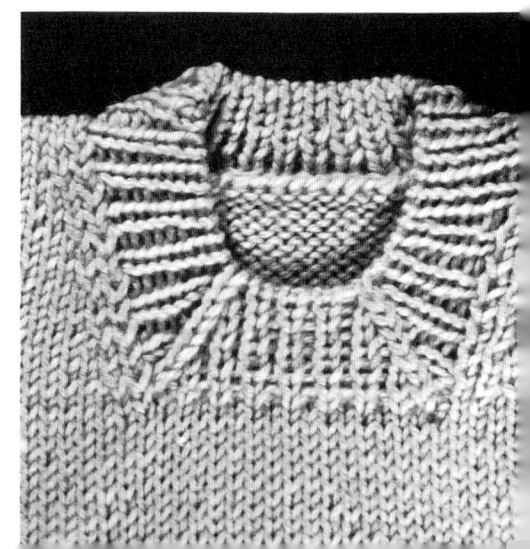

Verschiedene Jackenformen

1. Foto: Diese Jacke mit V-Ausschnitt, das Vorderteil eines klassischen Cardigans, wird glatt re gestrickt, das Bündchen am unteren Rand 1 M re, 1 M li. Die Leiste, ebenfalls 1 M re, 1 M li im Wechsel gestrickt, wird gleich mitgearbeitet, also nicht erst nachträglich angenäht oder angestrickt. Ab Höhe des V-Ausschnittes erfolgen die Abnahmen für die Schrägung der Leiste. Bei einer Leistenbreite von beispielsweise 9 M werden in den erforderlichen Abständen jeweils die 10. und 11. M zusammengestrickt (siehe Berechnen von Schnitten Seite 66). Beim Rückenteil werden die M für den rückw. Ausschnitt wie üblich abgekettet. Bei einem Vorderteil wird die Leiste bis Schulterhöhe, beim anderen Vorderteil noch zusätzlich ein Stück gerade hochgestrickt, und zwar so weit, bis die Leiste in den rückw. Halsausschnitt paßt. Nicht zu lang stricken, denn beim Einnähen der Leiste muß der rückw. Halsausschnitt etwas eingehalten werden! Die Leistenenden werden mit Maschenstichen (siehe Seite 18) zusammengenäht. (Über das Einstricken von Knopflöchern siehe Seite 21).

2. Foto: Diese Jacke, eine beliebte Form für Trachten- und Kinderjacken, wird in folg. Weise gestrickt: 1. R: re 2. R: 2 M re, 2 M li im Wechsel. Die 1. und 2. R fortlaufend wiederholen. Die hochgeschlossene Leiste wird kraus (HinR re, RückR re) mitgestrickt. Die M für die Leiste werden zusätzlich bei den Vorderteilen mit angeschlagen und bis zum Beginn des Halsausschnittes gerade hoch mitgestrickt. Den Halsausschnitt wie üblich abketten, die M der beiden Leisten aber nur stilllegen, das heißt einen Faden durchziehen oder auf einen Maschenraffer nehmen. Nach dem Zusammennähen der Jacke die M der Halsausschnittkante auffassen, und dabei zu Anfang und Ende des Ausschnittes die M der Leisten mit dazunehmen. Nun wird das Halsbündchen in der gewünschten Höhe gestrickt. Alle M. gleichmäßig abketten. Soll die Jacke einen tieferen runden Ausschnitt bekommen, wird die Ausschnittrundung entsprechend tiefer begonnen und der Halsbund genau wie beschrieben gearbeitet. (Über das Einstricken von Knopflöchern siehe Seite 21).

3. Foto: Eine Rippenmusterjacke, 3 M re, 3 M li gearbeitet, mit V-Ausschnitt und einem Bündchen, das 1 M re, 1 M li im Wechsel gestrickt wird. Die 1 M re, 1 M li gestrickte Leiste wird nachträglich angestrickt: Nach dem Zusammennähen der Jacke werden die M entlang der vorderen Kanten, der Ausschnittschrägungen und dem rückw. Halsausschnitt von einer Unterkante beginnend bis zur anderen aufgefaßt, und zwar wird jeweils zwischen 2 RandM 1 M herausgeholt. Die Leiste wird nun in der gewünschten Breite gestrickt, dann werden alle M im Maschenrhythmus 1 re, 1 li abgekettet. Gerade bei längsgerippten Jacken

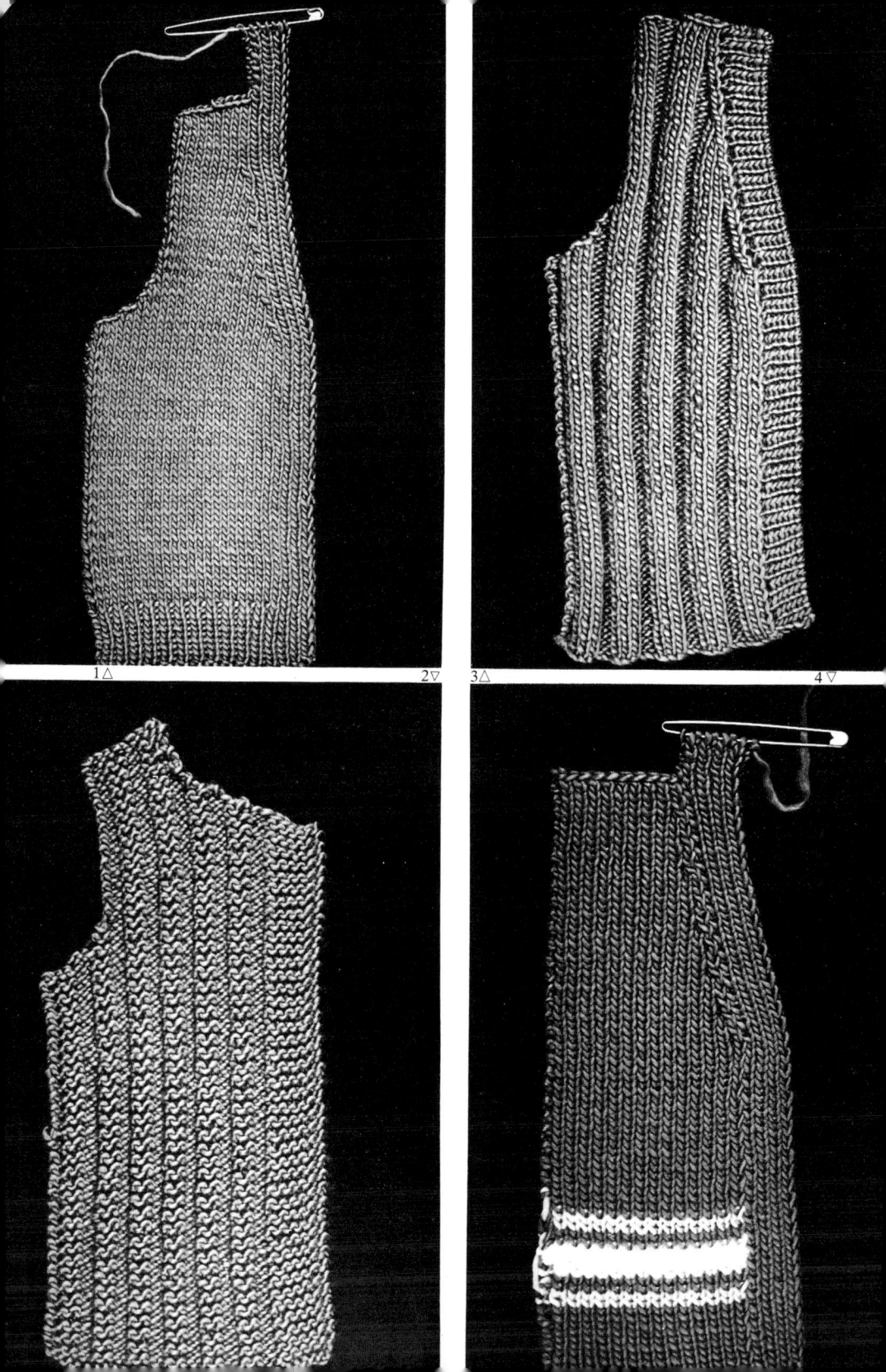

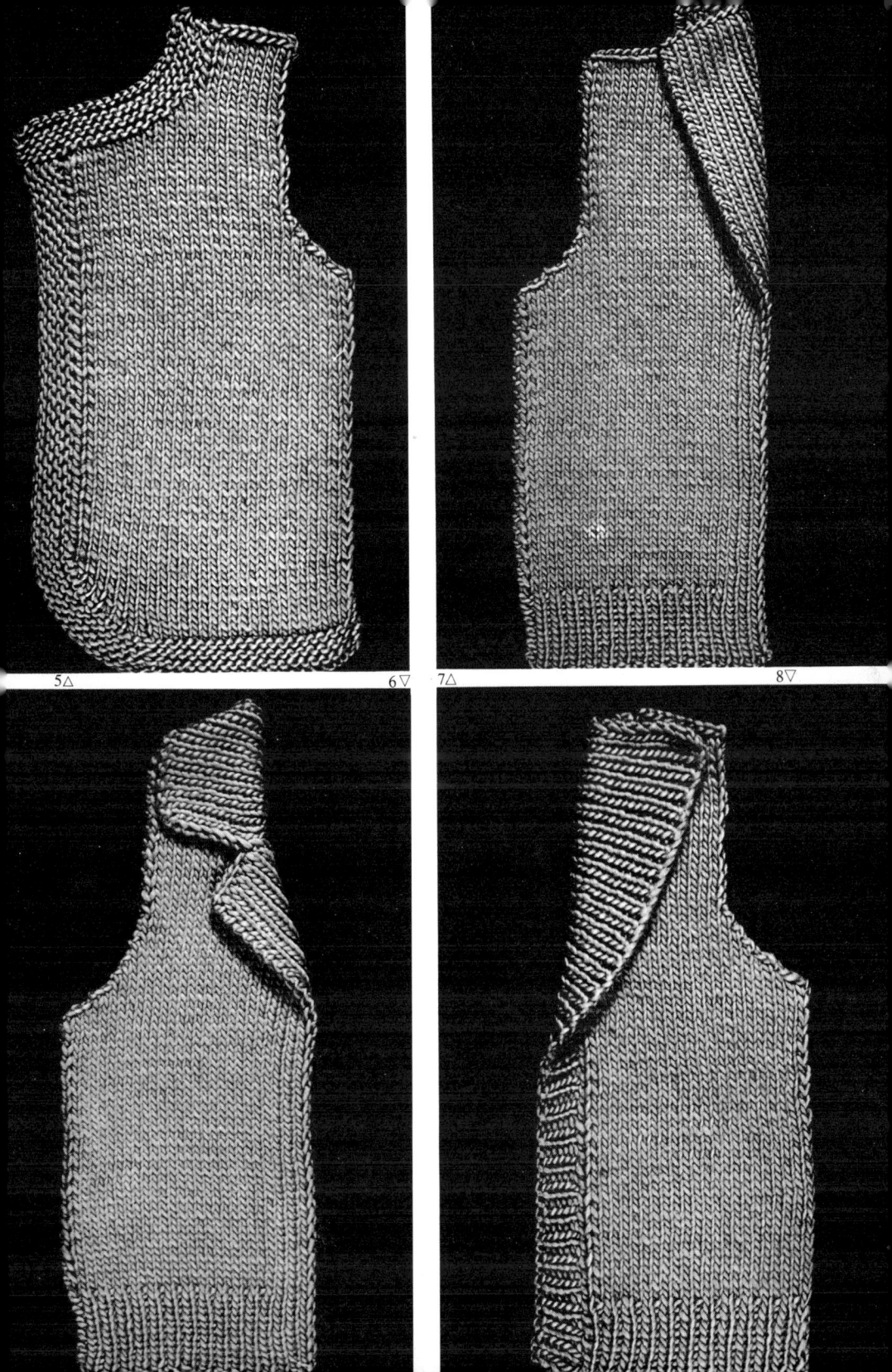

5△   6▽
7△   8▽

bilden quer angesetzte Leisten einen sehr schönen Struktureffekt.

Auch hier gilt für den V-Ausschnitt der Vorderteile: Für die Abnahmen werden jeweils die 3. und 4. M neben der Ausschnittkante zusammengestrickt. (Über das Einstricken von Knopflöchern siehe Seite 21).

4. Foto: Diese Jacke mit dem Ringelmuster ist durchgehend 1 M re, 1 M li gestrickt. Sie soll eine abstechende, einfarbige, längsgestrickte Leiste bekommen. Es werden zuerst die Jackenteile gestrickt. Dabei bei den Vorderseiten unbedingt beachten, daß der Farbwechsel, das heißt die neu angefangenen Fäden, immer an der Seitenkante hängen. Nur so lassen sie sich sehr sauber, »unsichtbar«, vernähen. Nach dem Zusammennähen der Teile eine Leiste in der erforderlichen Länge und Breite 1 M re, 1 M li im Wechsel stricken. Beim Annähen »bündig«, also mit der 1. R der Leiste am unteren Rand eines Vorderteils beginnen. So können am Ende etwa fehlende R noch dazugestrickt oder zuviel gestrickte R wieder abgetrennt werden. Auch hier muß beim Annähen entlang der Ausschnittkanten, besonders der rückw., das Strickstück etwas eingehalten werden. (Über das Einstricken von Knopflöchern siehe Seite 21).

5. Foto: Eine glatt re gestrickte Jacke mit einem kraus (HinR re, RückR re) gestrickten Bündchen. An der unteren Kante beginnen und zuerst die Bünd-

chenhöhe gerade hochstricken. Dann an der Vorderkante der Rundung entsprechend die erforderlichen M zunehmen und die Vorderteilkante bis zum Beginn des Ausschnitts gerade hochstricken. Für die Leiste dann die M entlang der vorderen Kante und um die Rundung herum bis zum Beginn des unteren Bündchens auffassen, dabei jeweils zwischen 2 RandM 1 M herausholen. Um die Rundung die M etwas dichter auffassen, damit die Ecke später beim Tragen nicht umklappen kann. Nun ebenso viele R wie für die untere Bündchenhöhe stricken und alle M gleichmäßig abketten. Die Kanten der Bündchen unsichtbar (= Knötchen an Knötchen, siehe Stricknähte Seite 20) gegeneinander annähen. (Über das Einstricken von Knopflöchern siehe Seite 21.)

6. Foto: Diese Jacke ist glatt re gestrickt, hat eine mitgestrickte Leiste im Muster 1 M re, 1 M li und ein ebenso gestricktes Revers. Jedes Vorderteil wird mit dem Bündchen im Muster 1 M re, 1 M li begonnen. Das Teil bis zum Reversanfang glatt re stricken, die angestrickte Leiste in der erforderlichen Breite im Muster 1 M re, 1 M li. Für das Revers in jeder 4. R (bei dicker Wolle in jeder 2. R) nach innen versetzt jeweils 2 M des Vorderteils zusätzlich im Rippenmuster 1 M re, 1 M li mitstricken. Bei glatter Wolle zieht sich dieses Rippenmuster sehr zusammen. Um zu vermeiden, daß dieses Teil oben schmaler wird, müssen M zugenommen werden, das heißt vom glatt re gestrickten Vorderteil müssen immer mehr M weggenommen und als 1 re, 1 li M der Leiste zugefügt werden, beim re Vorderteil sind die Leisten-M in der Hin-R am Anfang der Nadel. Also die Leisten-M, deren letzte M eine li M sein sollte, und die 1. re M des glatten Teiles abstricken, dann den Querfaden als neue M aufnehmen und als li M abstricken. So wird weitergearbeitet, bis das Revers die erforderliche Breite hat: Immer um 1 M des glatten Teiles nach innen versetzen. Dann können die Abnahmen für den Ausschnitt beginnen. Das 1 M re, 1 M li gestrickte Teil sollte 3–4 M breiter als der Ausschnitt sein. Für den Kragen ein ganz gerades Stück stricken und dieses entlang der Ausschnittkante annähen. Dabei an der oberen Reverskante einige cm frei lassen. (Über das Einstricken von Knopflöchern siehe Seite 21.)

7. Foto: Diese glatt re gestrickte Jacke hat einen mitgestrickten Schalkragen im Muster 1 M re, 1 M li. Die Vorderteile mit dem Bündchen im Muster 1 M re, 1 M li beginnen. Glatt re weiterstricken, und dabei die Leisten-M in der erforderlichen Breite im Muster 1 M re, 1 M li mitstricken. Ab Ausschnitthöhe die Leiste wie schon beim 6. Beispiel beschrieben verbreitern, also vom glatt re gestrickten Vorderteil die erforderlichen M wegnehmen und an der Leiste entsprechend 1 M re, 1 M li dazustricken. Damit der gerippte Kragen auch breit genug wird, müssen noch M zugenommen werden. Zunächst das re Vorderteil stricken. Hier sind die Leisten-M in der Hin-R zu Beginn der Nadel. Diese M abstricken, wobei die letzte M der Leiste eine li M sein soll. Die folg. M re stricken, den darauffolg. Querfaden aufnehmen und li abstricken. Auf diese Weise je nach Garnstärke in jeder 2., 4. oder 6. R zunehmen, bis die erforderliche Kragenbreite erreicht ist. Nur noch die M für die Schultern werden glatt re gestrickt. Nun die Schulterschrägung arbeiten. Dann die M des Kragens gerade hochstricken, so weit, bis die Mitte des rückw. Ausschnitts erreicht ist. (Der Kragen darf etwas länger gestrickt werden als die Ausschnittrundung, weil er beim Annähen etwas eingehalten werden soll.) Diese M werden stillgelegt. Das li Vorderteil wird gegengleich gestrickt. Beim Zusammennähen der Teile werden die Kragenkanten mit Maschenstichen aneinandergenäht (siehe Stricknähte Seite 20).

8. Foto: Eine glatt re gestrickte Jacke mit angesetztem quergestricktem Schalkragen im Muster 1 M re, 1 M li. Die Vorderteile glatt re und mit V-Ausschnitt stricken. Die Jackenteile zusammennähen. Der Kragen, einschließlich der vorderen Leisten, wird von Außenkante zu Außenkante gestrickt. Die für den Anschlag erforderliche Maschenzahl errechnet man wie folgt: Die Anzahl der Knötchen am Rand der einen Vorderkante (zum

31

Beispiel 50) plus der Zahl der Knötchen entlang der Ausschnittkante (zum Beispiel 40) mal 2 (also 80). Diese 130 M müssen nun doppelt gerechnet werden (260), denn sie werden ja auch für die andere vordere Ausschnitt- und Vorderkante gebraucht. Dazu kommen noch die M des rückw. Halsausschnitts (zum Beispiel 24) und dazu nochmals die halbe Maschenzahl des rückw. Ausschnitts (12). In unserem Beispiel haben wir also 260 + 24 + 12 = 296 M errechnet. So viele M müssen angeschlagen werden.

Für die Schalkragenleiste die erforderliche Maschenzahl anschlagen, 3 cm (oder die gewünschte Leistenbreite) 1 M re, 1 M li im Wechsel gerade hochstricken und dann beidseitig die M für die vorderen Leisten stillegen (zum Beispiel 50), am besten auf einem Maschenraffer. Über den mittleren (196 in unserem Fall) M wird nun der Kragen gestrickt. Damit dieser ausreichend hoch – hinten noch etwas höher – ausfällt, jeweils verkürzte R stricken, also am Ende der R einige M stehen lassen. Wie viele R bis zur rückw. Kragenhöhe erforderlich sind, kann nach der Maschenprobe ausgerechnet werden.

Für unser Beispiel waren 60 R erforderlich. In diesem Falle am Ende jeder R beidseitig 20mal 2 M und dann noch 10mal je 4 M stehen lassen. So wird in der letzten R nur noch über die 36 M des rückw. Ausschnitts gestrickt. Nun den Faden abschneiden, die Kragen-M auf eine Nadel nehmen und über die ganze Breite noch eine R wie folgt stricken: 40mal jeweils 2 M zusammenstricken, die 36 M über dem rückw. Ausschnitt abwechselnd 1 M re, 2 M re zusammenstricken, 40mal 2 M zusammenstricken. Nun alle M, von der li Leiste über den Kragen zur re Leiste, mit Maschenstichen an die Jacke annähen (Stricknähte siehe Seite 20). (Über das Einstricken von Knopflöchern siehe Seite 21).

Stricken in Runden

Socken, Handschuhe, vielfach auch Mützen werden zweckmäßigerweise mit einem Nadelspiel in Runden gestrickt. Die erforderliche Maschenzahl wird zunächst auf einer Nadel angeschlagen und erst dann gleichmäßig auf 4 Nadeln verteilt. Dann werden die 4 Nadeln zur Runde oder richtiger gesagt zu einem Quadrat gelegt. Die 1. M der 1. Nadel ist nun Ausgangspunkt der Arbeit.

Ganz ähnlich ist die Stricktechnik auf einer Rundnadel: Die erforderliche Maschenzahl anschlagen, die Nadel zum Kreis schließen und mit der ersten angeschlagenen M zu stricken beginnen.

Es kommt auch vor, das Strickstücke – Baskenmützen oder runde Deckchen zum Beispiel – von innen nach außen in Rd gestrickt werden. Man schlägt zunächst je 2 M auf 3 Nadeln des Nadelspiels und schließt diese zur Rd. Dann wird jede Nadel wie folgt abgestrickt: **1. Rd:** 1 U, 1 M re, 1 U, 1 M r **2. Rd:**

alle M re. Wenn die Zunahmen nicht als »Löcher« erscheinen sollen (wie auf unserem Foto), müssen die U verschränkt abgestrickt werden.

3. Rd: 1 M re, 1 U, 1 M re, 1 U, 1 M re, 1 U, 1 M re **4. Rd:** alle M re

5. Rd: 2 M re, 1 U, 1 M re, 1 U, 3 M re, 1 U, 1 M re, 1 U, 1 M re

Nach diesem Prinzip fortfahren, bis die gewünschte Größe erreicht ist. Es entsteht auf diese Weise ein Sechseck. Wird ein kreisrundes Strickstück gewünscht (siehe unteres Bild), müssen die M gleichmäßig verteilt in der Rd zugenommen werden, also nicht wie in unserem Muster, bei dem die 6 AnschlagM in gerader Linie weitergestrickt wurden. Die Zunahmen sind jeweils vor und hinter diesen M erfolgt.

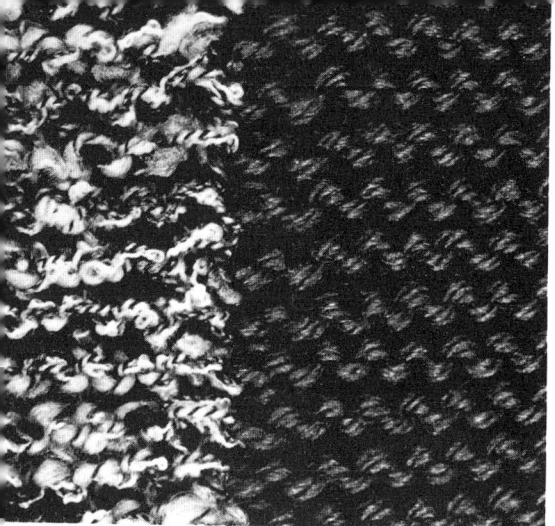

Farbwechsel innerhalb einer Reihe

Bei senkrecht gestreiften Strickstük-
ken, einem Schal zum Beispiel, werden
ganz einfach die Farben nebeneinander hochgestrickt und zum Farbwechsel die Fäden einmal umeinanderge-
schlungen: In der HinR mit der
1. Farbe beginnen, bis zum Beginn der
2. Farbe stricken, den Faden der
2. Farbe hinter dem der 1. Farbe aufnehmen und in der 2. Farbe weiterstricken, In der RückR muß dann der
Faden der 1. Farbe, der beim Farbwechsel weitergestrickt wird, vor dem
Faden der 2. Farbe liegen.
Ein schräg verlaufender Farbwechsel
wird im Prinzip ebenso gestrickt: Hier
wird eben der Farbwechsel um 1 oder
2 M nach re oder li verschoben. Je
nachdem, wie steil die Schrägung werden soll, wird der Wechsel in jeder R
oder in jeder 2. R vorgenommen.
Auf der Schemazeichnung rechts läßt
sich die Technik des Farbwechsels genau erkennen.

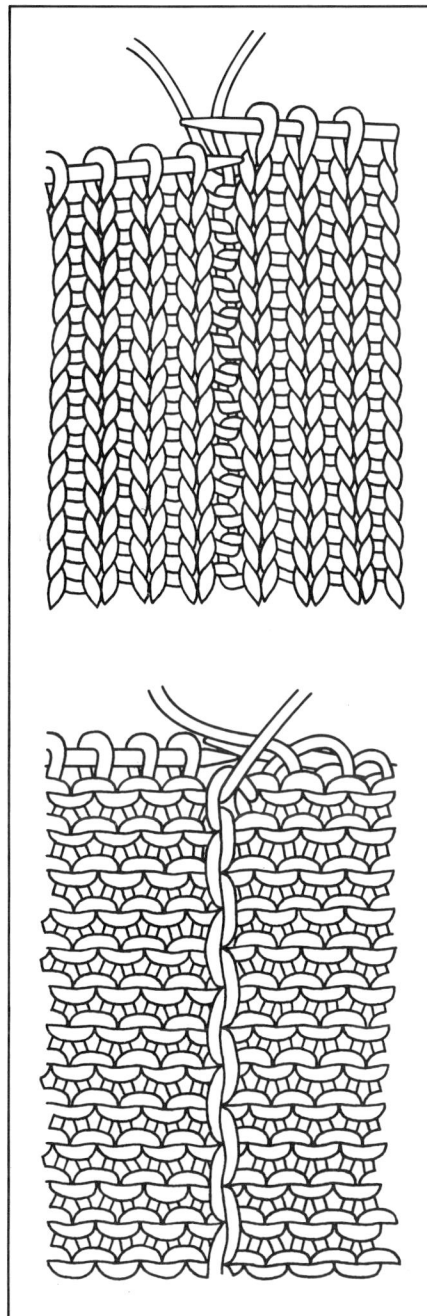

Diagonalstreifenmuster

Alle diagonalen Streifeneffekte, ob mehrfarbig oder durch Strukturunterschiede entstanden, sind ganz einfach zu arbeiten, auch wenn sie noch so schwierig aussehen. Ein kleines Musterstück zeigt, wie schnell und unkompliziert dies geht:
4 M anschlagen und re abstricken. Die nächste R dann wie folgt: RandM, den Querfaden aufnehmen und re abstrikken, 2 M re, aus der folg. M 2 M herausstricken, den folg. Querfaden aufnehmen und ebenfalls re abstricken, RandM
Die RückR (= 3. R) wird durchgehend li gestrickt, die nächste R so: RandM, den Querfaden aufnehmen und re abstricken, 5 M re, aus der folg., 6. M 2 M herausstricken, den nächsten Querfaden aufnehmen und re abstrikken, RandM. Die 5. R li. Nach ein paar weiteren auf diese Weise gestrickten R ist der schräge Reihenverlauf schon deutlich erkennbar.
Auch eine quadratische Kissenplatte kann diagonal gestrickt werden: Sie wird ebenso begonnen und in der beschriebenen Weise bis zur Höhe der Kantenlänge gestrickt. Dann werden in den folg. HinR jeweils die beiden vorletzten M zusammengestrickt. Ist die untere Kantenlänge erreicht, jede HinR wie folgt stricken: RandM, 1 M abheben, 2 M re zusammenstricken und die abgehobene M überziehen. So weiterstricken, bis noch 4 M übrigbleiben. Sie werden abgekettet.

Auch ein Schal kann so gestrickt werden: Zuerst an der Unterkante so lange M zunehmen, bis die gewünschte Breite erreicht ist. Dann werden an den Kanten gleichmäßig re 2 M zu-, und li 2 M abgenommen. Sollen die Streifen in umgekehrter Richtung laufen, also von li unten nach re oben, dann werden jeweils am Anfang der R 2 M zu-, und am Ende je 1 M zugenommen.

Ein Pullover kann ebenfalls diagonal gestrickt werden. Man beginnt mit einer Ecke, der re oder li, je nachdem, wie die Streifen laufen sollen. Stricken, bis die Breite der unteren Kante bzw. Pulloverweite erreicht ist, und dann mit den Abnahmen beginnen. Hier muß genau nach dem Schnitt gestrickt, das heißt das Strickstück immer wieder sorgfältig auf den Schnitt aufgelegt werden, denn nur so ist zu sehen, an welchen Stellen noch zugenommen werden muß. Wenn M über die Schnittkanten überstehen, wird entsprechend abgenommen.

Ein sehr wichtiger Hinweis
Im Gegensatz zu vielen Anleitungen haben wir hier angegeben, daß an einer Seite 2 M, und an der anderen Seite nur 1 M zugenommen werden soll. Wenn an beiden Seiten gleichmäßig nur je 1 M zugenommen wird, entsteht meist kein rechter Winkel. Also schon bei der Maschenprobe genau darauf achten, ob das Strickstück rechtwinklig wird!

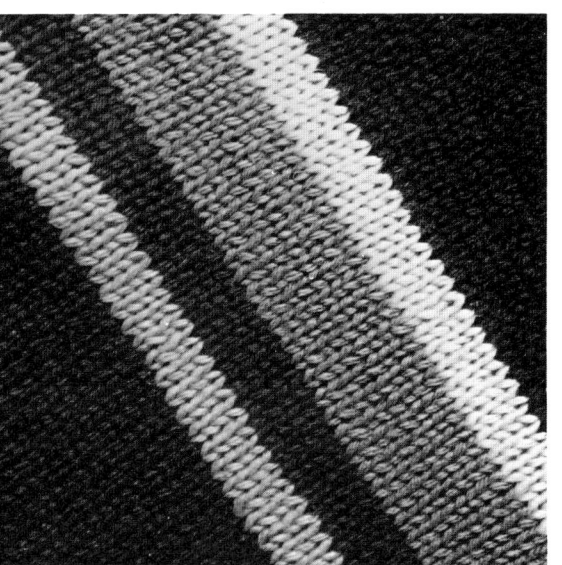

Zickzackmuster

Mit Zickzackmustern kann man wunderschöne Farb- und Struktureffekte erzielen. Es gibt viele Möglichkeiten, diese Muster zu arbeiten, je nach der gewünschten Wirkung und dem Verwendungszweck.
Hier nur einige Möglichkeiten:
Man kann zunächst einmal einen

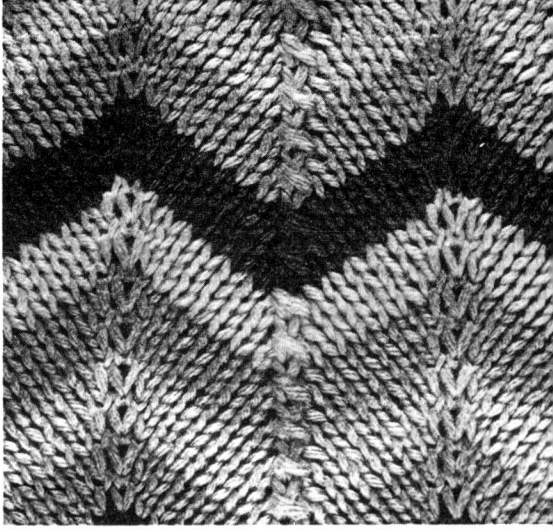

Streifen parallel zu einer Kante mitstricken, einer V-Ausschnittkante etwa. Dieser Streifen wird mit mehreren Knäueln nach der Methode des »schrägen Farbwechsels« gestrickt (siehe Seite 34). Je nachdem, ob die Schrägung steiler oder flacher ausfallen soll, muß dieser um 1 oder 2 M verschoben werden.

Ein senkrechter Zickzack-Effekt, wobei die Spitzen abwechselnd nach oben und unten weisen, ist ebenfalls problemlos. Diese Spitzen entstehen durch doppelte Zunahmen (Spitze nach oben) und doppelte Abnahmen (Spitze nach unten). Unser Musterbeispiel wird wie folgt gearbeitet:

35 M anschlagen

1. R: RandM, 2 M re zusammenstricken, 6 M re, den folg. Querfaden aufnehmen und re verschränkt abstricken, 1 M re, den folg. Querfaden aufnehmen und re verschränkt abstricken (= eine doppelte Zunahme!), 6 M re, 1 M abheben, 2 M re zusammenstricken, die abgehobene M überziehen (= eine doppelte Abnahme!), 6 M re, 1 doppelte Zunahme, 6 M re, 2 M re zusammenstricken, RandM

2. R und alle folg. RückR: li

3. R: wie 1. R

Die 1. und 2. R fortlaufend wiederholen. Variationsmöglichkeiten: Die Farbzacken können beliebig breit eingestrickt werden, aber auch Ton in Ton, das heißt glatt re und kraus im Wechsel gestrickt.

Dieses einfarbige Zickzackmuster mit

senkrechter Spitzenbetonung wird wie folgt gestrickt:

38 M anschlagen

1. R: RandM, 2 M re verschränkt zusammenstricken, 6 M re, den folg. Querfaden aufnehmen und re verschränkt abstricken, 2 M re, den folg. Querfaden aufnehmen und re verschränkt abstricken, 6 M re, 2 M re zusammenstricken, 2 M re verschränkt zusammenstricken, 6 M re, den folg. Querfaden aufnehmen und re verschränkt abstricken, 2 M re, den folg. Querfaden aufnehmen und re verschränkt abstricken, 2 M re, den folg. Querfaden aufnehmen und re verschränkt abstricken, 6 M re, 2 M re zusammenstricken, RandM

2., 4., 6. und 8. R: li
3. R und alle folg. HinR: wie 1. R
10., 12. und 14. R: re
Die 1.–14. R fortlaufend wiederholen.

Zickzack und Rippen

Ein zickzackgemusterter Pullover sieht mit Rippenbündchen besser aus. Das Zackenmuster läßt sich sogar sehr gut an das Bündchen anfügen.
Am besten zuerst ein Musterstück stricken. Man schlägt dafür 31 M an und arbeitet das Rippenbündchen. Nun muß die Mittelmasche, die 16. M also, markiert werden; sie bildet später die Zackenspitze.
1. R: RandM, 2 M re zusammenstrikken, 12 M re, 1 doppelte Zunahme (siehe Zickzackmuster Seite 37), 2 M re, wenden.

2. R: 1 U, die 3 M vor der MittelM, die MittelM selbst und die 3 anschließenden M li, wenden.
3. R: 1 U, 3 M re, 1 doppelte Zunahme, 3 M re, den U und die folg. M der letzten durchgehenden R re zusammenstricken, 1 M re, wenden.
4. R: 1 U, die 4 M vor der MittelM, diese selbst und die folg. 4 M li, den U und die folg. M der letzten durchgehenden R zusammen li abstricken, 1 M li, wenden.
Auf diese Weise weiterstricken, bis alle M des Rippenbündchens mitgestrickt sind. Dann weiter gerade hochstricken, immer mit je einer doppelten Zunahme bei der mittleren (oberen) Spitze und je einer Abnahme an beiden Seiten.

Mehrere Zacken innerhalb einer R

Der Anfang bleibt derselbe. Es werden zunächst alle nach oben gerichteten Dreiecke wie eben beschrieben einzeln gearbeitet.
Wenn alle M aufgefaßt sind, gerade hochstricken, mit je einer doppelten Zunahme an den Spitzen und je einer doppelten Abnahme in den Mulden.

Die seitlichen Zu- und Abnahmen, die für dieses Strickteil erforderlich sind, müssen ganz exakt nach dem Schnitt erfolgen.

Ein Rock im Zickzackmuster

Man arbeitet am besten auf einer Rundnadel. Den Anfang bildet der Taillenbund, der in doppelter Breite gestrickt sein muß, damit er zur Hälfte nach innen geschlagen und ein Gummiband eingezogen werden kann. Dann werden rund um den Bund die einzelnen Dreiecke gestrickt. Wenn alle M des Bundes aufgefaßt sind, mit doppelten Zu- und Abnahmen in jeder 2. Rd weiterarbeiten.

Da der Rock aber – den Maßen entsprechend – nach unten weiter werden muß, wird, je nach der gewünschten Weite, pro Rd eine zusätzliche doppelte Zunahme ohne entsprechende Abnahme eingestrickt.

Wenn die gewünschte Rocklänge mit den Zackenspitzen erreicht ist, werden die Mulden, jede für sich, ausgefüllt. Dafür beginnt man 3 M vor einer Mulde: 2 M re, 1 doppelte Abnahme, 2 M re, wenden. 1 U, 7 M li, wenden. 1 U, 3 M li, 1 doppelte Abnahme, 1 M li, den U und die folg. M der vorletzten R zusammen li stricken, 3 M li, wenden, 1 U und wie beschrieben weiterstricken, bis alle M von Zackenspitze zu Zackenspitze abgestrickt sind.

Strümpfe

Unser Musterstrumpf ist aus mittelstarker Wolle gestrickt. Es wird mit einem Nadelspiel gearbeitet.

48 M auf einer Nadel anschlagen und auf 4 Nadeln verteilt abstricken (je Nadel also 12 M). Die Stulpe in der gewünschten Höhe 2 M re, 2 M li im Wechsel gerade hochstricken.

Die M dann in 2 mal 24 M teilen, 24 M auf einer Hilfsnadel stillegen, die anderen 24 M auf eine Nadel nehmen und die Ferse in Hin- und RückR glatt re hochstricken. Die Reihenhöhe der Ferse sollte etwa $^2/_3$ der Maschenzahl betragen. In unserem Fall sind dies 16 R. Die M für das Käppchen nun in 3 gleiche Teile (3 mal 8 M) teilen, mit den mittleren 8 M beginnen und in Hin- und RückR stricken, wobei am Ende jeder R 1 M der stillgelegten M mit der äußeren der mittleren 8 M zusammengestrickt wird. Wenn die jeweils 8 M zu beiden Seiten abgenommen sind, wird die Rd für den Fuß wieder geschlossen. Dafür die 8 M des Käppchens abstricken, aus der Seitenkante der Ferse 10 M auffassen, die

stillgelegten 24 M abstricken und aus der anderen Fersenkante ebenfalls 10 M auffassen. In Rd glatt re weiterstricken. Dabei in der 4. und 8. Rd jeweils eine der äußeren 24 vorderen M mit je 1 M der aus den Fersenkanten aufgenommenen M zusammenstricken. Den Fuß bis über die Höhe der kleinen Zehe gerade hochstricken und dann mit den Abnahmen für die Spitze beginnen.

Dafür jeweils die zweit- und drittletzte M der 1. Nadel, die 1. und 2. M der 2. Nadel, die zweit- und drittletzte M der 3. Nadel und die 1. und 2. M der 4. Nadel zusammenstricken. Sind nur noch 8 M vorhanden, den Faden abschneiden, durch die M ziehen und innen vernähen.

Fausthandschuhe

Unser Musterhandschuh ist aus mittelstarker Sportwolle mit 1 Nadelspiel Nr. 3¹/₂ gestrickt. 48 M anschlagen und auf 4 Nadeln verteilt (12 M je Nadel) abstricken. Etwa 10 cm hoch 1 M re, 1 M li in Rd stricken. Nun wird nur noch re gestrickt. Zunächst noch 4 Rd gerade hochstricken, dann mit den Zunahmen für den Daumenspickel beginnen. Für diesen die vorletzte M der 1. Nadel mit einem Faden markieren, und vor und hinter dieser M jeweils einen U machen. In der folg. Rd die U verschränkt abstricken. Es folgt nun eine Rd ohne Zunahme. In der folg. Rd werden die U vor und nach den zuletzt zugenommenen M mitgestrickt. In dieser Weise

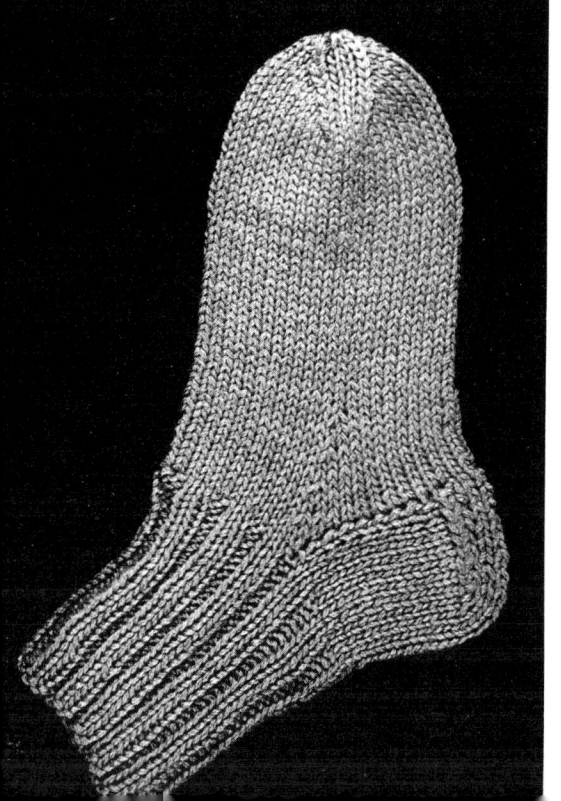
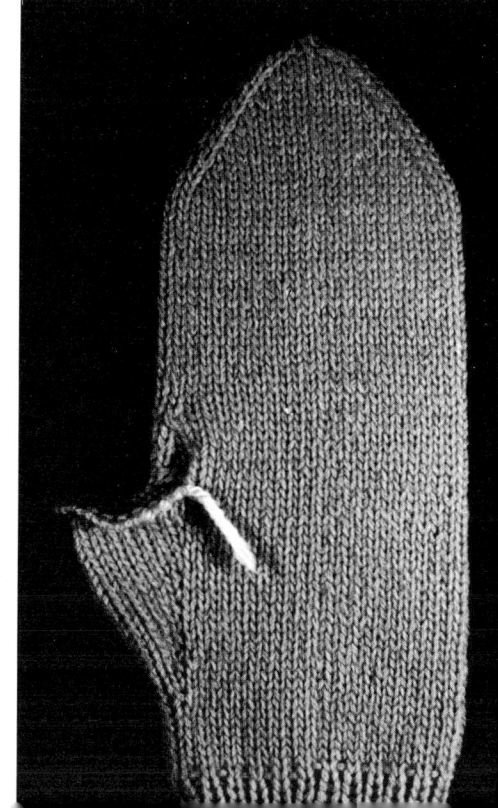

weiterstricken, bis der Spickel etwa ⅓ der ursprünglich angeschlagenen Maschenzahl hat, bei unserem Muster also 17 M. Diese 17 M werden zunächst stillgelegt – am besten zieht man sie auf einen Faden – und statt dessen 5 M neu angeschlagen. In Rd ohne die Daumen-M weiterstricken. Dabei in der 3. Rd die 5 neu angeschlagenen M wie folgt stricken: 2 M zusammenstricken, 1 M re, 2 M zusammenstricken, so daß 3 M bleiben. 2 weitere Rd gerade hochstricken, danach diese 3 M zusammenstricken. Nun ist wieder die Maschenzahl des Anschlags auf den Nadeln. Bis etwa zur Höhe des Ringfingers gerade hochstricken, dann folgt die Schrägung: Jeweils die zweit- und drittletzte M der 1. Nadel, die 2. und

3. M der 2. Nadel, die zweit- und drittletzte M der 3. Nadel und die 2. und 3. M der 4. Nadel zusammenstricken. Bei dünner Wolle in jeder 2. Rd, bei stärkerem Garn in jeder Rd abnehmen. Wenn zum Schluß noch 2 M auf jeder Nadel sind, den Faden abschneiden, durch die Maschen ziehen und auf der Innenseite vernähen.
Nun die 17 M des Daumens auf 3 Nadeln verteilt wieder aufnehmen und dazu noch 5 M aus den neu angeschlagenen M herausstricken. Diese M dann in der 3. und 5. Rd wie bei der Handfläche beschrieben wieder abnehmen. Die restl. 18 M gerade hochstricken, bis die Daumenlänge erreicht ist. In der nächsten Rd abwechselnd 1 M re – 2 M zusammenstricken, dann noch 1 Rd glatt re stricken und den Daumen wie die Spitze fertigarbeiten.

Fingerhandschuhe

Unser Musterhandschuh ist aus mittelstarker Sportwolle mit Nadeln Nr 3 ½ gestrickt.
48 M auf einer Nadel anschlagen und auf 4 Nadeln verteilt abstricken (auf jede Nadel also 12 M). Die Stulpe 1 M re, 1 M li oder 2 M re, 2 M li im Wechsel bis zur gewünschten Höhe gerade hochstricken. Glatt re fortfahren und nach 4 oder 5 Rd mit dem Daumenspickel beginnen. Dafür die vorletzte M der 1. Nadel markieren. Dann in der folg. Rd vor und nach dieser M je

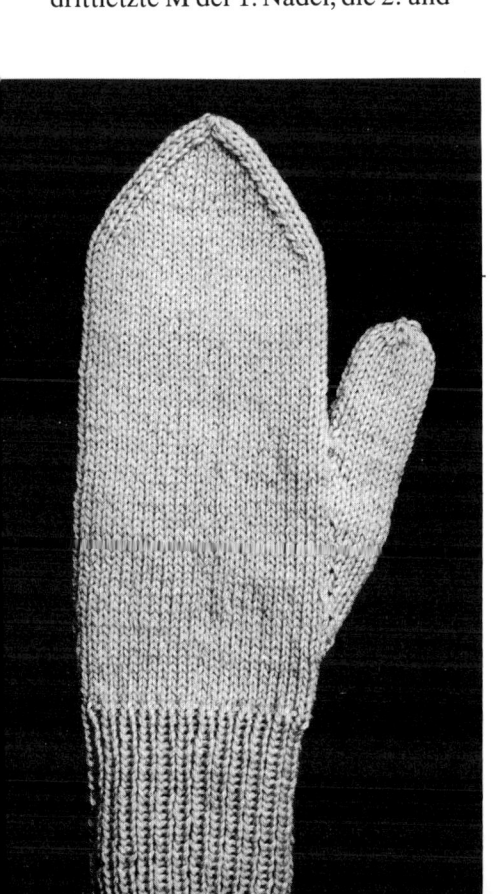

1 U machen und diese in der nächsten Rd verschränkt abstricken. Noch 1 Rd darüberstricken und dann vor und nach der zuletzt zugenommenen M wieder je 1 U machen. Zunehmen, bis der Spickel etwa 17 M breit ist. Diese M auf einem Faden stillegen. 5 M neu anschlagen, 2 Rd stricken, in der 3. Rd diese 5 M wie folgt stricken: 2 M zus.-stricken, 1 M re, 2 M zustricken.

2 Rd gerade hochstricken, in der nächsten Rd die in der 3. Rd entstandenen 3 M zus.stricken. Bis zur Fingerwurzel des Zeigefingers gerade hochstricken. Nun für den Zeigefinger die 7 letzten M der 1. Nadel, die 7 ersten M der 2. Nadel und dazwischen, zum Mittelfinger hin auf der Innenseite, 2 neu angeschlagene M auf 3 Nadeln verteilen. Die restl. jeweils 17 M der 1. und 4. Nadel und der 2. und 3. Nadel stillegen. Den Zeigefinger bis zur Spitze hochstricken. Dann in einer Rd ab-

wechselnd 1 M re stricken und 2 M re zus.stricken. Noch 1 Rd darüberstricken und den Finger wie beim Fausthandschuh beschrieben beenden.

Für den Mittelfinger je 6 M von vorne und hinten, 2 M aus den neuen M zwischen Zeige- und Mittelfinger auffassen und 2 M zwischen Mittel- und Ringfinger neu anschlagen. Wie den Zeigefinger beenden.

Den Ringfinger ebenso stricken. Für den kleinen Finger die restl. jeweils 5 M von vorne und hinten dazu 2 M aus den neuen M zwischen Ring- und kleinem Finger auffassen. Den Finger wie die anderen Finger beenden.

Die stillgelegten Daumen-M auf 3 Nadeln verteilen und zusätzlich 5 M aus den neu angeschlagenen M der Handfläche auffassen. Diese 5 M in der 3. und 5. Rd wie beschrieben abnehmen. Den Daumen gerade hochstricken und wie die Finger abschließen.

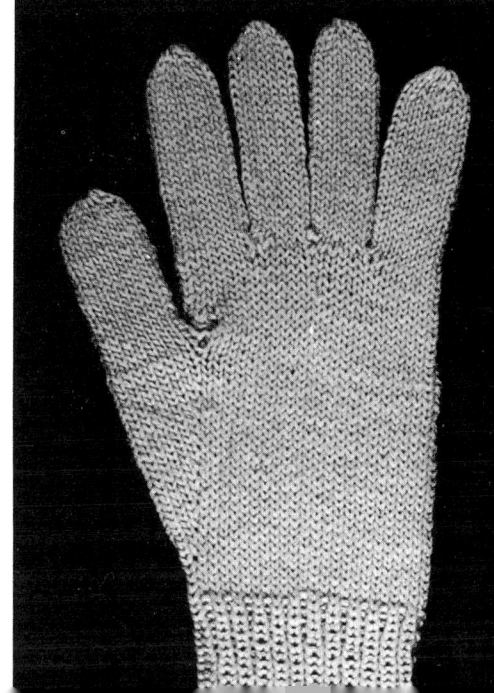

Kurz-gefaßter Häkelkurs

Die Grundmaschen

1. Die Luftmasche (Lm) und der Luft-maschenanschlag (Lm-Anschlag)

Den Faden zum Kreis legen und mit Daumen und Zeigefinger festhalten, mit der Häkelnadel den Arbeitsfaden durch diesen Kreis durchziehen und die Schlinge anziehen. Den Arbeits-faden über den linken Zeigefinger le-gen und mit der Häkelnadel jeweils eine neue Schlinge durch die bereits vorhandene durchziehen. Der Lm-An-schlag muß immer eher lose als fest gehäkelt werden, weil sonst die Unter-kante der Häkelarbeit zu straff und unelastisch wird.

2. Die Kettmasche (Km)

Den Lm-Anschlag häkeln. Die Nadel in die 1. M einstechen, den Arbeits-faden über die Nadel legen und in ei-nem Arbeitsgang durch die GrundM und die auf der Nadel liegende Schlinge durchholen.

Die feste Masche (fM)

Den Lm-Anschlag häkeln. In die 2. M einstechen, den Arbeitsfaden über die Nadel legen, durch die GrundM zie-hen, erneut über die Nadel legen und durch beide auf der Nadel liegenden

43

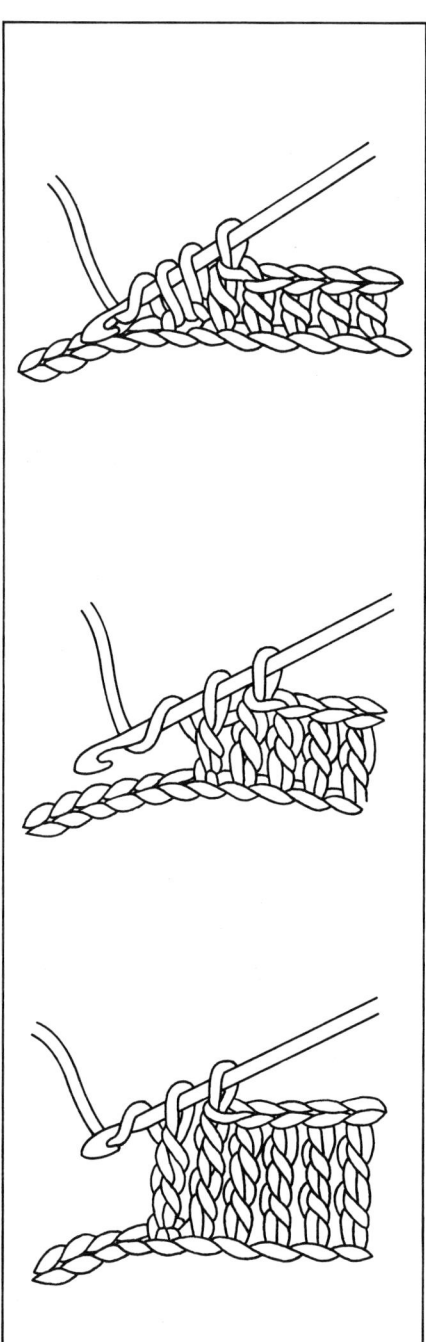

Schlingen ziehen. Bis zum Reihenende häkeln, wenden. 1 Wende-Lm häkeln, dann unter den 2 Schlingen der 2. M einstechen und weiterhäkeln.

Die Wende-Lm sind notwendig, damit die Seitenkanten der Arbeit die erforderliche Höhe und Elastizität erhalten. Sie zählen immer als 1. M einer R, deshalb wird die 1. M der VorR übergangen und erst in der 2. M begonnen.

Das halbe Stäbchen (hStb)

Den Lm-Anschlag häkeln. Einen Umschlag über die Nadel legen und in die 3. M des Anschlags einstechen. Den Faden über die Nadel legen und durch alle 3 auf der der Nadel liegenden Schlingen durchziehen. Bis zum Ende der R häkeln. Mit 1 (oder je nach Garnstärke auch 2) Lm wenden und in der 2. M beginnend weiterhäkeln.

Das Stäbchen (Stb)

Den Lm-Anschlag häkeln. Einen Umschlag über die Nadel legen, in die 3. M des Anschlags einstechen und den Faden durchziehen. Einen neuen Umschlag über die Nadel legen und durch die ersten 2 der 3 auf der Nadel liegenden Schlingen durchziehen. Wieder den Faden über die Nadel legen und durch die 2 restl. Schlingen ziehen. Bis zum Ende der R häkeln, mit 2 (oder je nach Garnstärke auch 3) Lm wenden und in der 2. M beginnend weiterhäkeln.

Das Doppelstäbchen (Dstb)

Den Lm-Anschlag häkeln. 2 Umschläge über die Nadel legen und in die 4. M des Anschlags einstechen. Den Faden über die Nadel legen und durchziehen. Den Faden wieder über die Nadel legen und durch die ersten 2 der 4 auf der Nadel liegenden Schlingen ziehen. Den Faden über die Nadel legen und durch die folgenden 2 Schlingen ziehen, den Faden nochmals über die Nadel legen und durch die restl. 2 Schlingen ziehen. Bis Ende der R häkeln, mit 3 (oder je nach Garnstärke auch 4) Lm wenden und in der 2. M beginnend weiterhäkeln.

Zunehmen

Zunehmen von einzelnen Maschen in Abständen

Wenn an Seitenkanten oder Ärmelkanten M in gleichmäßigen Abständen zugenommen werden müssen, dann sollte das wie beim Stricken neben der RandM geschehen.
Also: In die vorletzte M der R 2 M häkeln, die letzte M in die Wende-Lm der VorR häkeln. Oder aber: Die

Wende-Lm häkeln und in die folg. M 2 M häkeln.

Zunehmen mehrerer Maschen am Rand

Wenn zum Beispiel die Ärmel eines Pullovers gleich mit angehäkelt werden sollen, dann müssen an den Seiten (auf beiden Seiten!) mehrere M auf einmal zugenommen werden.
Bis zur Höhe des Ärmelanfangs

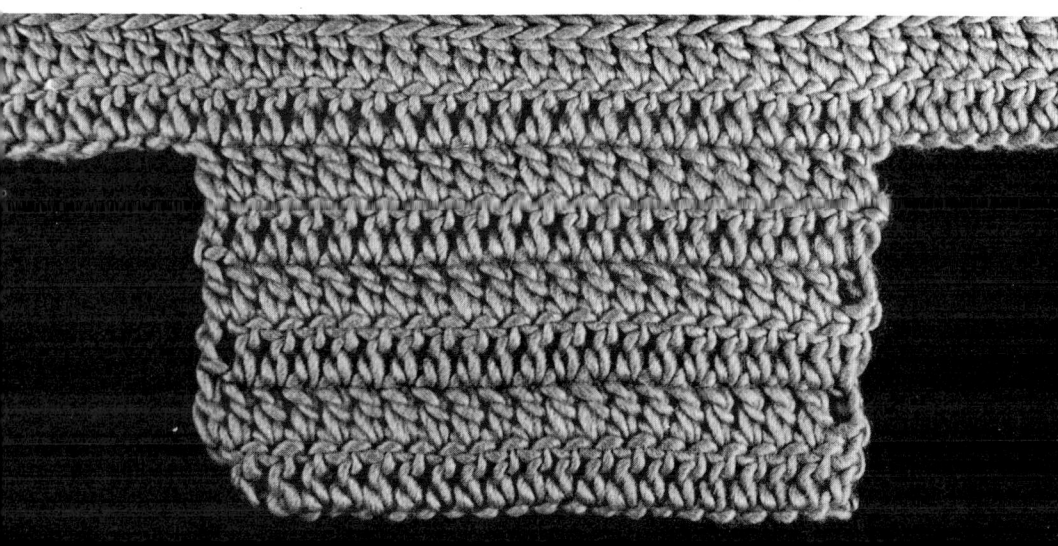

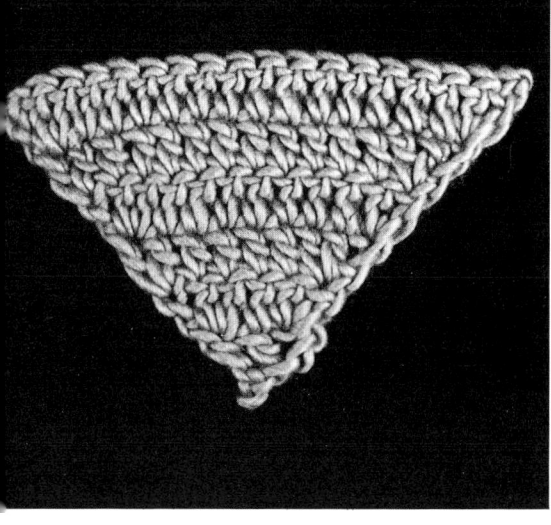

Grundsätzlich gilt: Eine R immer zu Ende häkeln und die Abnahmen durch Zusammenhäkeln zweier oder mehrerer M vor der RandM vornehmen. Sollen also, für einen Armausschnitt etwa, 4 M abgenommen werden, dann bis auf 5 M vor Reihenende im Grundmuster häkeln. Dann 2 mal 2 M zusammenhäkeln (= 2 M abgenommen), die RandM häkeln und wenden, die Wende-Lm häkeln, die 1. M auslassen (= 3. abgenommen M) und die 2. und 3. M zusammenhäkeln (= 4. abgenommene M). Nun kann dies zwar keine allgemein gültige Regel sein, aber grundsätzlich sollte in dieser Weise verfahren werden.

Ausprobieren, immer wieder ausprobieren! Und nichts ist dabei hilfreicher als der Schnitt. Immer wieder die Arbeit auf den Schnitt auflegen und sehen, wieviel noch über die Schnittkanten übersteht und abgenommen werden muß. Die Bildbeispiele veranschaulichen sehr deutlich, wie solche Kanten aussehen sollten.

häkeln. Den Faden abschneiden und die Arbeit wenden. Eine Lm-Kette von der Länge des Ärmels häkeln, über das Häkelteil weiterhäkeln und zum Abschluß wieder eine Lm-Kette in der Ärmellänge häkeln. Nun über die ganze Breite wie vorgesehen im Grundmuster häkeln.

Abnehmen

Beim Häkeln von Pullovern oder Jakken, besonders bei gemusterten, ist wohl nichts schwieriger als das Abnehmen für Ausschnitte oder Schrägungen. Gehäkelte M sind immer größer als gestrickte, und deshalb werden, wenn man am Ende einer R einfach 2 oder 3 M wegläßt, die »Abnahmetreppchen« groß, unschön und beim Fertigmachen nur sehr schwer zum Verschwinden zu bringen.
Für das Abnehmen gilt daher als Grundregel: ausprobieren. Lieber zweimal wieder auftrennen, als sich später ärgern.

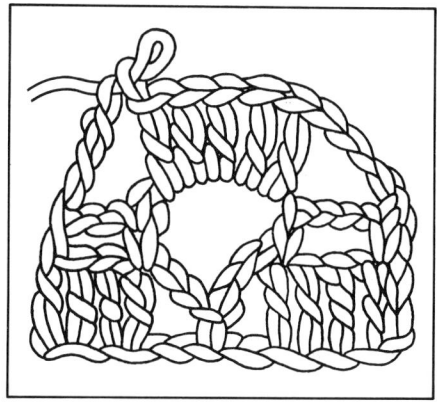

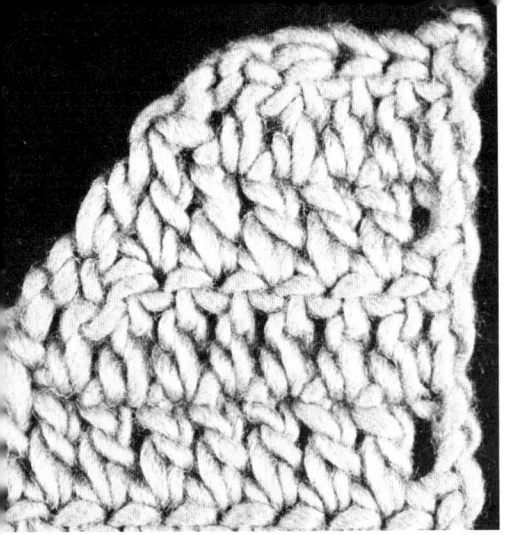

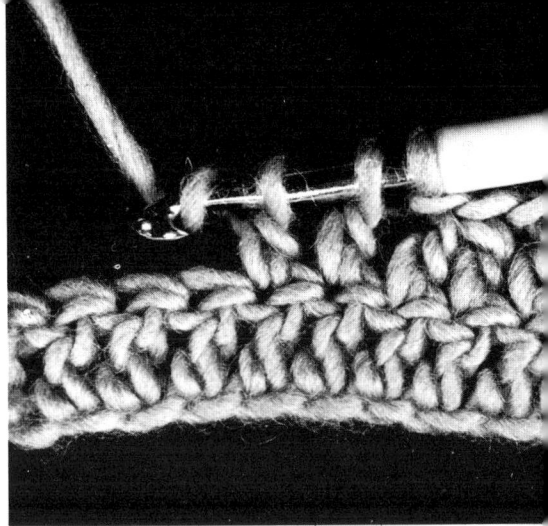

2 M zusammenhäkeln

1 U, einstechen, Faden holen, umschlagen und 2 der 3 auf der Nadel
liegenden Schlingen abmaschen, 1 U,
in die nächste M einstechen, Faden holen, umschlagen und 2 der 4 auf der
Nadel liegenden Schlingen abmaschen,
umschlagen und die 3 auf der Nadel
liegenden Schlingen abmaschen.

4 M zusammenhäkeln

Es wird genauso verfahren wie beim
Zusammenhäkeln von 2 M, nur werden eben 4 M bis zum letzten Arbeitsgang gehäkelt und dann alle 5 auf der
Nadel liegenden Schlingen abgemascht.

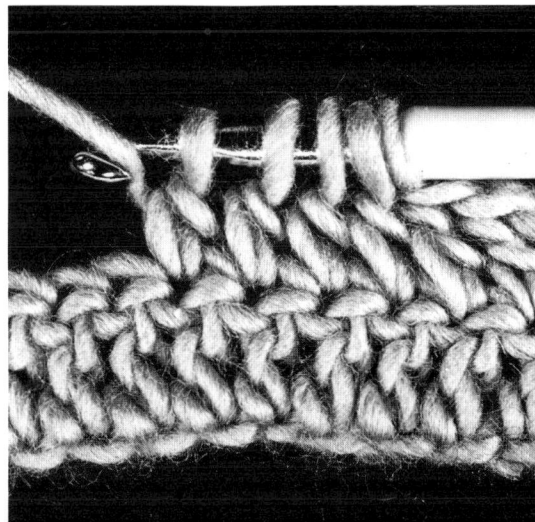

Wenn nicht zugenommen wird, entsteht ein Schlauch mit einem geschlossenen Ende.

Häkeln einer runden Platte

4 oder mehr Lm anschlagen und mit 1 Km in die 1. Lm zum Kreis schließen. In diesen Kreis Stb oder fM häkeln und wiederum mit 1 Km in die 1. gehäkelte M schließen. 1 oder 2 Lm häkeln und weiter im Muster häkeln. Nun müssen auf die Rd verteilt so viele M zugenommen werden, das heißt jeweils 2 M in eine GrundM gehäkelt werden, daß sich das Häkelstück nicht zusammenzieht oder rollt. Innerhalb der ersten Rd werden mehr M zugenommen, nach außen hin dann immer weniger.

Das Häkeln in Runden über eine Luftmaschenkette

Eine Lm-Kette in der erforderlichen Länge häkeln und fM oder Stb über eine Kante häkeln. In die letzte M 2 oder 3 M häkeln. Die Arbeit nun nicht wenden, wie üblich, sondern um 180 Grad drehen und über die andere Kante der Lm-Kette weiterhäkeln. Wenn eine ovale Platte entstehen soll, müssen regelmäßig an den Endpunkten gleichmäßig verteilt mehrere M zugenommen werden. Wird ein Schlauch gewünscht, wird nicht zugenommen, sondern einfach »in Runden« über die beiden Kanten weitergehäkelt.

Häkeln in Runden

Beim Häkeln in Rd kann entweder ein Kreis gehäkelt werden, oder es wird über die beiden Kanten einer Lm-Kette gehäkelt. In letzterem Falle entsteht durch gleichmäßige Zunahmen an den Eckpunkten ein Oval.

48

Farbwechsel innerhalb einer Reihe

Beim Häkeln geschieht der Farbwechsel schon in der letzten M vor dem eigentlichen Farbwechsel. Die vorletzte M wird bis zum letzten Arbeitsgang mit der 1. Farbe gehäkelt und dann mit der 2. Farbe beendet.

Bei festen M: Mit der 1. Farbe einstechen, Faden holen, mit der 2. Farbe umschlagen und durchziehen.

Bei Stäbchen: Mit der 1. Farbe noch 1 U, einstechen, umschlagen, Faden holen, 2 Schlingen abmaschen, mit der 2. Farbe umschlagen und die restl. 2 M abmaschen.

Knopflöcher

Knopflöcher in Häkelstücken entstehen einfach dadurch, daß, entsprechend der Knopfgröße, 2 oder mehrere M durch Lm ersetzt werden. In der folg. R wird wieder im Grundmuster darübergehäkelt.

Bei Musterleisten wie sie unsere Beispiele zeigen (siehe Seite 55 f.), kann auch innerhalb des Musters ohne besondere Knopflöcher geknöpft werden.

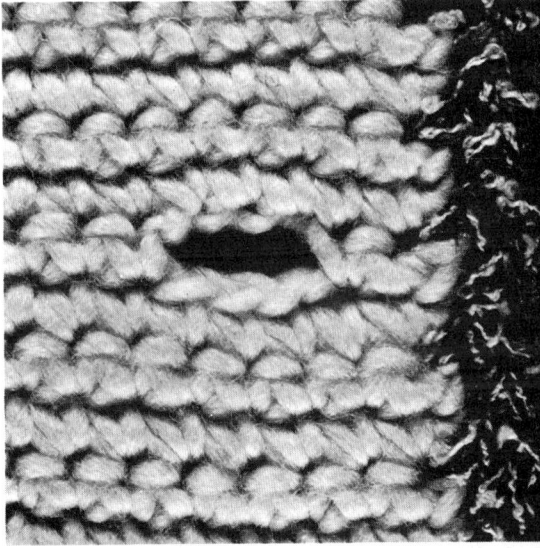

Das Zusammennähen oder -häkeln von Häkelkanten

Das Zusammennähen oder Zusammenhäkeln von Häkelteilen ist oft etwas schwieriger als das von Strickteilen und erfordert mehr Feingefühl, da ja

nach außen gehäkelt sind, ist das Zusammenhäkeln ganz einfach: Die Teile re auf re aufeinanderlegen, oder, wenn aus der Naht ein zusätzlicher Mustereffekt werden soll, li auf li, und mit fM jeweils durch die 2 aufeinanderliegenden M durchhäkeln. Beim Fertigmachen von Häkelpullovern oder Jacken sollte man auf jeden Fall ausprobieren, auf welche Art die Nähte am besten aussehen werden.

die Kanten nicht so gerade und vor allem nicht so flach sind. In jedem Fall gilt: Je sorgfältiger und genauer eine Häkelarbeit ausgeführt ist, desto einfacher ist später das Konfektionieren des fertigen Teiles.

Das Zusammennähen geschieht ähnlich wie bei Strickteilen. Die Teile werden – mit der re Seite nach oben – auf eine Tischplatte nebeneinander gelegt und mit dem gleichen Faden, mit welchem sie gehäkelt wurden, gegeneinander genäht. Bei geschlossenen Mustern und dickerer Wolle aber nicht die ganze RandM wegnähen, sondern die M nur anstechen. Bei Lochmustern je nach Musterverlauf in gleichmäßigen Abständen jeweils 1 M wegnähen. Noch besser aber ist es, die Kanten zusammenzuhäkeln. Die Teile re auf re aufeinanderlegen und über die Kante in gleichmäßigen Abständen – also entweder in jede RandM oder in jede 2. RandM einstechen – mit fM oder auch nur mit Km häkeln.

Bei Patchworkflecken, die von innen

Reliefstäbchen
Bei Reliefstb wird nicht wie üblich oben unter der Deckschlinge des Stb eingestochen, sondern es wird um das Stb der VorR herumgehäkelt. Reliefstb eignen sich für Handtaschen oder Kissenplatten, Gegenstände also, die sich nicht dehnen müssen.

Reliefstäbchen hinten
Die Nadel vor der Arbeit von re nach li hinter dem Stb vorbeiführen und das Stb wie üblich häkeln. Auf der Vorderseite erscheint das Maschenbild ganz glatt, während auf der Rückseite eine reliefartige Maschenreihe entsteht.

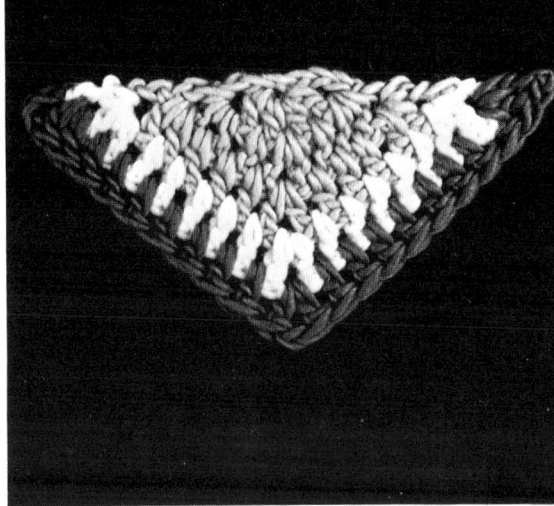

Reliefstäbchen vorne
Die Nadel hinter der Arbeit von re
nach li an dem Stb vorbeiführen und
das Stb wie üblich häkeln. Die Relief-
struktur erscheint diesmal auf der Vorderseite der Arbeit.

**Von innen nach außen gehäkeltes
Dreieck**

8 Lm anschlagen
1. R: In die 4. Lm 4 Stb häkeln, 1 Km
in die 1. der angeschlagenen Lm
(= 6 Stb)
2. R: 3 Lm zum Wenden, 2 Stb zwischen das 1. und 2. Stb der VorR, 1 Stb
zwischen das 2. und 3. Stb der VorR,
1 Stb – 1 Lm – 1 Stb zwischen das 3.
und 4. Stb, 1 Stb zwischen das 4. und

5. Stb, 3 Stb zwischen das 5. und 6. Stb
(= 10 Stb)
3. R: 3 Lm zum Wenden, 2 Stb zwischen das 1. und 2. Stb, 1 Stb zwischen
das 2. und 3. Stb, 1 Stb zwischen das 3.
und 4. Stb, 1 Stb zwischen das 4. und
5. Stb, 1 Stb – 1 Lm – 1 Stb zwischen
das 5. und 6. Stb, 1 Stb zwischen das 6.
und 7. Stb, 1 Stb zwischen das 7. und
8. Stb, 1 Stb zwischen das 8. und 9. Stb,
3 Stb zwischen das 9. und 10. Stb
In dieser Weise fortfahren, bis das
Dreieck – ein Umschlagtuch etwa – die
gewünschte Größe erreicht hat. Bei
dünnerer Wolle kann es vielleicht notwendig sein, in der Mitte 2 Stb – 1 Lm
– 2 Stb zu häkeln, anstatt 1 Stb – 1 Lm
– 1 Stb. Am besten zuerst ein kleines
Muster häkeln, um sicher zu gehen, daß
das Dreieck eine schöne Form erhält.

Zackenmuster

Zackenmuster bilden einen sehr hübschen Mustereffekt bei Pullovern und Jacken und ganz besonders bei Röcken. Sie lassen sich in allen GrundM arbeiten. Die Zacken entstehen, indem abwechselnd in regelmäßigen Abständen mehrere M in 1 GrundM gearbeitet bzw. mehrere M zusammengehäkelt werden. Für das Berechnen des Lm-Anschlags gilt:
Zunächst ein Musterstück häkeln, um zu sehen, in welchen Abständen die Zacken gehäkelt werden sollen, bzw. wie groß die Zacken werden müssen. Dies soll sich aus der Entfernung von einer oberen Zackenspitze zur nächstoberen ergeben. Die für das Kleidungsstück erforderliche Weite wird durch dieses Maß geteilt, und das Ergebnis ist die Anzahl von Zacken, die gehäkelt werden muß. Die Anzahl der Zacken, multipliziert mit der Maschenzahl pro Zacke, ergibt die Anzahl der Lm für den Anschlag.
Die Maschenzahl je Zacke ist: 4 M der Abnahmestelle + der Maschenzahl zwischen den Zu- und Abnahmen + 1 M der Zunahmestelle + Maschenzahl zwischen der Zu- und Abnahme. Nun wird folgendermaßen gearbeitet:
1. R: 2 M zusammenhäkeln (siehe Seite 47) * die errechnete Maschenzahl zwischen Zu- und Abnahme häkeln, 4 M in die folg. GrundM (bei dickerer Wolle 2 M – 1 Lm – 2 M), Maschenzahl zwischen Zu- und Abnahme, 4 M zusammenhäkeln. Ab * wiederholen. Die R endet: 4 M in dieselbe GrundM, Maschenzahl zwischen Zu- und Abnahme, 2 M zusammenhäkeln.
2. R: Wende-Lm, 2 M zusammenhäkeln * Maschenzahl zwischen Zu- und Abnahme, 4 M zwischen die 2. und 3. M (oder unter die Lm bei dickerer Wolle) der 4 M der VorR, Maschenzahl zwischen Zu- und Abnahme, 4 M zusammenhäkeln. Ab * wiederholen. Die R endet: 4 M zwischen die 2. und 3. M der 4 M der VorR, Maschenzahl zwischen Zu- und Abnahme, 2 M zusammenhäkeln. Diese 2. R fortlaufend wiederholen. Die Maschenzahl zwischen Zu- und Abnahmen muß konstant bleiben!

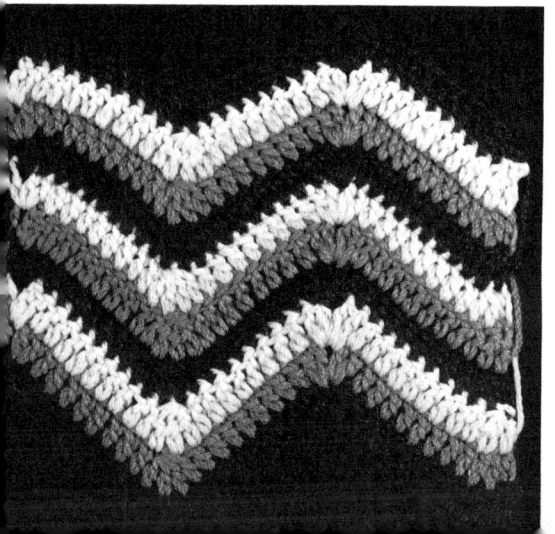

Wenn nun ein Pullover oder irgendein anderes Häkelstück »mit Form« gearbeitet werden soll, so ist es sehr ratsam, einen Schnitt anzufertigen und genau nach diesem zu häkeln. Immer wieder auflegen und vergleichen, wo an den Kanten noch zu- oder abgenommen werden muß! Und dann neu hinzukommende M in das Muster einfügen. So etwas gelingt nur nach Schnitt perfekt.

Häkelrock im Zackenmuster

Soll ein Rock in Rd gehäkelt werden, dann können die erforderlichen Zunahmen innerhalb der Rd vorgenommen werden.

Man beginnt den Rock in der Taille und häkelt zunächst bis zur Hüfte, wird bereits oben eine größere Weite gewünscht, auch kürzer, gerade hoch. Dann wie folgt zunehmen: Anstatt 4 M in 1 GrundM werden 6 M in 1 GrundM gehäkelt, bei den Abnahmen jedoch weiterhin nur 4 M zusammengehäkelt. Auf diese Weise vergrößern sich die Zackenabstände zwischen Zu- und Abnahme um je 1 M. Je

öfter diese Zunahmen vorgenommen werden, desto glockiger wird der Rock. Wird dagegen nur eine leicht ausgestellte Weite gewünscht, dann zunächst nur an jeder 2. Zunahmestelle 6 M häkeln, nach 2 oder mehr Rd an den ausgelassenen Zunahmestellen 6 M häkeln und so, versetzt, bis zum unteren Rockende weiterarbeiten. Niemals nur etwa in Höhe der Hüfte zunehmen und dann gerade weiter häkeln, weil die gewünschte Weite schon erreicht ist! Der Rock würde unten zusammenfallen. Deshalb müssen die Zunahmen gleichmäßig bis unten durchgeführt werden.

Zackenmuster mit geradem Abschluß

Soll der Rock – oder ein anderes Häkelstück – nicht gezackt enden, sondern eine gerade Abschlußkante erhalten, dann wird von unten nach oben gehäkelt. Zuerst wiederum ausrechnen, wie viele Zacken erforderlich sind. Dann entsprechend viele Dreiecke, je nach Größe der Zacken, häkeln, diese nebeneinander legen und in Zacken darüberhäkeln.

In die Luftmasche oder unter die Luftmasche häkeln

Es entsteht oft ein Mißverständnis, wenn es heißt: In eine Lm häkeln oder unter eine Lm häkeln.

In eine Luftmasche häkeln bedeutet, daß *in* die Lm eingestochen und weitergehäkelt wird.

Unter eine Luftmasche häkeln bedeutet, daß *unter* der ganzen Lm eingestochen und weitergehäkelt wird.

Kanten und Borten

Bei Häkelarbeiten gibt es ungleich mehr Möglichkeiten, Kanten einzufassen, als beim Stricken. Die Kanten können glatt sein, sich aus dem Muster, zum Beispiel Muscheln, ergeben oder im Kontrast dazu stehen, es können Bogen- oder Büschelkanten angehäkelt werden.

Grundsätzlich sollen die Kanten eines Häkelteiles immer zuerst mit 1 R fM umhäkelt werden, und zwar immer in der Grundfarbe, auch dann, wenn die eigentliche Kante in einer Kontrastfarbe gehäkelt werden soll. So kann man kleine Unebenheiten an den Rändern und an Zu- oder Abnahmestellen besser kaschieren.

Wir bringen 6 Beispiele für gehäkelte Abschlußkanten an Pullovern oder Jackenausschnitten oder für Umrandungen, und zeigen darüber hinaus noch 5 Bortenmuster, die, separat gehäkelt, für die verschiedensten Zwecke verwendet werden können, aus Baumwollgarn zum Beispiel als Schmuck für Handtücher, Unterröcke, Kopftücher.

Abschlußkanten

Der einfache Krebsstich

Die Kante zunächst in der erforderlichen Breite mit fM oder Stb häkeln. Für die letzte R dann fM häkeln, und dabei vor jeder M den Arbeitsfaden von vorne nach hinten um die Nadel führen, so daß der Faden vor der Arbeit liegt, und die fM häkeln.

54

Der Krebsstich kann aber auch so gehäkelt werden: Einfach fM von li nach
re häkeln (statt von re nach li).

Die Mausezähnchenkante

Die Kante zuerst in der erforderlichen
Breite in fM oder Stb häkeln. Die letzte
R wird folgendermaßen gehäkelt:
∗ 1 fM, 3 Lm, 1 fM in die 1. der 3 gerade gehäkelten Lm, 1 GrundM übergehen. Ab ∗ wiederholen.
Sollen die Mausezähnchen größer ausfallen, dann werden jeweils statt der
fM 1 oder 2 hStb in die Lm gehäkelt.

Die Büschelstäbchenkante

Zunächst etwa ²/₃ der gewünschten Leistenbreite mit fM oder Stb häkeln.
Dann: ∗ 1 U, Nadel einstechen, Faden
holen, 1 U, Nadel einstechen, Faden
holen, 1 U, Nadel einstechen, Faden
holen, umschlagen und alle 7 auf der
Nadel liegenden Schlingen abmaschen,
1 Lm, 1 GrundM übergehen. Ab ∗
wiederholen. In der letzten R dann jeweils 2 fM im Krebsstich unter die Lm
der VorR häkeln.

Die flache Bogenkante

Zuerst 2 R fM oder Stb häkeln, dann
die Bogen wie folgt:
1. R: 1 fM ∗ 3 Lm, 2 GrundM übergehen, 1 fM. Ab ∗ wiederholen.
2. R: ∗ 7 Stb in den Lm-Bogen, 1 fM in
den nächsten Lm-Bogen. Ab ∗ wiederholen.

Die hohe Bogenkante

Zunächst 2 R fM oder Stb häkeln.

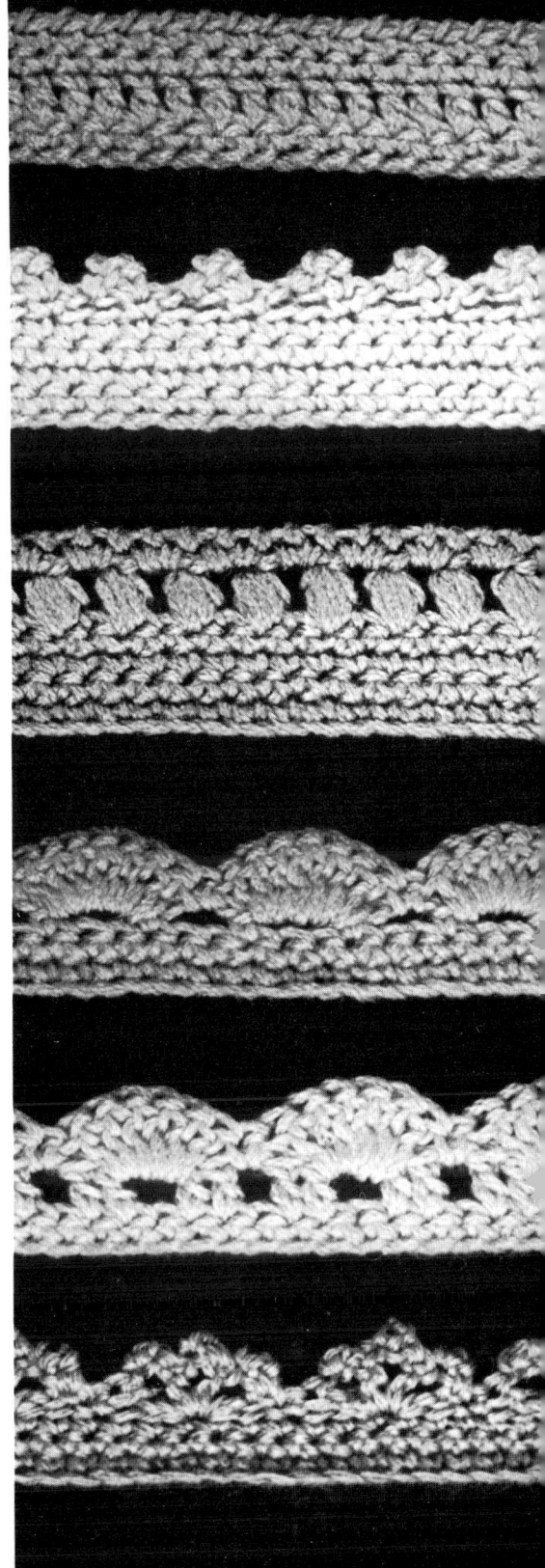

Dann die Bogen wie folgt:

1. R: 2 Stb * 1 Lm, 1 GrundM übergehen, 2 Stb. Ab * wiederholen.

2. R: * 6 Stb unter die Lm der VorR, 1 fM unter die folg. Lm. Ab * wiederholen.

Zackenkante

Zunächst 2 R fM oder Stb häkeln. Dann: 1 fM * 2 GrundM übergehen, in die folg. M: 1 Stb – 1 Mausezähnchen – 1 Stb – 1 Mausezähnchen – 1 Stb – 1 Mausezähnchen – 1 Stb, 2 GrundM übergehen, 1 fM häkeln. Ab * wiederholen.

Borten

1. Beispiel

Lm-Anschlag in der erforderlichen Länge. Es wird über die Gesamtbreite gehäkelt.

1. R: fM

2. R: 2 Wende-Lm, * 1 GrundM übergehen, 1 U, Nadel einstechen, Faden holen, 1 U, Nadel einstechen, Faden holen, 1 U, Nadel einstechen, Faden holen, umschlagen und alle 7 auf der Nadel liegenden Schlingen abmaschen (= 1 Büschel), 1 Lm. Ab * wiederholen.

3. R: 2 Wende-Lm, 1 Büschel unter jede Lm der VorR

4. R: wie 2. R

5. R: 2 fM unter jede Lm der VorR

2. Beispiel

4 Lm anschlagen. Die Borte wird der Länge nach gehäkelt.

1. R: 2 Stb – 1 Lm – 2 Stb in die 3. Lm häkeln, wenden.

2. R: 3 Wende-Lm, unter die Lm der VorR 2 Stb – 1 Lm – 2 Stb häkeln. Die 2. R fortlaufend wiederholen.

3. Beispiel

5 Lm anschlagen und mit 1 Km zum Ring schließen. Die Borte wird der Länge nach gehäkelt.
In diesen Ring 6 fM – 4 Lm – 1 fM häkeln. * Wenden. In den Lm-Bogen 6 fM – 4 Lm – 1 fM häkeln. Ab * wiederholen.

4. Beispiel

Lm-Anschlag in der erforderlichen Länge. Es wird über die Gesamtbreite gehäkelt.
1. R: 1 fM * 2 GrundM übergehen, 7 Stb in die folg. M, 2 GrundM übergehen, 1 fM. Ab * wiederholen.

2. R: Sie wird über die andere Kante des Lm-Anschlags gehäkelt: Jeweils 7 Stb über die fM der GegenR und 1 fM über die GrundM mit den 7 Stb

5. Beispiel

Lm-Anschlag in der erforderlichen Länge. Es wird über die Gesamtbreite gehäkelt.
1. R: 1 fM * 3 Lm – 4 Stb in die 2. M des Anschlags, 2 GrundM übergehen, 1 fM. Ab * wiederholen.

2. R: Sie wird über die andere Kante des Lm-Anschlags gehäkelt: 1 fM über die fM der Gegenseite * 3 Lm – 1 fM in die 1. der gerade gehäkelten Lm (= 1 Mausezähnchen), 1 fM über die folg. fM der Gegenseite. Ab * wiederholen.

Das wird gebraucht: Material und Handwerkszeug

Die Garne zum Stricken und Häkeln

Sie haben die Wahl zwischen reinwollenem Garn, Wolle mit Synthetikbeimischung, vollsynthetischen Garnen und Baumwolle. Alle diese Garne haben ihre besonderen Vorzüge (manchmal auch einige kleine Nachteile). So trägt sich *reine Wolle* sehr angenehm, auch im Sommer, wegen ihrer Fähigkeit, viel Feuchtigkeit aufnehmen und wieder an die Luft abgeben zu können. Ein Strick- oder Häkelstück aus reiner Wolle wird auch immer besonders »edel« aussehen. Sehr weiche Wollqualitäten scheuern sich allerdings an den Stellen leicht durch, die einer besonderen Belastung ausgesetzt sind – an den Ellbogen beispielsweise.

Diese Gefahr besteht bei *vollsynthetischen Garnen* nicht. Sie laufen auch nicht ein und sind beinahe unverwüstlich. Doch können sie bei längerem Tragen an Schönheit einbüßen, und es geht ihnen eben die Eigenschaft der Wolle ab, Hautfeuchtigkeit aufzunehmen.

Gemischte Garne sind durch die Synthetikbeimischung widerstandsfähiger als reine Wolle. Man verwendet sie deshalb gern für Kleidungsstücke, die einiges aushalten müssen, Socken oder Kindergarderobe zum Beispiel.

Reine Wolle

Reine Wolle gibt es in den verschiedensten Stärken und Ausspinnungen, angefangen bei den glatten Sportwollen bis zur dicken Dochtwolle. Daneben gibt es sehr feine, dünne Garne und die sogenannten Effektgarne, zum Beispiel Tweed- oder Boucléwollen, die raffinierteste Wirkungen ermöglichen.

Wer noch wenig Übung im Stricken und Häkeln hat, sollte möglichst keine stark gezwirnte Wolle, sondern lieber eine »offene«, das heißt nur leicht gezwirnte Qualität wählen. Kleine Unregelmäßigkeiten im Maschenbild fallen dann kaum auf und lassen sich beim Dämpfen fast vollständig beseitigen. Reinwollene Markengarne sind meist mit dem Internationalen Wollsiegel ausgezeichnet.

Auf der Banderole sind stets Farb- sowie Einfärbnummer angegeben. Beim Einkauf muß immer auf die Einfärbenummer geachtet werden, damit man zu einer Arbeit nicht Garn verschiedener Einfärbungen verarbeitet. Zweckmäßig ist es, eine Banderole mit der Einfärbenummer bis zur Beendigung der Arbeit aufzuheben, für den Fall, daß Wolle nachgekauft werden muß.

Wolle mit Synthetikbeimischungen

Hier handelt es sich um Garne mit unterschiedlich hohen Beimischungen an Synthetikgarnen, die zusammen mit der Wolle versponnen werden. Die Garne werden dadurch leichter – und auch widerstandsfähiger –, die Lauflänge pro Knäuel dementsprechend länger.

Vollsynthetische Garne

100%ige Synthetiks werden aus Kunstfasern wie Dralon, Courtelle, Polyamid, Polyacryl, um nur einige zu nennen, hergestellt. Diese Garne haben meist einen leichten Glanz. Es gibt übrigens auch bei Synthetikgarnen – ebenso wie bei Wolle – ganz erhebliche Qualitätsunterschiede.

Baumwollgarne

Man unterscheidet das sogenannte Schulgarn – für die allerersten Topflappenversuche – und die mercerisierte Baumwolle für Kleidungsstücke. Sie ist farbecht, läuft nicht ein und hat einen seidenähnlichen Glanz. Sommerpullis und -jacken wird man gern aus Baumwolle arbeiten, weil sie sich bei Hitze angenehm luftig trägt. Es gibt Baumwollgarne in einer reichen Skala der schönsten Farben. Neuerdings sind auch Baumwolleffektgarne in großer Auswahl zu haben.

Baumwolle mit Synthetikbeimischungen

Sie sei nur der Vollständigkeit halber erwähnt. Die Beimischungen sind geringfügig; für die Pflege gelten die Anweisungen auf der Banderole.

Wohin zum Garneinkauf?

Es gibt zwei Möglichkeiten: das Fachgeschäft und die Handarbeitsabteilungen der großen Kaufhäuser.

Wer noch wenig Erfahrung hat, sich unsicher fühlt angesichts der verwirrenden Fülle an bunter Wolle, Synthetiks und Baumwolle, sollte unbedingt in ein Fachgeschäft gehen. Man wird dort fachkundig beraten, und zwar nicht nur beim Garneinkauf. Die sachverständigen Damen geben auch gerne Auskunft über Strickmuster und Schnittformen, und man darf immer wieder hingehen und sich Rat holen. Im Kaufhaus ist man mehr auf sich selbst gestellt, für geübte Strickerinnen, die genau wissen, was sie wollen, kein Problem. Es gibt auch oft günstige Gelegenheitskäufe, vor allem bei Synthetiks. Allerdings kann es einem passieren, daß man die gleiche Farbe und Qualität nicht mehr erhält, wenn man zuwenig eingekauft hat.

Die Stricknadeln

Am gebräuchlichsten sind Nadelpaare (früher waren sie aus Metall, heute sind sie meist aus Kunststoff, daher viel leichter und nicht rostend). Es gibt sie in den Stärken von 2 bis 10 mm, immer um eine halbe Stärke in der Einheit fortschreitend. Für ganz dicke – oder sehr locker gestrickte – Sachen verwendet man 12er oder 15er Nadeln. Kinderröckchen, Strickpassen, aber auch Pullover (bis zum Armausschnitt) kann man auf der Rundnadel arbeiten. Die Rundnadel besteht aus einer kräftigen Perlonschnur mit einem »Stückchen« Stricknadel an jedem Ende. Rundnadeln gibt es in verschiedenen Längen bis zu 1 m.

Parallelo- oder Flexnadeln braucht man nur, wenn mit sehr vielen Maschen gearbeitet werden muß (bei einem Pullover mit »Fledermausärmeln« zum Beispiel). Es sind Nadelpaare mit kurzen Nadelenden wie die Rundnadeln, die in eine kräftige Perlonschnur übergehen. Deren Ende ist durch einen Kunststoffknopf abgesichert.

Strumpfnadeln kauft man immer als »Spiel« 5 gleichstarker, beidseitig spitzer Nadeln. Es gibt sie in denselben Stärken wie die langen Pullovernadeln, doch nur bis 7 mm.

Die Häkelnadeln

Häkelnadeln sind aus Metall oder – heute gebräuchlicher – aus Kunststoff. Sie sind ebenso numeriert wie die Stricknadeln, nämlich von 2 bis 10 mm. Außerdem gibt es die sehr dicken 12er oder 15er Nadeln.

Die ganz feinen Häkelnadeln, mit denen man zum Beispiel Spitzen ans Taschentuch häkelt, sind immer aus Metall, haben aber meist einen Kunststoffgriff, damit sie besser in der Hand liegen.

Welche Nadel zu welchem Garn?

Nadel- und Garnstärke müssen aufeinander abgestimmt sein. Ist das Garn für die Nadelstärke zu dick, wird das Strick- oder Häkelstück brettartig unelastisch. Im umgekehrten Fall, wenn das Garn zu dünn ist für die verwendeten Nadeln, wird die Arbeit locker und lappig.

Es lassen sich allerdings hübsche Effekte erzielen, wenn man – für eine Stola etwa – dünnes Wollgarn mit dicken Nadeln zu einem Durchbruchmuster verarbeitet. Man erhält dann ein Strickstück von spitzenartiger Leichtigkeit.

Zum Schluß: die vielen Kleinigkeiten

Sie brauchen noch: ein Zentimetermaß (zusätzlich zu empfehlen: ein langes Holzlineal); eine Schere; stumpfe Sticknadeln zum Zusammennähen; möglichst lange rostfreie Stahlstecknadeln, sogenannte Schwesternnadeln, zum Aufnadeln vor dem Dämpfen; ein Bügeleisen, dessen Hitze man regulieren kann; ein Bügeltuch aus nicht fusselndem, ungesäumtem Stoff (Säume würden sich beim Dämpfen durchdrücken); eine große, dicke Wolldecke als Bügelunterlage und einen Maschenraffer – eine Art Riesensicherheitsnadel – zum Stillegen von Maschen.

Welches Handwerkszeug Sie brauchen, wenn Sie selbst einen Schnitt machen wollen, finden Sie auf Seite 61 f.

Wir machen einen Schnitt nach unseren Maßen

Zwei Dinge sind für das gute Gelingen eines gestrickten oder gehäkelten Kleidungsstückes von großer Wichtigkeit: die Maschenprobe und der Schnitt. Wenn Sie in einer Zeitschrift ein Modell finden, das Sie nacharbeiten möchten, dann beginnen Sie mit dem Schnitt. Das ist dann ganz einfach, wenn zu diesem Modell sowohl Schnittschemazeichnung wie Arbeitsanleitung angegeben sind. Manchesmal fehlt aber das Schnittschema. Was also tun? Was tun auch, wenn Sie nur ein Bild haben, einen Pulli oder eine Jacke, und dieses Modell gerne nacharbeiten möchten? Mit ein bißchen Geschick und sehr präzisen Vorarbeiten ist dies ganz einfach: Sie machen sich Ihren eigenen Schnitt.

Welche Maße Sie dafür brauchen, finden Sie in unserer Maßtabelle. Und sich selbst mit einem Zentimetermaß zu vermessen, ist nicht schwer (siehe Tabelle Seite 258). An Handwerkszeug brauchen Sie also ein Zentimetermaß, außerdem Schnittpapier, einen Bleistift, Schere und Lineal – noch besser einen Schneiderwinkel. Diese Anschaffung lohnt sich auf lange Sicht gesehen ganz bestimmt. Der Schneiderwinkel hat eine 60 cm lange gerade Kante mit Zentimetermaß und eine lange, gebogene Kurvenkante, die zum Ausarbeiten von Ärmelschnitten und allem Abgerundeten sehr nützlich ist. Ob abzeichnen, verändern oder frei entwerfen: die Technik bleibt dieselbe.

Das Zeichnen des Schnitts

Zunächst soll der Begriff »Bruch« erklärt werden. Bruch bedeutet immer die senkrechte (in manchen Fällen auch waagrechte) Mitte eines Schnittteils, gleichgültig, ob Rücken- oder Vorderteil, Ärmel, Kragen, Kapuze und so fort. Ärmel werden nur dann in ihrem ganzen Umriß aufgezeichnet, wenn linke und rechte Armkugelkante in verschiedenen Abnahmen gearbeitet werden.

Sinn des Bruches ist das präzise, seitengleiche Ausschneiden der Schnittteile.

Einen Bogen Schnittpapier oder, falls nicht erhältlich, Packpapier der Länge nach zur Hälfte falten. Wird Papier von der Rolle genommen, dann soll es nicht zu knapp geschnitten werden. Das Papier wird zum Bruch gefaltet; dabei sollen Ober- und Unterkante genau aufeinanderliegen und einen rechten Winkel zum Bruch bilden. Das erleichtert das exakte Einzeichnen der Maße. Nun wird jedes Schnitteil den Maßen

61

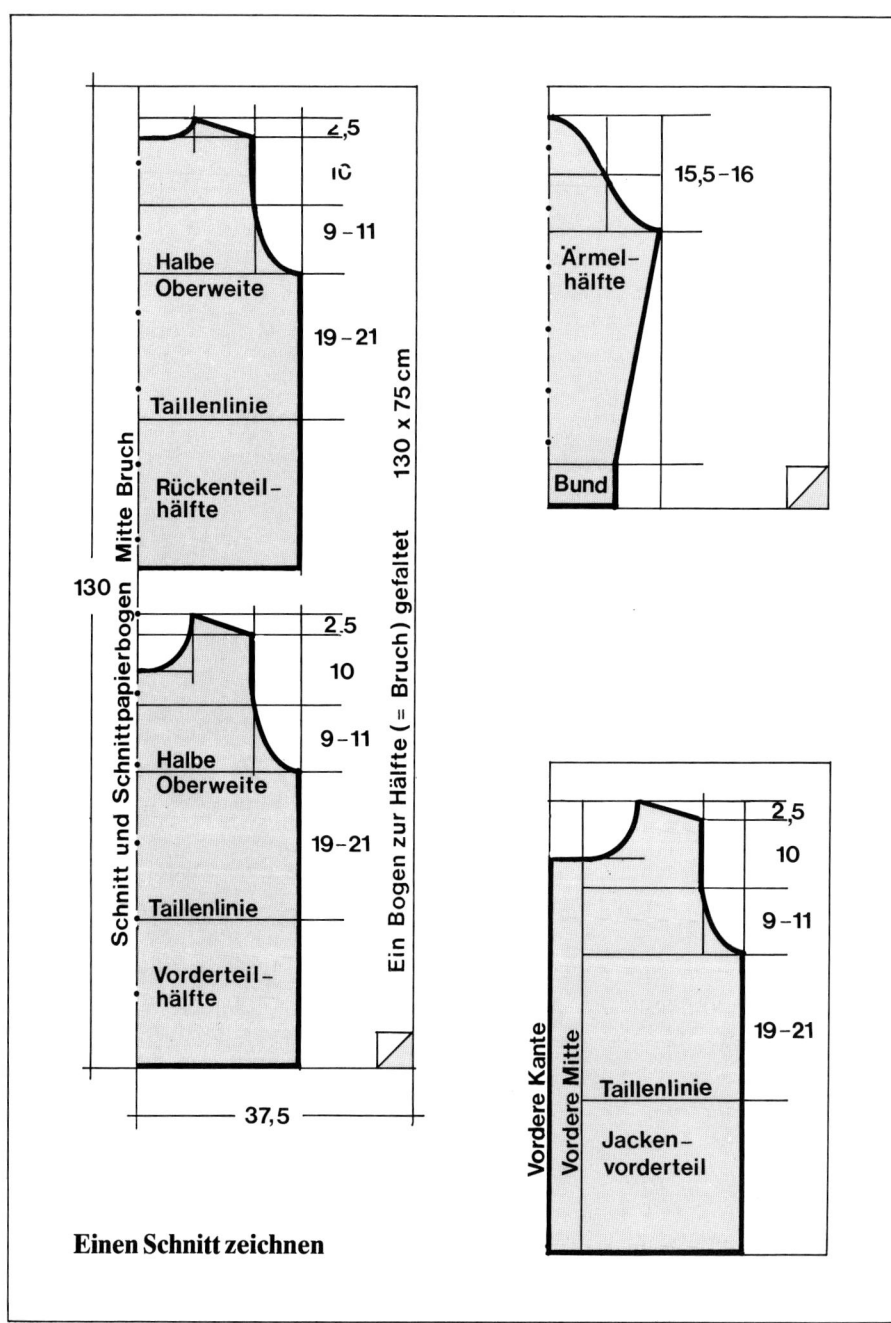

2,5

10

9 – 11

Halbe
Oberweite

19 – 21

Taillenlinie

Rückenteil-
hälfte

Mitte Bruch

130

Schnitt und Schnittpapierbogen

Ein Bogen zur Hälfte (= Bruch) gefaltet

130 x 75 cm

15,5 – 16

Ärmel-
hälfte

Bund

2,5

10

9 – 11

Halbe
Oberweite

19 – 21

Taillenlinie

Vorderteil-
hälfte

37,5

Vordere Kante

Vordere Mitte

2,5

10

9 – 11

19 – 21

Taillenlinie

Jacken-
vorderteil

Einen Schnitt zeichnen

62

entsprechend aufgezeichnet (da das Papier zum Bruch gefaltet ist, natürlich nur zur Hälfte). Als erstes wird die größte Weite markiert und in diesem Abstand eine Linie parallel zum Bruch (bzw. zur Außenkante) gezogen. Dann wird die größte erforderliche Höhe markiert und eine Linie parallel zur Unterkante gezogen. In dieses Rechteck kann der Schnitt nun genau den Maßen entsprechend eingezeichnet werden. Hierzu ein paar allgemeingültige Regeln:

Die Breite eines normalen Halsausschnittes beträgt 15–16 cm (es werden also auf einem halben Schnitteil 7,5 bis 8 cm markiert). Ein rückwärtiger Halsausschnitt ist 2–2,5 cm tief, ein vorderer, selbst bei einem hochgeschlossenen Pullover, mindestens 6 cm. Auf den Schemazeichnungen zeigen wir die gebräuchlichsten Halsausschnitte (abgesehen vom V-Ausschnitt, der meist verschieden tief ausfällt, je nach Modell): einen üblichen runden Ausschnitt, einen viereckigen Ausschnitt und einen Ausschnitt für einen Rollkragen.

Für den üblichen runden Ausschnitt wird auf dem Schnitt eine senkrechte Linie von 10–12 cm Länge vom obersten Schulterpunkt nach unten und dann von diesem Punkt aus eine Linie im rechten Winkel bis zur vorderen Bruchlinie (bzw. bei Jacken bis zur Kante) gezogen. In dieses Feld wird die Ausschnittrundung gezeichnet.

Der viereckige Ausschnitt wird ebenso gezeichnet, aber die Rundung wegge-

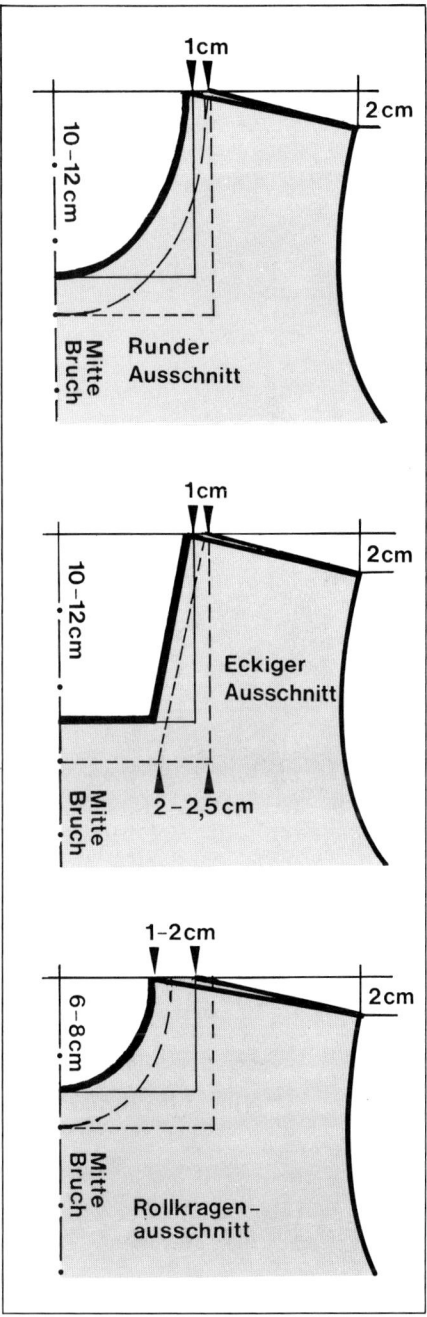

63

lassen. Damit der Halsausschnitt besser »sitzt«, empfiehlt es sich, die senkrechte Ausschnittkante leicht geschrägt, also etwa 2 cm zur Mitte hin, verlaufen zu lassen.

Der Ausschnitt für den Rollkragen wird wie für den runden Ausschnitt gezeichnet, soll aber etwas enger am Hals liegen. Die senkrechte Linie wird 6–8 cm nach unten geführt und die Ausschnittbreite um 1–2 cm verkleinert.

Grundsätzlich gilt, daß Pulloverschnitte nach Körpermaß erstellt werden. Zugaben sind hier nicht nötig, weil sich die erforderliche Weite durch die Elastizität des Gestrickten oder Gehäkelten ganz von selbst ergibt.

Bei Jacken gilt für das Rückenteil das Körpermaß, bei den Vorderteilen muß etwas Weite zugegeben werden. Je dicker die Wolle, desto mehr Zugabe. Das hängt natürlich auch ganz vom Modell ab: Eine saloppe Jacke braucht mehr Zugaben als ein klassischer Cardigan.

Bei Ärmelmaßen soll auch immer etwas Weite zugegeben werden, damit die Ärmel bequem sitzen.

Nun zeichnen wir weiter: Der äußere Schulterpunkt sitzt meist 2,5 cm unterhalb des Halsausschnitts, der untere Ärmel- bzw. Armausschnittpunkt, wenn man nicht allzu knapp mißt, 19 bis 21 cm unter diesem, und etwa 20 cm darunter befindet sich die Taillenlinie. Auf der Armausschnittlinie wird die Rückenbreite markiert und vom Schulterpunkt ausgehend die Armausschnittrundung eingezeichnet. Die Höhe einer Armkugel beträgt im Schnitt 15,5–16 cm. Damit ja nichts schiefgehen kann, sollte die Rundung einer Armkugelhälfte sowie die entsprechende Armausschnittkante nachgemessen werden. Die Armkugel soll dabei etwa 2 cm länger ausfallen, da man sie etwas einhält, damit man beim Tragen genügend Bewegungsfreiheit hat.

Für Schnitte von Herrenpullovern und -jacken gilt im Prinzip dasselbe, nur fallen die Maße natürlich etwas größer aus. Bei Schnitten von Kindersachen verschieben sich die Proportionen ein wenig. Aber nach den genauen Maßen läßt sich ein Schnitt leicht aufzeichnen.

Das Vergrößern eines vorhandenen Schnitts

Ein Modell nach vorhandenem Schnitt und vorhandener Anleitung nachzuarbeiten ist auch dann nicht schwer, wenn der Schnitt Ihren Maßen entsprechend vergrößert werden muß.

Der Schnitt wird genau nach der Schemazeichnung aufgezeichnet, in der Senkrechten zur Schultermitte, in der Waagrechten in Taillenhöhe durchgeschnitten, auf einen (zum Bruch gefalteten) Bogen Papier gelegt und in der gewünschten Größe nachgezeichnet. In diesem Falle werden auch beidseitig gleiche Ärmel besser ganz, also nicht mit Bruch, aufgezeichnet, da hier ja die senkrechte Trennlinie die Ärmelmitte sein soll. Die waagrechte liegt in diesem Fall in Höhe der Oberarmmitte.

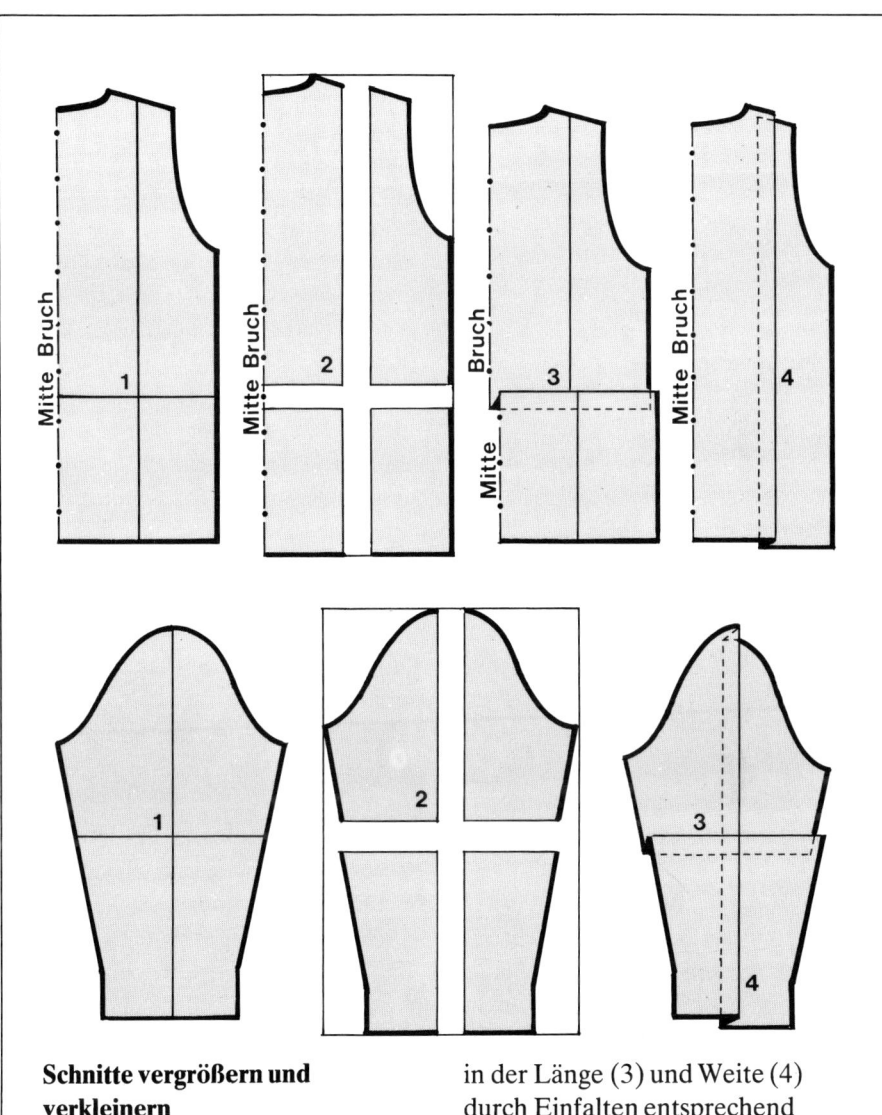

Schnitte vergrößern und verkleinern

Der Originalschnitt mit einge-
zeichneter senkrechter und waa-
gerechter Trennlinie (1) wird
durchgeschnitten und entsprechend größer gezeichnet (2) oder

in der Länge (3) und Weite (4)
durch Einfalten entsprechend
verkleinert.
Wichtig: Außenkanten von
Punkt zu Punkt entsprechend
ausgleichen!

Nach dem Aufzeichnen wieder zum Bruch falten und die Kanten exakt ausgleichen.

Das Verkleinern eines vorhandenen Schnitts

Auch dies geschieht anhand der senk- und waagrechten Trennlinien, nur daß in diesem Falle nicht durchgeschnitten wird. Das Zuviel wird einfach eingefaltet und festgeklebt. Auch hier müssen die Kanten vorsichtig ausgeglichen und begradigt werden.

Vorsicht mit den Maßen! Immer daran denken, daß eine Vorder- bzw. Rückenteilhälfte $1/4$ der erforderlichen Weite darstellt und $1/2$ cm schon 2 cm in der Gesamtweite ergibt.

Wenn nun der Schnitt gezeichnet ist, kann mit Hilfe der Maschenprobe mit dem Ausrechnen der Anschlagzahl und dem Errechnen aller erforderlichen Zu- und Abnahmen begonnen werden.

Das Errechnen der Maschenzahl nach dem Schnitt

Wie wichtig Schnitt und Maschenprobe für das gute Gelingen von gestrickten Kleidungsstücken sind, kann nicht oft genug betont werden. Wenn man hier Fehler macht, gibt es leicht »Pfusch«, anstatt eines gutsitzenden Kleidungsstücks vielleicht ein unförmiges Etwas oder einen viel zu engen Schlauch. Auch das sorgfältigste Dämpfen kann hier nichts mehr retten. Ebenso wichtig sind Schnitt und Ma-

schenprobe für das Errechnen der erforderlichen Maschenzahl. Dies geschieht mit einer ganz einfachen Dreisatzrechnung.

1. Beispiel

Das Rückenteil unserer Jacke von Seite 146.

Schnittbreite mal Maschenzahl der 10 cm breiten Maschenprobe geteilt durch 10.

Der Rückenschnitt ist 45 cm breit, die Maschenprobe ergibt 14 M in der Breite von 10 cm, also:

$$\frac{45 \times 14}{10} = 63$$

Für dieses Rückenteil werden 63 M angeschlagen.

2. Beispiel:

Vorderteil, Ärmel, Tasche und Kragen unserer Jacke werden ebenso errechnet. Wir haben 14 M in der Breite. Die Breite des Vorderteilschnitts beträgt 25 cm:

$$\frac{25 \times 14}{10} = 35$$

Für dieses Vorderteil 35 M anschlagen. Die Breite des Ärmelschnitts beträgt 40 cm:

$$\frac{40 \times 14}{10} = 56$$

Für den Ärmel also 56 M anschlagen. Die Tasche wird 15 cm breit:

$$\frac{15 \times 14}{10} = 21$$

Wenn es beim Kragen nicht ganz genau aufzugehen scheint, so hat dies nichts zu bedeuten. Der Kragen ist 39 cm breit, also:

$$\frac{39 \times 14}{10} = 54,6$$

Zehntelmaschen gibt es nicht, man rundet auf und schlägt 55 M an. Steht hinter dem Komma eine 5 oder eine Zahl, die kleiner ist als fünf, rundet man ab. So einfach ist das.

Unsere Musterjacke besteht aus ganz geraden Teilen. Aber es wird ja nicht immer gerade hochgestrickt, sondern auch zugenommen, bei taillierten Jacken und Kleidern beispielsweise. Da wird zuerst ab-, und ab Taille wieder zugenommen. Auch in diesem Falle können die entsprechenden Zu- und Abnahmen nach dem Schnitt gearbeitet werden.

3. Beispiel:

Unser Herrenpullover von Seite 202. Die untere Breite des Rücken- bzw. Vorderteils beträgt 44 cm. Die Maschenprobe: 24 M in der Breite und 32 R in der Höhe = 10 cm im Quadrat. Die Maschenzahl für den Anschlag können Sie jetzt sicher schon selbst ausrechnen:

$$\frac{44 \times 24}{10} = 106$$

Wie Sie am Schnitt sehen, wird der Bund im Muster 1 M re, 1 M li gerade hochgestrickt. Bis zum Beginn des Armausschnitts aber werden dann auf jeder Seite 2 cm Weite zugenommen,

5 M also. (10 cm = 24 M, 2 cm = 4,8 cm, also gleich 5 M). Die Höhe ab Bund bis zum Armausschnittanfang beträgt 35 cm: Also 5mal nach jeweils 7 cm auf beiden Seiten je 1 M zunehmen. So werden die Zunahmen ganz gleichmäßig verteilt.

Die Armausschnitte an Vorder- und Rückenteilen, Schulterschrägungen und Halsausschnitte erklären wir am besten auch mit Hilfe dieses Herrenpullovers.

4. Beispiel:

Wenn das Teil bis zum Beginn des Armausschnitts gestrickt ist, wird es wieder auf den Schnitt gelegt. So läßt sich leicht erkennen, daß zu beiden Seiten je 3 M zuviel vorhanden sind. (In anderen Fällen können dies 2 oder 4 oder 5 sein). Diese 3 M werden sofort abgekettet. Man kann nun mühelos Reihe für Reihe kontrollieren, wie viele M an der Armausschnittrundung abgekettet werden müssen: Die Kanten des Strickstückes müssen immer identisch mit den Kanten des Schnittes verlaufen. Nach dem Abketten für die Ausbogung werden einige R gerade hochgestrickt, dann, wenn die ganze Kante nicht weiter gerade hochgestrickt wird, wieder einige Maschen zugenommen, bis die erforderliche Schulterbreite erreicht ist. Auch dies geschieht in Übereinstimmung mit dem Schnitt. In unserem Beispiel wird 5 mal in Abständen von jeweils 2 cm zugenommen.

5. Beispiel:

Nun ist das Teil so weit gestrickt, daß die Abnahmen für die Schulterschrägungen beginnen. Diese Abschrägung erfordert

$$\frac{2,5 \times 32}{10} = 8 \text{ Reihen}$$

Auch die erforderliche Reihenzahl wird nämlich mit Hilfe dieser einfachen Dreisatzrechnung ausgerechnet: Die erforderliche Höhe von 2,5 cm mal 32 (= die Reihenzahl der Maschenprobe bei 10 cm), das Ganze geteilt durch 10. 8 R, aber wieviel M? Die Schulterbreite beträgt 13,5 cm, also

$$\frac{13,5 \times 24}{10} = 32,4$$

Dies ergibt, abgerundet, 32 M. Diese Maschenzahl wird nun durch 4 geteilt: 32 : 4 = 8

Es werden also 4 mal zu Beginn jeder 2. R auf beiden Seiten je 8 M abgekettet, um eine schöne Schrägung zu erzielen.

6. Beispiel:

Der rückw. Halsausschnitt ist bei unserem Herrenpulli ganz gerade gearbeitet, hier werden alle M gleichmäßig abgekettet. Was geschieht, wenn der rückw. Halsausschnitt ebenfalls gerundet ist?

Auch hier wird nach Schnitt gearbeitet. Man legt das Strickstück Reihe für Reihe auf. Zugleich mit Beginn der Schulterschrägung werden die erfor-

derlichen M in der Mitte abgekettet, und die mehr oder weniger starke Rundung auf beiden Seiten durch Abnahmen von je 2 oder 3 M pro R genau nach Schnitt ausgearbeitet.

Die Ausschnitte der Vorderteile sind naturgemäß tiefer als die rückwärtigen, lassen sich aber ebenso leicht nach dem Schnitt ausrechnen. (Die wichtigsten Ausschnittformen finden Sie auf Seite 25/26). Bei flach gerundeten Ausschnitten muß immer eine größere Maschenzahl in der Mitte abgekettet werden, ehe mit den Abnahmen auf beiden Seiten begonnen wird. Sonst fällt der Ausschnitt nicht rund aus. Ein V-Ausschnitt hingegen wird wie folgt gearbeitet:

7. Beispiel:

Wir halten uns mit den Maßen wieder an unseren Herrenpullover. Der V-Ausschnitt beginnt in 37 cm Höhe. Das Vorderteil wird in der Mitte geteilt und die eine Hälfte zunächst auf einem Maschenraffer stillgelegt. Für die 28 cm Ausschnitthöhe müssen

$$\frac{28 \times 32}{10} = 89,6$$

also, aufgerundet, 90 R gestrickt werden. Auf diese 90 R verteilt wird die halbe Breite des Halsausschnitts abgenommen, in diesem Fall 19 M. Um eine schöne, körpergerechte Ausschnittschrägung zu erzielen, ist es ratsam, zunächst einmal einige M in dichterer Folge abzunehmen. Würden bei einer geraden Kante in unserem

Fall 90 : 19 = 4,5, also nach jeweils 4$\frac{1}{2}$ R je 1 M abgenommen, das heißt nach abwechselnd 4 und 5 R, so wird hier, um eine schöne sanfte Schrägung zu erzielen, zunächst 4 mal in jeder 2. R und dann 15 mal in jeder 4. R je 1 M abgenommen. Nicht vergessen: Immer mit Hilfe des Schnittes kontrollieren! Die restl. R werden gerade hochgestrickt.

Die ständige Schnittkontrolle ist noch aus einem anderen Grunde sehr wichtig: Es wird ja nicht nur an der Ausschnittkante abgenommen, sondern, ab Armausschnitthöhe, auch gleichzeitig an dieser Kante.

Die 2. Vorderteilhälfte wird gegengleich gearbeitet. Es können aber auch beide Hälften, mit Hilfe eines 2. Nadelpaares und Knäuels, gleichzeitig Reihe für Reihe gestrickt werden, ein Verfahren, das gerade Anfängerinnen die Arbeit sehr erleichtert.

Noch empfehlenswerter ist es beim Stricken von Ärmeln, wenn die Ärmel bis gut Armkugelhöhe fertig sind. Auch hier lassen sich ungleiche Kanten vermeiden, wenn in Hin- und RückR gleichzeitig über beide Teile gearbeitet wird.

8. Beispiel:

Für den Ärmel wird die erforderliche Maschenzahl angeschlagen, bei unserem Herrenpulli

$$\frac{22 \times 24}{10} = 52,8$$

Hier haben wir auf 52 abgerundet. Nach dem gerade hochgestrickten Bündchen muß der Ärmel weiter werden. Es werden

$$\frac{10 \times 24}{10} = 24$$

beidseitig insgesamt 24 M zugenommen, 12 auf jeder Seite, und zwar verteilt auf die 37 cm Höhe zwischen Bündchen und Beginn der Armkugel. Also: 12 mal auf jeder Seite nach 3 cm je 1 M zunehmen. Nun ist der Beginn der Armkugel erreicht. Die Abnahmen für diese sollen genau nach dem Schnitt erfolgen, nur so ist eine schöne Rundung garantiert. Meist werden in den unteren R jeweils 2–3 M abgenommen, dann jeweils nur eine, das ergibt sich aus Schnitt und Anleitung. Auch die Wollstärke spielt eine Rolle dabei, ob nach jeweils 2 R oder in jeder R abgenommen wird. Damit die Armkugel nicht zu spitz wird, müssen am Ende immer noch einige M auf der Nadel sein (bei unserem Pulli sind es 10). Sie werden dann auf einmal abgekettet.

Das Dämpfen

Strick- und Häkelteile werden gedämpft, nicht gebügelt. Sorgfältiges Dämpfen ist ebenso wichtig wie sorgfältiges Stricken oder Häkeln, wenn ein fertiges Kleidungsstück gut aussehen soll.

Das Teil mit der rechten Seite nach unten auf den Schnitt legen, und entlang den Kanten mit Stecknadeln aufnadeln. Ein feuchtes Tuch darüberlegen (am besten eignet sich dazu ein Tuch aus dünnem Nessel oder Wäschebatist) und mit dem Bügeleisen darüber gleiten. Leicht und mit Gefühl gleiten, nicht aufdrücken! Das Eisen so lange über das Tuch bewegen, bis es ganz trocken ist, sonst ist alle Arbeit vergebens. Dann das Tuch abnehmen und das Teil noch einen Augenblick zum Ausdämpfen liegen lassen. Wenn das Teil sehr sorgfältig aufgenadelt wurde – das bedeutet auch, daß an den Steckstellen keine häßlichen Zipfel entstehen können –, dann können beim Dämpfen kleine Unebenheiten noch ausgeglichen werden – allerdings nur bei reiner Wolle. Bei Synthetikgarnen oder Gemischen muß die Form schon vorher stimmen.

Über das Dämpfen von Strick- und Häkelstücken aus Synthetik- oder Mischgarnen siehe nebenstehend. Gedämpft wird nicht mit Cotton- oder gar Leineneinstellung, sondern mit Wolleinstellung. Nach dem Zusammennähen kann man nochmals kurz über die Leisten und Nähte dämpfen.

Wie pflegt man Strick- und Häkelkleidung?

Damit sie lange schön bleiben, ist es wichtig, die guten Stücke auch gut zu pflegen.

Häufige Wäschen, am besten mit einem Spezialwaschmittel für Wollgarne, schaden niemals, wenn sie richtig ausgeführt werden. Vor allem darf die Wassertemperatur nicht zu heiß sein.

Bei Kaltwäsche oder bei handwarmem Wasser kann nichts verfilzen.

Wollsachen darf man niemals auswringen. Man rollt sie in ein Handtuch – es nimmt schon die meiste Nässe auf – und läßt sie dann, in Form gezogen, auf einem großen Frottiertuch trocknen. Aber niemals in Heizungsnähe!

Fast alle reinwollenen Garne sind waschmaschinenfest ausgerüstet, das heißt, man kann sie bis zu 30 Grad in der Waschmaschine waschen. Seit neuestem gibt es »Superwash«-Qualitäten. Kleidungsstücke aus dieser Wolle können sogar warm gewaschen und außerdem geschleudert werden. Es müssen aber auf alle Fälle die Hinweise auf der Banderole beachtet werden.

Je feiner die Wolle, desto behutsamer sollte die Pflege sein. Dies gilt vor allem für Mohair – aus den Haaren der Mohairziege hergestellt –, für Kaschmirwollen – aus einem edlen, sehr hochwertigen Ziegenhaar –, für Angora – aus der ausgekämmten Wolle der Angorakaninchen –, sowie für Alpaka- und Vicuñawolle (beides sind südamerikanische Lamarassen).

Die Wasch- und Pflegeeigenschaften der Woll-Synthetik-Gemische entsprechen im wesentlichen denen der reinwollenen Garne. Beim Dämpfen jedoch ist Vorsicht geboten. Man macht am besten zuerst an der Maschenprobe oder einem Musterstück einen Versuch, um festzustellen, ob das Gestrick nicht lappig wird.

Besonders genau müssen bei vollsynthetischen Garnen die Pflegeanleitungen auf den Banderolen beachtet werden. Die Wäsche zwar ist problemlos. Dämpfen jedoch sollte man, wenn überhaupt, auch hier nur mit allergrößter Vorsicht. Verlorene Elastizität läßt sich nie wieder hineinzaubern! Man kann das Problem auf sehr einfache Weise lösen, indem man die Strick- oder Häkelstücke vor dem Zusammennähen aufnadelt, mit feuchten Tüchern bedeckt und diese liegen läßt, bis sie trocken sind. Eine etwas langwierige, aber sehr sichere Methode, die man auch bei fertigen Strick- und Häkelsachen anwenden kann.

Baumwolle darf man, wenn nichts anderes angegeben ist, bis 60 Grad waschen. Gedämpft wird sie unter einem feuchten Tuch mit Wolleinstellung.

Strick-
und
Häkelmuster

Strickmuster

Feste Strickmuster

Wenn man die einfachen, glatten Strickarten beherrscht, möchte man auch einmal etwas anderes arbeiten, und sei es nur, um zu erproben, wie weit das Können schon reicht. Dann sollte man sich an Muster wagen und quadratische, dreieckige und Rhombenmuster stricken.

Feste Muster eignen sich für Pullover, Pullunder, Kleider und Mäntel. Man kann Strickkleidung durchgehend in einem Muster stricken (aber auch in mehreren Mustern, die miteinander harmonieren), oder, um etwa für eine Passe einen besonderen Effekt zu erzielen, ein völlig anderes Muster wählen. Verblüffend unterschiedliche Wirkungen erreicht man, wenn man dasselbe Muster in einer anderen Wollstärke und -qualität arbeitet. Ob Sportwolle, Mohair oder Dochtwolle – es wird immer wieder anders aussehen.

Noch raffinierter wirkt es, wenn man solche Muster nochmals in sich mustert, indem man zwei- oder dreifädig mit verschiedenartigen Garnen strickt und so ein interessant meliertes Strukturbild erhält.

Muster 1 (Patentmuster)
Gerade Maschenzahl
1 R. Rd: RandM * 1 U, 1 M li abheben, 1 M re. Ab * wiederholen. RandM
2. R: RandM * 1 U, 1 M li abheben, den U und die abgehobene M der VR zusammen re abstricken. Ab * wiederholen. RandM
Die 2. R fortlaufend wiederholen.

Muster 2 (Halbpatent)
Gerade Maschenzahl
1. R: RandM * 1 M re, 1 U, 1 M li, abheben. Ab * wiederholen. RandM
2. R: RandM * die abgehobene M mit dem U zusammen re abstricken, 1 M li Ab * wiederholen. RandM
Die 1. und 2. R fortlaufend wiederholen.

Muster 3 (Falsches Patent)
Maschenzahl teilbar durch 4 + 2
RandM
1. R: RandM * 3 M re, 1 U, 1 M li abheben. Ab * wiederholen. RandM
2. R: wie 1. R, dabei aber die abgehobene M und den U zusammen re abstricken.
Diese R fortlaufend wiederholen.

Muster 4 (Versetztes Patentmuster)
Gerade Maschenzahl
1. R: re
2. R: re
3. R: RandM * 1 M re, die folg. M re,
dabei aber in die darunterliegende M
der VorR einstechen. Ab * wiederholen. RandM
4. R und alle folg. geraden R: re
5. R: RandM * 1 M re, dabei aber in
die darunterliegende M der VorR einstechen, 1 M re. Ab * wiederholen.
RandM
Die 3.–6. R fortlaufend wiederholen.

Muster 5
Maschenzahl teilbar durch 4 +
2 RandM
1. R: re
2. R: RandM * 2 M re, 2 M li. Ab *
wiederholen. RandM
Die 1. und 2. R fortlaufend wiederholen.

Muster 6
Gerade Maschenzahl
1.–4. R: glatt re
5. R: * 1 M li, 1 M li abheben (der
Faden liegt vor der M). Ab * wiederholen.
6. R: * 1 M re, 1 M li abheben (der
Faden liegt hinter der M). Ab * wiederholen.
Die 1.–6. R fortlaufend wiederholen.

77

Muster 7 (Perlmuster)

Gerade Maschenzahl

1. R: RandM * 1 M re, 1 M li. Ab *
wiederholen. RandM

2. R: RandM * 1 M li, 1 M re. Ab *
wiederholen. RandM

Die 1. und 2. R fortlaufend wiederholen.

Muster 8

Gerade Maschenzahl

1. R: RandM * 1 M re, 1 M li. Ab *
wiederholen. RandM

2. R: wie 1. R

3. R: RandM * 1 M li, 1 M re. Ab *
wiederholen. RandM

4. R: wie 3. R

Die 1.–4. R fortlaufend wiederholen.

Muster 9

Gerade Maschenzahl

1. R: re

2. R: li

3. R: RandM 1 M re * die 2. folgende
M durch die 1. M durchholen und re
stricken, dann die 1. M re. Ab * wiederholen. Die R endet: 1 M re, RandM

4. R: li

5. R: RandM * die 2. folg. M durch die
1. M durchholen und re stricken, die
1. M re. Ab * wiederholen. RandM

6. R: li

Die 3.–6. R fortlaufend wiederholen.

Muster 10

Maschenzahl teilbar durch 10 + 2 RandM

1. R: RandM * 5 M re, 5 M li. Ab * wiederholen. RandM

2.–8. R: wie 1. R

9. R: RandM * 5 M li, 5 M re. Ab * wiederholen. RandM

10.–16. R: wie 9. R

Die 1.–16. R fortlaufend wiederholen.

Muster 11

Maschenzahl teilbar durch 8 + 2 RandM

1. R: und alle folg. HinR: re

2. R: RandM * 7 M re, 1 M li. Ab * wiederholen. RandM

4. R: RandM, 1 M li * 5 M re, 3 M li Ab * wiederholen. Die R endet: 5 M re, 2 M li, RandM

6. R: RandM, 2 M li * 3 M re, 5 M li Ab * wiederholen. Die R endet: 3 M re, 3 M li, RandM

8. R: RandM, 3 M li * 1 M re, 7 M li Ab * wiederholen. Die R endet: 1 M re, 4 M li, RandM

10. R: RandM, 3 M re * 1 M li, 7 M re Ab * wiederholen. Die R endet: 1 M li, 4 M re, RandM

12. R: RandM, 2 M re * 3 M li, 5 M re Ab * wiederholen. Die R endet: 3 M li, 3 M re, RandM

14. R: RandM, 1 M re * 5 M li, 3 M re Ab * wiederholen. Die R endet: 5 M li, 2 M re, RandM

16. R: RandM * 7 M li, 1 M re. Ab * wiederholen. RandM

Die 1.–16. R fortlaufend wiederholen.

Muster 12

Maschenzahl teilbar durch 6 + 2 RandM

1. R: RandM * 1 M li, 5 M re. Ab * wiederholen. RandM

2. R: RandM * 4 M li, 2 M re. Ab * wiederholen. RandM

3. R: RandM * 3 M li, 3 M re. Ab * wiederholen. RandM

4. R: RandM * 2 M li, 4 M re. Ab * wiederholen. RandM

5. R: RandM * 5 M li, 1 M re. Ab * wiederholen. RandM

6. R: re

7. R: wie 5. R

8. R: wie 4. R

9. R: wie 3. R

10. R: wie 2. R

11. R: wie 1. R

12. R: li. Die 1.–12. R fortlaufend wiederholen.

Muster 13

Maschenzahl teilbar durch 4 + 2 RandM

1. R: RandM * 1 M li, 1 M abheben, 2 M re, die abgehobene M überziehen. Ab * wiederholen. RandM

2. R: RandM * 1 M li, 1 U, 1 M li, 1 M re. Ab * wiederholen, RandM

3. R: RandM * 1 M li, 3 M re. Ab * wiederholen. RandM

4. R: RandM * 3. M li, 1 M re. Ab * wiederholen. RandM

Die 1.–4. R fortlaufend wiederholen.

80

Muster 14

Das Muster erscheint auf der Rückseite.

Maschenzahl teilbar durch 4 + 2
RandM

1. R: RandM * aus der folg. M 1 M re,
1 M li, 1 M re herausstricken, 3 M li
zusammenstricken. Ab * wiederholen.
RandM

2. R: li

3. R: RandM * 3 M li zusammenstricken, aus der folgenden M 1 M re,
1 M li, 1 M re herausstricken. Ab *
wiederholen. RandM

4. R: li

Die 1.–4. R fortlaufend wiederholen.

Muster 15

Maschenzahl teilbar durch 5

1. R: re

2.–5. R: glatt li (= HinR li, RückR re)

6. R: li, dabei aber die 3. und dann jede
folgende 4. M 5 R tief fallen lassen.
Dann die 5 Querfäden und die M auf
die Nadel nehmen und zusammen re
abstricken

7. R: re

8.–11. R: glatt li

12. R: li, dabei aber die 5. und dann
jede folgende 4. M 5 R tief fallen
lassen, dann die 5 Querfäden und die
M auf die Nadel nehmen und zusammen re abstricken.

Die 1.–12. R fortlaufend wiederholen.

Lochmuster

Lochmuster ergeben sehr reizvolle Effekte. Strickstücke wirken leicht und duftig, vor allem, wenn sie mit dünner Wolle oder dünnem Garn gestrickt wurden.

Lochmuster entstehen durch Zusammenstricken von zwei oder drei Maschen. Die durch das Zusammenstrikken fehlenden Maschen werden durch Umschläge ersetzt, die man in der nächsten Reihe als Maschen abstrickt.

Lochmuster eignen sich für fast alles: für Baby- und Kinderkleidung, Kissenplatten, Decken, sogar für Vorhänge, wenn man Baumwoll- oder Leinengarn verwendet, und natürlich für Pullis, Jacken und Kleider.

Strickteile mit Lochmustern müssen ganz besonders sorgfältig – von links! – gedämpft werden, damit das Muster recht plastisch wirkt.

Lochmuster 1

Maschenzahl teilbar durch 8 + 2 RandM

1. R: RandM * 6 M re, 1 U, 2 M re zusammenstricken. Ab * wiederholen. RandM

2. R: alle M und U li

3. R: re

4. R: li

5. R: RandM, 2 M re * 1 U, 2 M re zusammenstricken, 6 M re. Ab * wiederholen. Die R endet: 1 U, 2 M re zusammenstricken, 4 M re, RandM

6. R: wie 2. R

7. R: re

8. R: li

Die 1.–8. R fortlaufend wiederholen.

Lochmuster 2

Gerade Maschenzahl

1.–3. R: re

4. R: li

5. R: RandM * 1 U, 2 M re zusammenstricken. Ab * wiederholen. RandM

6. R: alle M und U li

Die 1.–6. R fortlaufend wiederholen.

Lochmuster 3

Gerade Maschenzahl

1. R: RandM, 1 M re * 1 U, 1 M abheben, 1 M re, die abgehobene M überziehen. Ab * wiederholen. Die R endet: 1 M re, RandM

2. R: RandM, 1 M li * 1 U, 2 M li zusammenstricken. Ab * wiederholen. Die R endet: 1 M li, RandM

Die 1. und 2. R fortlaufend wiederholen.

Lochmuster 4

Maschenzahl teilbar durch 6 + 2 RandM

1. R: RandM * 3 M re, 3 M li. Ab * wiederholen. RandM

2. R: Die M stricken, wie sie erscheinen.

3. R: wie 1. R

4. R: RandM * 3 M li, 1 U, 1 M abheben, 2 M re zusammenstricken, die abgehobene M überziehen (= 3 M zusammenstricken), 1 U. Ab * wiederholen. RandM

5. R: RandM * 3 M li, 3 M re. Ab * wiederholen. RandM

6. R: Die M stricken, wie sie erscheinen.

7. R: wie 5. R

8. R: RandM * 1 U, 3 M zusammenstricken, 1 U, 3 M li. Ab * wiederholen. RandM

Die 1.–8. R fortlaufend wiederholen.

Lochmuster 5

Maschenzahl teilbar durch 12 + 2
RandM

1. R: RandM * 4 M re, 1 U, 1 M abheben, 1 M re, die abgehobene M überziehen, 1 U, 1 M abheben, 1 M re, die
abgehobene M überziehen, 1 U, 1 M
abheben, 1 M re, die abgehobene M
überziehen, 1 U, 1 M abheben, 1 M re,
die abgehobene M überziehen. Ab *
wiederholen. RandM

2. R und alle folg. RückR: alle M und
U li

3. R: RandM, 5 M re * 1 U, 1 M abheben, 1 M re, die abgehobene M überziehen, 1 U, 1 M abheben, 1 M re, die
abgehobene M überziehen, 1 U, 1 M
abheben, 1 M re, die abgehobene M
überziehen, 6 M re. Ab * wiederholen.
Die R endet: 1 U, 1 M abheben, 1 M re,
die abgehobene M überziehen, 1 U,
1 M abheben, 1 M re, die abgehobene
M überziehen, 1 U, 1 M abheben, 1 M
re, die abgehobene M überziehen, 1 M
re, RandM

5. R: RandM, 6 M re * 1 U, 1 M abheben, 1 M re, die abgehobene M überziehen, 1 U, 1 M abheben, 1 M re, die
abgehobene M überziehen, 8 M re. Ab
* wiederholen. Die R endet: 1 U,
1 M abheben, 1 M re, die abgehobene
M überziehen, 1 U, 1 M abheben, 1 M
re, die abgehobene M überziehen, 2 M
re, RandM

7. R: RandM, 7 M re * 1 U, 1 M abheben, 1 M re, die abgehobene M überziehen, 10 M re. Ab * wiederholen. Die
R endet: 1 U, 1 M abheben, 1 M re, die
abgehobene M überziehen, 3 M re,
RandM

9.–16. R: wie 1.–8. R, jedoch mit ver-
setztem Muster.

Die **9. R** wie folgt beginnen:
RandM, 1 U, 1 M abheben, 1 M re, die
abgehobene M überziehen, 1 U, 1 M
abheben, 1 M re, die abgehobene M
überziehen, 1 U, 1 M abheben, 1 M re,
die abgehobene M überziehen, 4 M re
usw.

Die 1.–16. R fortlaufend wiederholen.

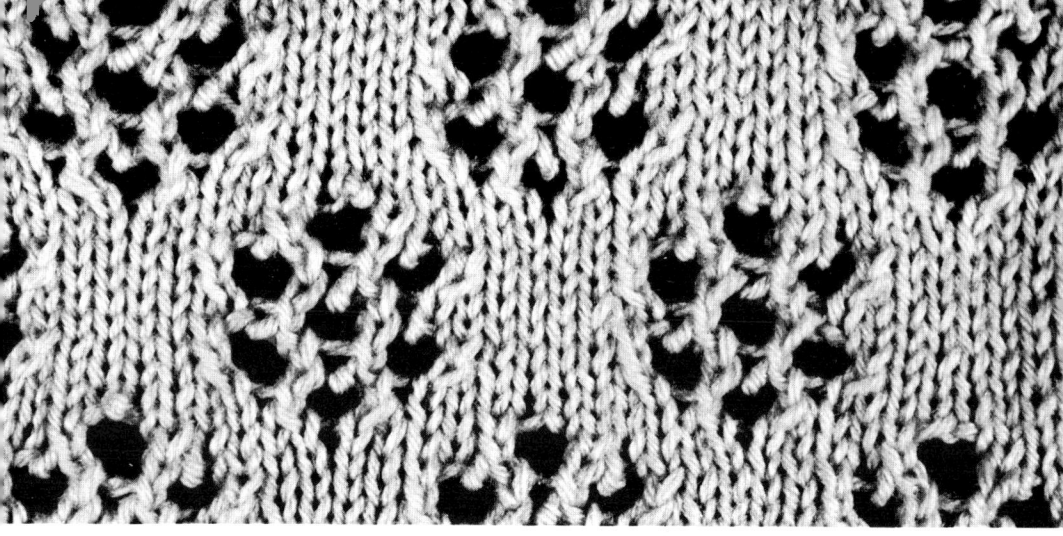

Lochmuster 6

Maschenzahl teilbar durch 12 + 2
RandM

1. R: RandM * 8 M re, 2 M re zusammenstricken, 2 U, 1 M abheben, 1 M re, die abgehobene M überziehen. Ab * wiederholen. RandM

2. R und jede folgende RückR: li. Die U werden jeweils 1 M re, 1 M li abgestrickt.

3. R: RandM, 6 M re * 2 M zusammenstricken, 2 U, 1 M abheben, 1 M re, die abgehobene M überziehen, 2 M re zusammenstricken, 2 U, 1 M abheben, 1 M re, die abgehobene M überziehen, 4 M re. Ab * wiederholen. Die R endet: 2 M re zusammenstricken, 2 U, 1 M abheben, 1 M re, die abgehobene M überziehen, 2 M re zusammenstricken, 1 U, RandM

5. R: wie 1. R
7. R: wie 3. R
9. R: wie 1. R
11. R: RandM, 2 M re * 2 M re zusammenstricken, 2 U, 1 M abheben, 1 M re, die abgehobene M überziehen, 8 M re. Ab * wiederholen. Die R endet: 2 M re zusammenstricken, 2 U, 1 M abheben, 1 M re, die abgehobene M überziehen, 6 M re, RandM

13. R: RandM * 2 M re zusammenstricken, 2 U, 1 M abheben, 1 M re, die abgehobene M überziehen, 2 M re zusammenstricken, 2 U, 1 M abheben, 1 M re, die abgehobene M überziehen, 4 M re. Ab * wiederholen. RandM

15. R: wie 11. R
17. R: wie 13. R
19. R: wie 11. R
Die 1.–20. R fortlaufend wiederholen.

Lochmuster 7

Maschenzahl teilbar durch 18 + 2
RandM

1. R: RandM, 3mal je 2 M re zusammenstricken * 6mal je 1 M re, 1 U,
6mal je 2 M re zusammenstricken. Ab
* wiederholen. Die R endet: 6mal je 1
M re – 1 U, 3mal je 2 M re zusammenstricken, RandM

2. R: alle M und U li

3. und 4. R: re

Die 1.–4. R fortlaufend wiederholen.

Lochmuster 8

Maschenzahl teilbar durch 11 + 1 M
(Die Maschenzahl wird sich in jeder R
verändern.)

1. R: 1 M re, 1 U * 10 M re, 1 U, 1 M re,
1 U. Ab * wiederholen. Die R endet:
10 M re, 1 U, 1 M re

2. R und alle weiteren RückR: alle M
und U li

3. R: 2 M re, 1 U * 10 M re, 1 U, 3 M re,
1 U. Ab * wiederholen. Die R endet:
10 M re, 1 U, 2 M re

5. R: 3 M re, 1 U * 10 M re, 1 U, 5 M re,
1 U. Ab * wiederholen. Die R endet:
10 M re, 1 U, 3 M re

7. R: 3 M re * 6mal 2 M li zusammenstricken, 5 M re. Ab * wiederholen.
Die R endet: 6mal 2 M li zusammenstricken, 3 M re

8. R: alle M li

Die 1.–8. R fortlaufend wiederholen.

Lochmuster 9

Maschenzahl teilbar durch 8 + 2 RandM

1. R: RandM * 5 M re, 1 U, 1 M abheben, 2 M re zusammenstricken, die abgehobene M überziehen, 1 U. Ab * wiederholen. RandM

2. R und alle weiteren RückR: alle M und U li

3. R: RandM * 1 U, 1 M abheben, 1 M re, die abgehobene M überziehen, 1 M re, 2 M re zusammenstricken, 1 U, 3 M re. Ab * wiederholen. RandM

5. R: RandM, 1 M re * 1 U, 1 M abheben, 2 M re zusammenstricken, die abgehobene M überziehen, 1 U, 5 M re Ab * wiederholen. Die R endet: 1 U, 1 M abheben, 2 M re zusammenstricken, die abgehobene M überziehen, 1 U, 4 M re. RandM

7. R: RandM, 4 M re * 1 U, 1 M abheben, 1 M re, die abgehobene M überziehen, 1 M re, 2 M re zusammenstricken, 1 U, 3 M re. Ab * wiederholen. Die R endet: 1 U, 1 M abheben, 1 M re, die abgehobene M überziehen, 2 M re, RandM

Die 1.–8. R fortlaufend wiederholen.

Lochmuster 10

Maschenzahl teilbar durch 16 + 2 RandM

1. R: RandM * 2 M li, 3 M re, 2 M re zusstr., 1 M re, 1 U, 2 M li, 1 U, 1 M re, 1 M abheben, 1 M re, die abgeh. M überziehen, 3 M re. Ab * wiederholen. Die R endet: 2 M li, RandM

2. R und alle weiteren RückR: 2 M re, 6 M li. Die RückR enden jeweils: 2 M re, RandM

3. R: RandM * 2 M li, 2 M re, 2 M re zusstr., 1 M re, 1 U, 1 M re, 2 M li, 1 M re, 1 U, 1 M re, 1 M abh., 1 M re, die abgeh. M überziehen, 2 M re. Ab * wiederholen. Die R endet: 2 M li, RandM

5. R: RandM * 2 M li, 1 M re, 2 M re zusstr., 1 M re, 1 U, 2 M re, 2 M li, 2 M re, 1 U, 1 M re, 1 M abheben, 1 M re, die abgeh. M überziehen, 1 M re. Ab * wiederholen. Die R endet: 2 M li, RandM

7. R: RandM, * 2 M li, 2 M re zusstr., 1 M re, 1 U, 3 M re, 2 M li, 3 M re, 1 U, 1 M re, 1 M abheben, 1 M re, die abgeh. M überziehen. Ab * wiederholen. Die R endet: 2 M li, RandM

Die 1.–8. R fortlaufend wiederholen.

Lochmuster 11

Maschenzahl teilbar durch 6 + 2 RandM

1. R: RandM * 1 U, 2 M re, 2 M re zusammenstricken, 2 M re. Ab * wiederholen. RandM

2. R: alle M und U li

3. R: RandM * 2 M re, 2 M re zusammenstricken, 2 M re, 1 U. Ab * wiederholen. RandM

4. R: wie 2. R

Die 1.–4. R fortlaufend wiederholen.

Lochmuster 12

Maschenzahl teilbar durch 8 + 2 RandM

1. R: RandM * 1 U, 2 M re, 3 M zusammenstricken (= 1 M abheben, 2 M re zusammenstricken, die abgehobene M überziehen), 2 M re, 1 U, 1 M re. Ab * wiederholen. RandM

2. R: alle M und U li

3. R: RandM * 1 M re, 1 U, 1 M re, 3 M zusammenstricken, 1 M re, 1 U, 2 M re. Ab * wiederholen. RandM

4. R: alle M und U li

5. R: RandM * 2 M re, 1 U, 3 M zusammenstricken, 1 U, 3 M re. Ab * wiederholen. RandM

6. R: li

Die 1.–6. R fortlaufend wiederholen.

Lochmuster 13

Maschenzahl teilbar durch 8 + 2 RandM

1. R: RandM * 1 U, 2 M re verschränkt zusammenstricken, 1 M re, 2 M re zusammenstricken, 1 U, 3 M re. Ab * wiederholen. RandM

2. R und alle weiteren RückR: alle M und U li

3. R: RandM, 4 M re * 1 U, 2 M re verschränkt zusammenstricken, 1 M re, 2 M re zusammenstricken, 1 U, 3 M re. Ab * wiederholen. Die R endet: 1 U, 2 M re verschränkt zusammenstricken, 2 M re, RandM

5. R: RandM * 5 M re, 1 U, 1 M abheben, 2 M re zusammenstricken, die abgehobene M überziehen, 1 U. Ab * wiederholen. RandM

7. R: RandM * 2 M re zusammenstricken, 1 U, 1 M re, 1 U, 2 M re verschränkt zusammenstricken, 3 M re Ab * wiederholen. RandM

9. R: Die RandM und die 1. M zusammenstricken * 1 U, 3 M re, 1 U, 2 M re verschränkt zusammenstricken, 1 M re, 2 M re zusammenstricken. Ab * wiederholen. Die R endet: 1 U, 3 M re, 1 U, 2 M re verschränkt zusammenstricken, 2 M re, RandM

11. R: RandM * 1 U, 2 M re verschränkt zusammenstricken, 1 M re, 2 M re zusammenstricken, 1 U, 3 M re Ab * wiederholen. RandM

13. R: RandM, 1 M re. * 1 U, 1 M abheben, 2 M re zusammenstricken, die abgehobene M überziehen, 1 U, 5 M re. Ab * wiederholen. Die R endet: 1 U, 1 M abheben, 2 M re zusammenstricken, die abgehobene M überziehen, 1 U, 4 M re, RandM

15. R: RandM, 4 M re. * 2 M re zusammenstricken, 1 U, 1 M re, 1 U, 2 M re verschränkt zusammenstricken, 3 M re. Ab * wiederholen. Die R endet: 2 M re zusammenstricken, 1 U, 2 M re, RandM

Die 1.–16. R fortlaufend wiederholen.

Zopfmuster

Zum dicken Skipullover oder zur rustikalen Jacke aus rohweißer Schafwolle haben die Zopfmuster von jeher gehört. Aber auch weniger »handfesten« Modellen stehen Zöpfe – weißen sommerlichen Jacken zum Beispiel oder Pullovern mit V-Ausschnitt. Beides sieht zum Tennisdreß ungemein schick aus.
Eine ganz und gar unkonventionelle Art, Zopfmuster zu verwenden, zeigt unsere aparte Decke auf Seite 218.
Wer sich ein Modell mit Zopfmuster arbeitet, sollte unbedingt zuvor die eigene Figur kritisch begutachten. Sehr breite Zopfmuster, noch dazu vielleicht aus dicker Wolle, dürfen nur die wirklich Schlanken tragen. Wer etwas üppiger ist, wählt eben einen schmalen Zopf – unser Muster 5 etwa.
Fürchten Sie übrigens nicht, daß Zopfmuster zu schwierig sein könnten. Genaugenommen wird weiterhin glatt rechts gestrickt. Nur verwendet man zusätzlich eine kurze Hilfsnadel. Auf sie wird, je nach Zopfbreite, eine bestimmte Anzahl von Maschen gelegt, weil zunächst ebenso viele Maschen, die eigentlich noch gar nicht »an der Reihe« sind, abgestrickt werden müssen. Anschließend strickt man dann die Maschen von der Hilfsnadel ab. Je nachdem, ob die Maschen der Hilfsnadel vor oder hinter die Hauptnadel gelegt werden, entsteht ein nach links oder nach rechts verkreuzter Zopf.

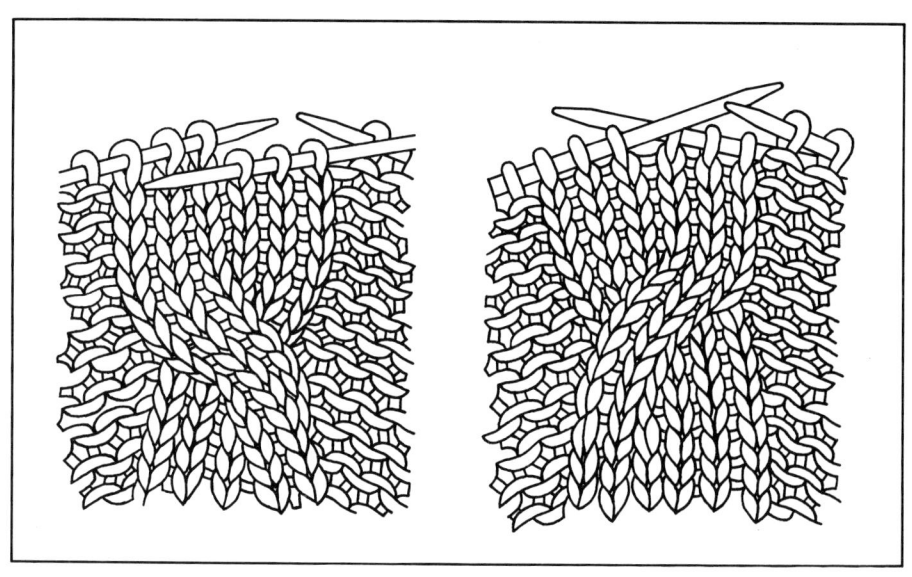

Zopfmuster 1

Zopfbreite 16 M + 2 RandM

1. R: RandM, 2 M li, 1 M re, 2 M li, 6 M re, 2 M li, 1 M re, 2 M li, RandM

2. R: Die M stricken, wie sie erscheinen.

3. R: RandM, 2 M li, 1 M re, diese M aber eine R tiefer einstechen! 2 M li, 6 M re, 2 M li, 1 M re, diese M wiederum 1 R tiefer einstechen, 2 M li, RandM

4. R: wie 2. R

5. R: RandM, 2 M li, 1 M re 1 R tiefer eingestochen, 2 M li, 3 M auf einer Hilfsnadel hinter die Arbeit legen, 3 M re, die 3 M von der Hilfsnadel re abstricken, 2 M li, 1 M re 1 R tiefer eingestochen, 2 M li, RandM

6.–17. R: Die M stricken, wie sie erscheinen.

18. R: wie 5. R

Die 5.–17. R fortlaufend wiederholen.

Zopfmuster 2

Zopfbreite 12 M

1. R: 2 M li, 3 M re, 2 M li, 3 M re, 2 M li

2. R und alle weiteren RückR: Die M stricken, wie sie erscheinen.

3. R: wie 1. R

5. R: 2 M li, die 3 re M auf einer Hilfsnadel hinter die Arbeit legen, die 2 li M auf einer 2. Hilfsnadel ebenfalls hinter die Arbeit legen, 3 M re, die 2 li M von der 2. Hilfsnadel li, dann die 3 re M von der 1. Hilfsnadel re abstricken, 2 M li

7., 9., 11., 13., 15., und 17. R: wie 1. R

19. R: wie 5. R

Die 5.–18. R fortlaufend wiederholen.

Zopfmuster 3

Zopfbreite 14 M

1. R: 3 M li, 8 M re, 3 M li

2. R und alle weiteren RückR: Die M stricken, wie sie erscheinen.

3. R: wie 1. R

5. R: 3 M li, 2 M auf einer Hilfsnadel hinter die Arbeit legen, 2 M re, die 2 M von der Hilfsnadel re abstricken, 2 M auf einer Hilfsnadel vor die Arbeit legen, 2 M re, die 2 M von der Hilfsnadel re abstricken, 3 M li

7., 9. und 11. R: 3 M li, 8 M re, 3 M li

13. R: wie 5. R

Die 5.–12. R fortlaufend wiederholen.

Zopfmuster 4

Zopfbreite 14 M

1. R: 2 M li, 10 M re, 2 M li

2. R und alle weiteren RückR: Die M stricken, wie sie erscheinen.

3. R: wie 1. R

5. R: 2 M li, 2 M auf einer Hilfsnadel hinter die Arbeit legen, 2 M re, die 2 M von der Hilfsnadel re abstricken, 2 M re, 2 M auf einer Hilfsnadel vor die Arbeit legen, 2 M re, die 2 M von der Hilfsnadel re abstricken, 2 M li

7. R und 9. R: wie 1. R

11. R: wie 5. R

Die 5.–10. R fortlaufend wiederholen.

Zopfmuster 5

Maschenzahl teilbar durch 4 + 2 M + 2 RandM

1. R: RandM * 2 M li, 2 M re. Ab * wiederholen. Die R endet: 2 M li, RandM

2. R: Die M stricken, wie sie erscheinen.

3. R: RandM * 2 M li, von den 2 folg. M zuerst von hinten in die 2. M einstechen, diese M re stricken, dann die 1. M re stricken und dann beide M von der li Nadel gleiten lassen. Ab * wiederholen. Die R endet: 2 M li, RandM

4. R: wie 2. R

Die 3. und 4. R fortlaufend wiederholen.

Zopfmuster 6

Zopfbreite 16 M

1. R: 2 M li, 12 M re, 2 M li

2. R und alle weiteren RückR: Die M stricken, wie sie erscheinen.

3. R: wie 1. R

5. R: 2 M li, 3 M auf einer Hilfsnadel hinter die Arbeit legen, 3 M re, die 3 M von der Hilfsnadel re abstricken, 6 M re, 2 M li

7. R: wie 1. R

9. R: 2 M li, 6 M re, 3 M auf einer Hilfsnadel vor die Arbeit legen, 3 M re, die 3 M von der Hilfsnadel re abstricken, 2 M li

11. R: wie 1. R

13. R: wie 5. R

Die 5.–12. R fortlaufend wiederholen.

Zopfmuster 7

Zopfbreite 14 M

1. R: 3 M li, 8 M re, 3 M li

2. R und alle weiteren RückR: Die M stricken, wie sie erscheinen.

3. R: wie 1. R

5. R: 3 M li, 2 M auf einer Hilfsnadel vor die Arbeit legen, 2 M re, die 2 M von der Hilfsnadel re abstricken, 2 M auf einer Hilfsnadel hinter die Arbeit legen, 2 M re, die 2 M von der Hilfsnadel re abstricken, 3 M li

7. R: 3 M li, 2 M auf einer Hilfsnadel hinter die Arbeit legen, 2 M re, die 2 M von der Hilfsnadel re abstricken, 2 M auf einer Hilfsnadel vor die Arbeit legen, 2 M re, die 2 M von der Hilfsnadel re abstricken, 3 M li

9., 11 und 13. R: wie 1. R

Die 5.–14. R fortlaufend wiederholen.

Zopfmuster 8

Maschenzahl teilbar durch 8.

1. und 5. R: re

2., 4. und 6. R: li

3. R: ∗2 M auf einer Hilfsnadel vor die Arbeit legen, 2 M re, die 2 M von der Hilfsnadel re abstricken, 2 M auf einer Hilfsnadel hinter die Arbeit legen, 2 M re, die 2 M von der Hilfsnadel re abstricken. Ab ∗ wiederholen.

7. R: ∗2 M auf einer Hilfsnadel hinter die Arbeit legen, 2 M re, die 2 M von der Hilfsnadel re abstricken, 2 M auf einer Hilfsnadel vor die Arbeit legen, 2 M re, die 2 M von der Hilfsnadel re abstricken. Ab ∗ wiederholen.

8. R: li

Die 1.–8. R fortlaufend wiederholen.

Zopfmuster 9

Maschenzahl teilbar durch 12 + 2 M
+ 2 RandM

1. R: RandM * 2 M li, 2 M auf einer
Hilfsnadel vor die Arbeit legen, 2 M re,
die 2 M von der Hilfsnadel re (= 4 M)
verzopfen. Ab * wiederholen. Diese R
und alle folgenden HinR enden: 2 M li,
RandM

2. R: RandM, 2 M re, * 2 M li zusammenstricken, 1 U, 2 M li, 2 M re, 4 M li,
2 M re. Ab * wiederholen. RandM

3. R: RandM * 2 M li, 4 M re, 2 M li,
2 M re zusammenstricken, 1 U, 2 M re
Ab * wiederholen.

4. R: wie 2. R

5. R: RandM * 2 M li, 4 M verzopfen,
2 M li, 2 M re zusammenstricken, 1 U,
2 M re. Ab * wiederholen.

6. R: wie 2. R

7. R: wie 3. R

8. R: wie 2. R

9. R: wie 1. R

10. R: RandM, 2 M re, * 4 M li, 2 M re,
2 M li zusammenstricken, 1 U, 2 M li,
2 M re. Ab * wiederholen. RandM

11. R: RandM * 2 M li, 2 M re zusammenstricken, 1 U, 2 M re, 2 M li,
4 M re. Ab * wiederholen.

12. R: wie 10. R

13. R: RandM * 2 M li, 2 M re zusammenstricken, 1 U, 2 M re, 2 M li, 4 M
verzopfen. Ab * wiederholen.

14. R: Wie 10. R

15. R: wie 11. R

16. R: wie 10. R

Die 1.–16. R fortlaufend wiederholen.

Zopfmuster 10
Zopfbreite 18 M
1. R: 6 M li, 6 M re, 6 M li
2. R und alle weiteren RückR: Die M
stricken, wie sie erscheinen.
3. R: wie 1. R
5. R: 6 M li, 3 M auf einer Hilfsnadel
hinter die Arbeit legen, 3 M re, die 3 M
von der Hilfsnadel re abstricken, 6 M li
7., 9. und 11. R: wie 1. R
13. R: wie 5. R
15., 17. und 19. R: wie 1. R
21. R: wie 5. R
23. R: wie 1. R
25. R: 5 M li, 1 M auf einer Hilfsnadel
hinter die Arbeit legen, 3 M re, die M
von der Hilfsnadel li abstricken, 3 M
auf einer Hilfsnadel vor die Arbeit legen, 1 M li, die 3 M von der Hilfsnadel
re abstricken, 5 M li
27. R: 4 M li, 1 M auf einer Hilfsnadel
hinter die Arbeit legen, 3 M re, die M
von der Hilfsnadel li abstricken, 2 M li,
3 M auf einer Hilfsnadel vor die Arbeit
legen, 1 M li, die 3 M von der Hilfsnadel re abstricken, 4 M li
29. R: 3 M li, 1 M auf einer Hilfsnadel
hinter die Arbeit legen, 3 M re, die M
von der Hilfsnadel li abstricken, 4 M li,
3 M auf einer Hilfsnadel vor die Arbeit
legen, 1 M li, die M von der Hilfsnadel
re abstricken, 3 M li
31. R: 2 M li, 1 M auf einer Hilfsnadel
hinter die Arbeit legen, 3 M re, die M
von der Hilfsnadel li abstricken, 6 M li,
3 M auf einer Hilfsnadel vor die Arbeit
legen, 1 M li, die 3 M von der Hilfsnadel re abstricken, 2 M li
33. R: 1 M li, 1 M auf einer Hilfsnadel

hinter die Arbeit legen, 3 M re, die M von der Hilfsnadel li abstricken, 8 M li, 3 M auf einer Hilfsnadel vor die Arbeit legen, 1 M li, die 3 M von der Hilfsnadel re abstricken, 1 M li

35. R: 1 M li, 3 M auf einer Hilfsnadel vor die Arbeit legen, 1 M li, die 3 M von der Hilfsnadel re abstricken, 8 M li, 1 M auf einer Hilfsnadel hinter die Arbeit legen, 3 M re, die M von der Hilfsnadel li abstricken, 1 M li

37. R: 2 M li, 3 M auf einer Hilfsnadel vor die Arbeit legen, 1 M li, die 3 M von der Hilfsnadel re abstricken, 6 M li, 1 M auf einer Hilfsnadel hinter die Arbeit legen, 3 M re, die M von der Hilfsnadel li abstricken, 2 M li

39. R: 3 M li, 3 M auf einer Hilfsnadel vor die Arbeit legen, 1 M li, die 3 M von der Hilfsnadel re abstricken, 4 M li, 1 M auf einer Hilfsnadel hinter die Arbeit legen, 3 M re, die M von der Hilfsnadel li abstricken, 3 M li

41. R: 4 M li, 3 M auf einer Hilfsnadel vor die Arbeit legen, 1 M li, die 3 M von der Hilfsnadel re abstricken, 2 M li, 1 M auf einer Hilfsnadel hinter die Arbeit legen, 3 M re, die M von der Hilfsnadel li abstricken, 4 M li

43. R: 5 M li, 3 M auf einer Hilfsnadel vor die Arbeit legen, 1 M li, die 3 M von der Hilfsnadel re abstricken, 1 M auf einer Hilfsnadel hinter die Arbeit legen, 3 M re, die M von der Hilfsnadel li abstricken, 5 M li

45. R: 6 M li, 6 M re, 6 M li

47. R: wie 5. R

Die 5.–46. R fortlaufend wiederholen.

Knötchenmuster

Knötchen werden grundsätzlich immer auf der linken, das heißt der Rückseite der Arbeit durch Herausstricken mehrerer Schlingen aus einer Grundmasche gestrickt. Von den neu herausgestrickten Schlingen auf der rechten Nadel werden alle Schlingen von rechts nach links über die zuletzt gestrickte gezogen. Das fertige Knötchen liegt nun auf der Vorderseite. Wenn die Knötchen auf einem linken Maschengrund erscheinen sollen, dann werden sie in der Rechtsmaschenreihe gestrickt – und umgekehrt.

Wie viele Schlingen herausgestrickt werden müssen, hängt ganz von der Wollstärke sowie der Größe des Knötchens selbst ab.

Knötchen lassen sich, wie unser Musterbeispiel zeigt, auch zu einem schönen Rhombenmuster zusammenfügen.

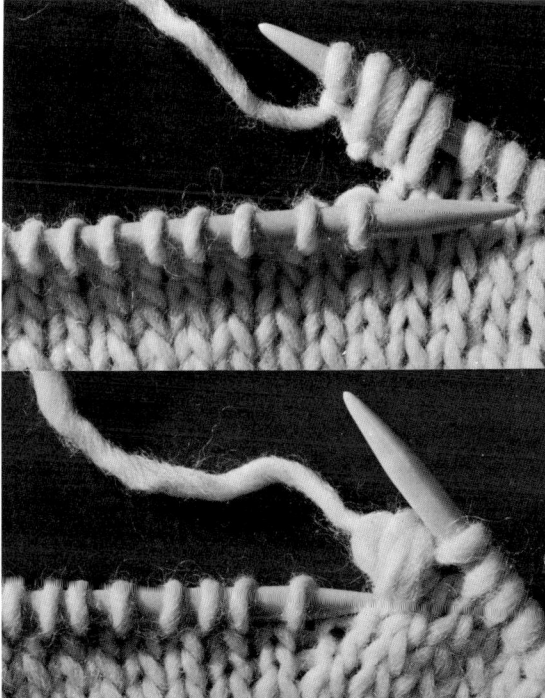

Knötchenmuster

Rhombenbreite: 13 M

1. R und alle folg. HinR: li

2. R: 6 M re, 1 Knötchen (= 5 Schlingen), 6 M re

4. R: 5 M re, 1 Knötchen, 1 M re, 1 Knötchen, 5 M re

6. R: 4 M re, 1 Knötchen, 3 M re, 1 Knötchen, 4 M re

8. R: 3 M re, 1 Knötchen, 5 M re, 1 Knötchen, 3 M re

10. R: 2 M re, 1 Knötchen, 7 M re, 1 Knötchen, 2 M re

12. R: 1 M re, 1 Knötchen, 9 M re, 1 Knötchen, 1 M re

14. R: 2 M re, 1 Knötchen, 7 M re, 1 Knötchen, 2 M re

16. R: 3 M re, 1 Knötchen, 5 M re, 1 Knötchen, 3 M re

18. R: 4 M re, 1 Knötchen, 3 M re, 1 Knötchen, 4 M re

20. R: 5 M re, 1 Knötchen, 1 M re, 1 Knötchen, 5 M re

22. R: 6 M re, 1 Knötchen, 6 M re

Die 1.–22. R fortlaufend wiederholen.

Blattmotive

Maschenzahl teilbar durch 12 + 2 RandM

1. R: RandM * 5 M li, 1 U, 1 M re, 1 U, 6 M li. Ab * wiederholen. RandM

2. R: RandM * 6 M re, 3 M li, 5 M re Ab * wiederholen. RandM

3. R: RandM * 5 M li, 1 M re, 1 U, 1 M re, 1 U, 1 M re, 6 M li. Ab * wiederholen. RandM

4. R: RandM * 6 M re, 5 M li, 5 M re Ab * wiederholen. RandM

5. R: RandM * 5 M li, 2 M re, 1 U, 1 M re, 1 U, 2 M re, 6 M li. Ab * wiederholen. RandM

6. R: RandM * 6 M re, 7 M li, 5 M re Ab * wiederholen. RandM

7. R: RandM * 5 M li, 1 M abheben, 1 M re, die abgeh. M überziehen, 3 M re, 2 M re zusammenstricken, 6 M li Ab * wiederholen. RandM

8. R: RandM * 6 M re, 5 M li, 5 M re Ab * wiederholen. RandM

9. R: RandM * 5 M li, 1 M abheben, 1 M re, die abgeh. M überziehen, 1 M re, 2 M re zusammenstricken, 6 M li Ab * wiederholen. RandM

10. R: RandM * 6 M re, 3 M li, 5 M re Ab * wiederholen. RandM

11. R: RandM * 5 M li, 1 M abheben, 2 M re zusammenstricken und die abgeh. M überziehen, 6 M li. Ab * wiederholen. RandM

12. R: li

Diese Blattmotive können nun beliebig oft und dicht wiederholt werden. Bei unserem Muster beginnt in der 7. Reihe eine neue – versetzte – Blattreihe.

Rhombenmuster

Maschenzahl teilbar durch 6 + 2 RandM

1. R: RandM * 2 M li, 2 M re, 2 M li. Ab * wiederholen. RandM

2. R und alle weiteren RückR: Die M stricken, wie sie erscheinen.

3. R: RandM * 1 M li, die 2. folg. M von vorne eingestochen re, die 1. M re, beide M von der li Nadel nehmen, die 2. folg. M von hinten eingestochen re, die 1. M re, beide M von der li Nadel nehmen. Ab * wiederholen. RandM

5. R: RandM * die 2. folg. M. von vorne eingestochen re, die 1. M re, 2 M re. Ab * wiederholen. RandM

7. R: RandM 1 M re, * 4 M re, die 2. folg. M von hinten eingestochen re, die 1. M re. Ab * wiederholen. Die R endet: 1 M re, RandM

9. R: RandM * die 2. folgende M von hinten eingestochen li, die 1. M re, 2 M re, die 2. folgende M von vorne eingestochen re, die 1. M li. Ab * wiederholen. RandM

11. R: RandM * 1 M li, die 2. folg. M von hinten eingestochen li, die 1. M re, die 2. folgende M von vorne eingestochen re, die 1. M li, 1 M li. Ab * wiederholen. RandM

13. R: RandM * 2 M li, von den 2 folg. re M zuerst von hinten eingestochen die 2. M und dann die 1. M re, 2 M li. Ab * wiederholen. RandM

15. R: wie 3. R

Die 3.–14. R fortlaufend wiederholen.

100

Mehrfarbige Muster

In dieses Kapitel gehören alle Muster, die mit zwei und mehr Farben gestrickt werden. Am bekanntesten sind wohl die »Norwegermuster«. Sie werden meist zweifarbig gearbeitet, in einer Grundfarbe und einer für das Einstrickmuster.

Die ursprünglichen Norwegermotive wurden fast alle von den Grundformen eines X oder O abgeleitet. Nun dürfen die einzelnen Motive nicht zu weit auseinanderliegen, denn die auf der linken Seite mitgeführten Fäden sollen nicht zu lang werden. So strickt man neben den Hauptmotiven kleine »Füllmuster« mit. Auf diese Weise entstehen Borten- und Flächenmuster.

Wie man mit mehreren Wollknäueln arbeitet, steht auf Seite 34/35. Wenn Sie noch keine Erfahrung mit Einstrickmustern haben, dann versuchen Sie am besten erst einmal kleine Muster, bei denen die Entfernung von Farbe zu Farbe aus möglichst wenigen Maschen besteht. In unseren Mustervorschlägen finden Sie alle Schwierigkeitsgrade.

Die Auswahl der Wolle für einen mehrfarbig gemusterten Pullover erfordert besondere Sorgfalt und Überlegung. Bedenken Sie stets: Das fertige Stück wird durch die mitlaufenden Fäden zwangsläufig dicker als eines der üblichen Strickstücke aus derselben Wollqualität. Am besten entscheiden Sie sich für eine weiche, »offene« Wolle – es sei denn, Sie wollten einen ganz dicken, schweren Herren-Norweger stricken –, denn bei solch einer Wolle wird sich das Muster leichter zusammenfügen.

Wunderschöne Einstrickmuster lassen sich aber auch aus Angora- oder flauschigen Alpakawollen und aus weichen, dünnen Mohairgarnen arbeiten. Bei fest gedrehten Sportwollgarnen kann es vorkommen, daß beim Farbwechsel die Maschen auseinanderzufallen scheinen, vor allem, wenn man etwas locker strickt.

Sie können ohne weiteres auch zwei verschiedene Wollqualitäten verwenden: Für die Hauptfarbe, die größere Fläche also, die auch bestimmend ist für die Stärke des ganzen Strickstücks, wählen Sie eine etwas festere Wolle, für das Einstrickmuster ein flauschiges, »haariges« Material. Die Konturen erscheinen dadurch etwas verschwommen, was außerordentlich reizvoll ist. Probieren Sie aber erst einmal aus – ein paar Knäuel Wollreste genügen dafür. Auf den folgenden Seiten bringen wir zwölf Zählvorlagen für Einstrickmuster. Einige können Sie als durchgehende Flächenmuster für Pullover oder Jacken verwenden, andere, die X- und O-Motive, eignen sich, nebeneinandergereiht, besser für Borten, zum Beispiel am unteren Rand oder als obere Passe eines Pullovers oder Kleides.

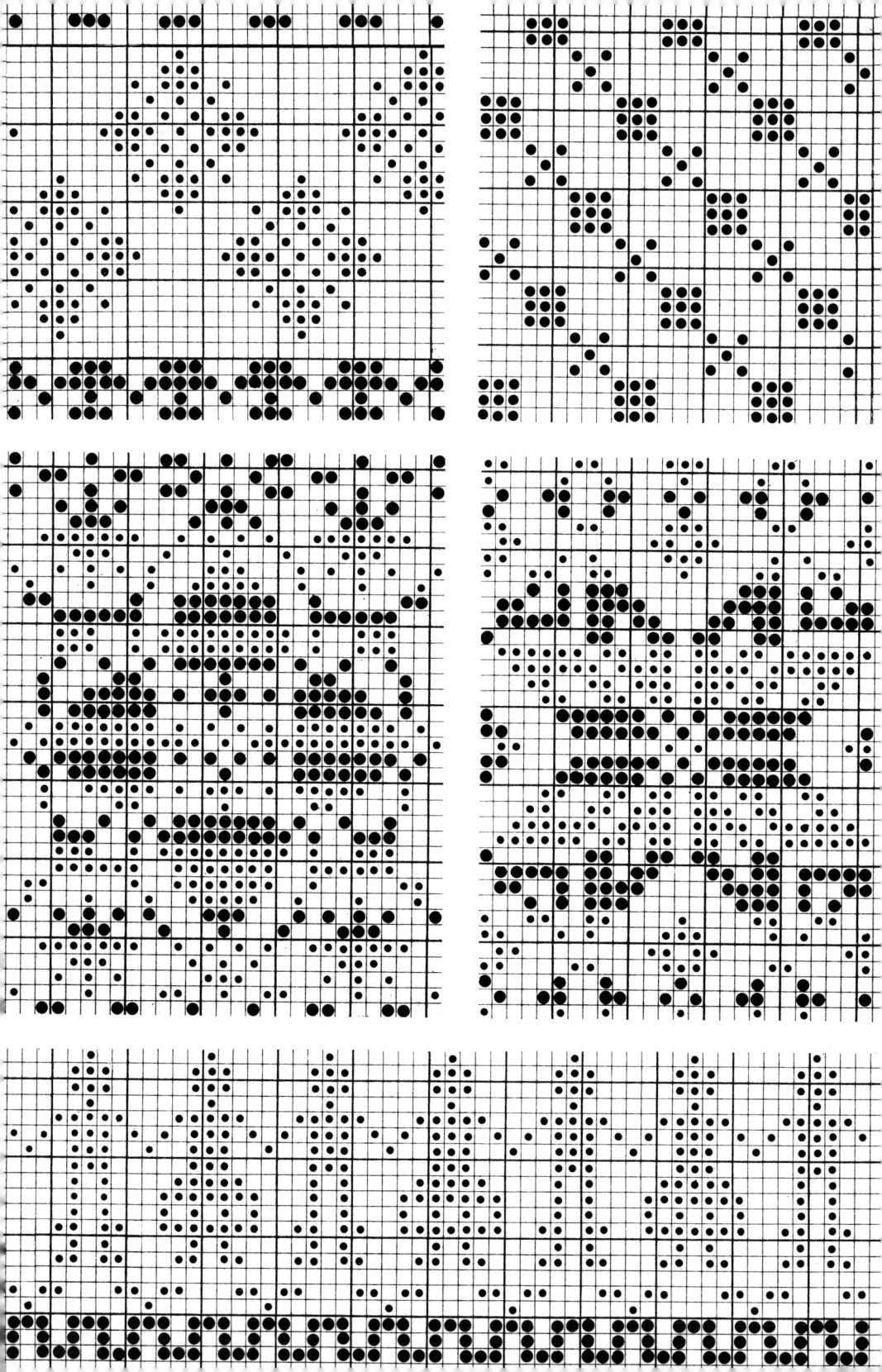

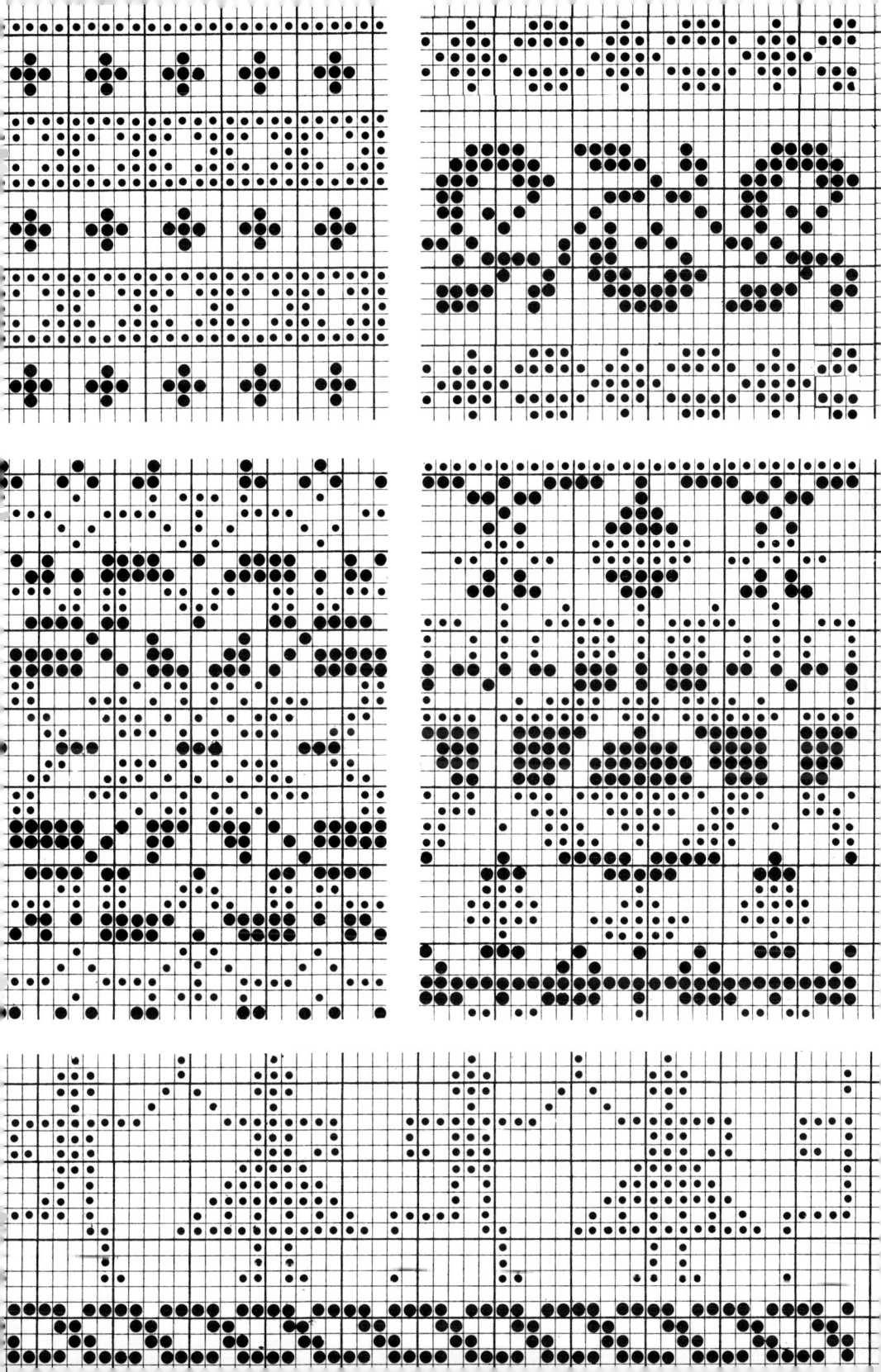

1

2

3

4

5

6

7

8

9

10

11

Muster 1

Die lustigen kleinen Einstrickmuster auf dieser Bordüre eignen sich besonders gut für Kinderpullis, -jacken und -röckchen. Man sucht sich eines der Motive des längsgestrickten Musterstreifens aus und verwendet es zum Beispiel als Kante an einem Rock oder Pullover oder für die Vorderteile einer Jacke.

Die Zählmuster für die einzelnen Motive finden Sie in der rechten Spalte.

Muster 2

Es wird mit 3 Farben gestrickt.
Maschenzahl teilbar durch 4 + 2
RandM

1. R: 1. Farbe: re

2. R: 1. Farbe: li

3. R: 2. Farbe: RandM * 3 M re, 1 M abheben (Faden hinter der Arbeit). Ab * wiederholen. RandM

4. R: 2. Farbe: RandM * 1 M abheben (Faden vor der Arbeit), 3 M re. Ab * wiederholen. RandM

5. R: 1. Farbe: re

6. R: 1. Farbe: li

7. R: 3. Farbe: RandM, 1 M re * 1 M abheben (Faden hinter der Arbeit), 3 M re. Ab * wiederholen. Die R endet: 2 M re, RandM

8. R: 3. Farbe: RandM, 2 M re * 1 M abheben (Faden vor der Arbeit), 3 M re. Ab * wiederholen. Die R endet: 1 M re, RandM

9. R: wie 7. R

10. R: wie 8. R

11. R: wie 1. R

Die 1.–10. R fortlaufend im angegebenen Farbwechsel wiederholen.

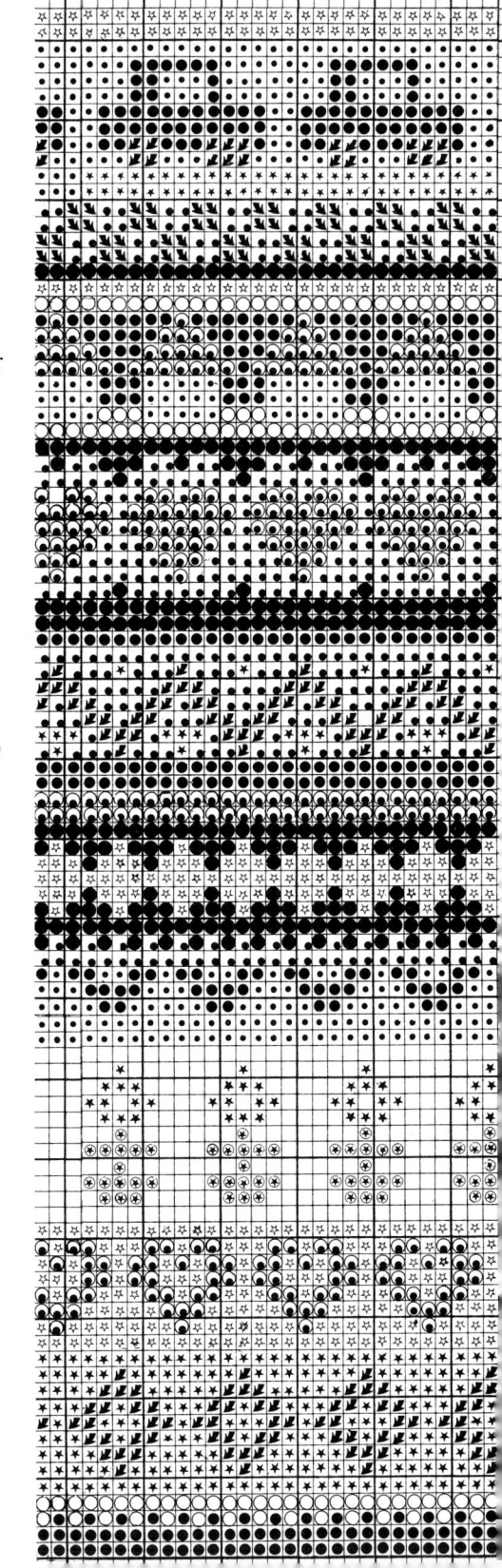

Muster 3

Es wird in 3 Farben gestrickt.
Gerade Maschenzahl
1. R: 1. Farbe: * 1 U, 1 M li abheben,
1 M re. Ab * wiederholen.
2. R: 2. Farbe: * 1 M re, die folg. M
und den U re zusammenstricken (dabei
von hinten einstechen). Ab * wiederholen.
3. R: 3. Farbe: wie 1. R
4. R: 1. Farbe: wie 2. R
5. R: 2. Farbe: wie 1. R
6. R: 3. Farbe: wie 2. R
Die 1.–6. R fortlaufend im angegebenen Farbwechsel wiederholen.

Muster 4

Es wird in 2 Farben gestrickt.
Maschenzahl teilbar durch 3
1. R: 1. Farbe: * 1 M li abheben, 2 M
re. Ab * wiederholen.
2. R: 1. Farbe: re
3. R: 2. Farbe: * 2 M re, 1 M li abheben. Ab * wiederholen.
4. R: 2. Farbe: re
Die 1.–4. R fortlaufend im angegebenen Farbwechsel wiederholen.

Muster 5

Es wird in 2 Farben gestrickt.
Gerade Maschenzahl
1. R: 1. Farbe: re
2. R: 1. Farbe: re
3. R: 2. Farbe: * 1 M re, dabei in die M
der vorletzten R einstechen, 1 M re Ab
* wiederholen.
4. R: 2. Farbe: re
5. R: 1. Farbe: * 1 M re, 1 M re, dabei
in die M der vorletzten R einstechen.
Ab * wiederholen.
6. R: 1. Farbe: re

Die 3.–6. R fortlaufend im angegebenen Farbwechsel wiederholen.

Muster 6

Der Grundfaden ist eine Tweedwolle
mit schwarzen und gelben Noppen.
Gestrickt wird glatt re. Mitgestrickt
wird eine feine, glatte Wolle, für jeden
Streifen in einem anderen Farbton.

Muster 7

Hier werden durchgehend ein mehr-
farbiger Schlingenbouclé- und ein einfarbiger Shetlandfaden in einer der
Farben des Boucléfadens zusammen
verstrickt. Gestrickt wird glatt re.

Muster 8

Eine Kombination von Leinengarn
und dünner bunter Baumwolle. Es
werden 4 R kraus in Leinen und 1 R re,
1 R li in Baumwolle im Wechsel gestrickt. Statt Leinengarn und Baumwolle können auch Dochtwolle und
dünne Sportwolle kombiniert werden.

Muster 9

Eine Streifenkombination aus glatter
einfarbiger Wolle und melierter Mohairwolle. Es werden 4 R glatt re in
einfarbiger und 6 R kraus in melierter
Wolle im Wechsel gestrickt.

Muster 10

Dieses und das nächste Muster eignen
sich für abendliche Jacken und Pullis.
Glatt re einen Mohairfaden zusammen
mit einem Lurexfaden stricken. Der
Lurexfaden wird in unterschiedlicher
Farbe und Streifenbreite mitgestrickt.

Muster 11

Blau-weiß-rote Streifen aus Seiden-
garn durchlaufend mit einem rot-blau
genoppten Lurexfaden glatt re stricken.

Häkelmuster

Flächige Muster

Auf den nächsten Seiten werden wir 30 Häkelmuster vorstellen, deren Anwendung praktisch unbegrenzt ist. Ob ein- oder mehrfarbige, festmaschige oder Lochmuster – es wird immer eines darunter sein, das sich für einen bestimmten Zweck eignet: einen Pulli, eine Jacke oder eine Handtasche.
Es lohnt sich auch, die einzelnen Motive auszuprobieren. Man kann, farblich schön abgestimmt, gleichgroße Quadrate von 25 × 25 oder 30 × 30 cm häkeln und zu einer schönen Decke zusammensetzen. So hat man nicht nur Musterhäkeln geübt, sondern, je nach Anzahl und Größe der Quadrate, auch gleich eine praktische Auto- oder Couchdecke gearbeitet oder, wenn man mehr Arbeit und Geduld aufwendet, eine besonders originelle und aparte Bettspreite.

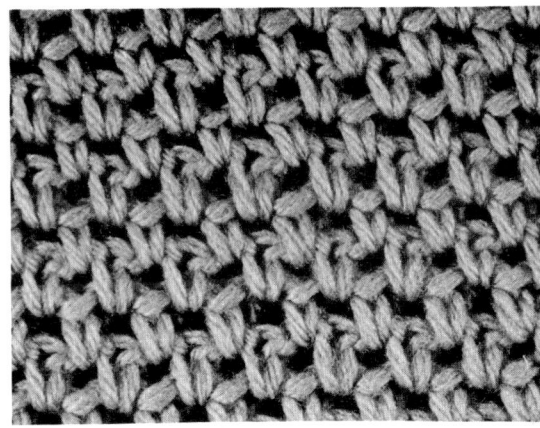

Häkelmuster 1
Lm-Anschlag
1. R: fM
2. R: fM, dabei jedoch immer nur in die hintere Schlinge der M der VorR einstechen.
Die 2. R fortlaufend wiederholen.

Häkelmuster 2
Lm-Anschlag
1. R: 1 fM in die 2. Lm des Anschlags *
1 Lm, 1 GrundM übergehen, 1 fM. Ab * wiederholen.
2. R: 2 Wende-Lm, 1 fM unter die folg. Lm der VorR, 1 Lm. Ab * wiederholen. Die R endet mit 1 fM in die Wende-Lm der VorR.
Die 2. R fortlaufend wiederholen.

Häkelmuster 3
Lm-Anschlag
1. R: fM
2. R: 2 Wende-Lm * in die 1. fM einstechen und den Faden durchholen,
1 U, in die folg. M einstechen, den Faden durchholen, umschlagen und alle 4
auf der Nadel befindlichen Schlingen
abmaschen, 1 Lm. Ab * wiederholen.
3. R: fM Auch in die Lm jeweils 1 fM
häkeln.
Die 2. und 3. R fortlaufend wiederholen.

Häkelmuster 4
Lm-Anschlag
1. R: 2 Stb in die 3. Lm des Anschlags
* 1 Lm, 2 GrundM. übergehen, 2 Stb in
die folg. GrundM. Ab * wiederholen.
2. R: 3 Wende-Lm, jeweils unter die
Lm der VorR 2 Stb, 1 Lm häkeln.
Die 2. R fortlaufend wiederholen.

Häkelmuster 5
Lm-Anschlag
1. R: 1 Stb – 1 Lm – 1 Stb in die 3. Lm
des Anschlags * 2 GrundM übergehen,
1 Stb – 1 Lm – 1 Stb in die folg.
GrundM. Ab * wiederholen.
2. R: 3 Wende-Lm, unter die Lm zwischen den 2 Stb der VorR jeweils 1 Stb
– 1 Lm – 1 Stb
Die 2. R fortlaufend wiederholen.

112

Häkelmuster 6

Lm-Anschlag
1. R: Stb
2. R: 3 Wende-Lm, 5 Stb jeweils von
re nach li um die Stb der VorR einstechen (= Reliefstb hinten erscheinend)
∗ 5 Stb, 5 Reliefstb hinten. Ab ∗ wiederholen.
3. R: 3 Wende-Lm, 4 Stb ∗ 5 Reliefstb
vorne erscheinend (d. h. von re nach li
um die Stb der VorR und dabei auf der
Rückseite einstechen), 5 Stb. Ab ∗
wiederholen.
4. R: wie 2. R
Die 2. und 3. R fortlaufend wiederholen.

Häkelmuster 7

Lm-Anschlag
1. R: 1 Stb in die 3. Lm des Anschlags,
6 Stb. ∗ 1 Lm, 1 GrundM übergehen,
1 Stb, 1 Lm, 1 GrundM übergehen,
1 Stb, 1 Lm, 1 GrundM übergehen,
7 Stb. Ab ∗ wiederholen.
2. R: 3 Wende-Lm, 6 Stb. ∗ 1 Lm,
1 Stb über das Stb der VorR, 1 Lm,
1 Stb über das Stb der VorR, 1 Lm,
7 Stb
Ab ∗ wiederholen.
3. R: wie 2. R
4. R: 4 Wende-Lm, 1 GrundM
übergehen, 1 Stb, 1 Lm, 1 GrundM
übergehen, 1 Stb, 1 Lm ∗ 7 Stb, 1 Lm,
1 GrundM übergehen, 1 Stb, 1 Lm,
1 GrundM übergehen, 1 Stb, 1 Lm.
Ab ∗ wiederholen. Die R endet: 1 Stb
auf die Wende-Lm der VorR
5. und 6. R: wie 4. R
Die 1.–6. R fortlaufend wiederholen.

113

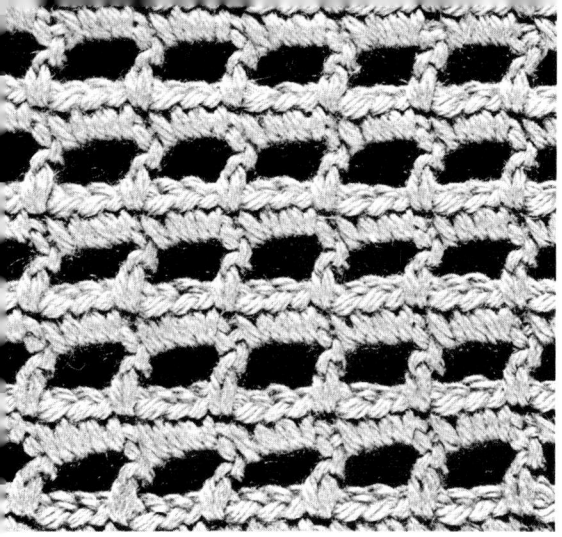

Häkelmuster 8

Lm-Anschlag

1. R: 1 Stb in die 4. Lm des Anschlags
* 2 Lm, 2 GrundM übergehen, 1 Stb.
Ab * wiederholen.

2. R: 1 Wende-Lm, 3 fM unter die
ersten Lm der VorR * 1 Lm, 3 fM unter die folg. Lm der VorR. Ab * wiederholen.

3. R: 4 Wende-Lm, 1 Stb unter die
1. Lm der VorR * 2 Lm, 1 Stb unter
die folg. Lm der VorR. Ab * wiederholen. Die R endet: 1 Stb in die
Wende-Lm der VorR. Die 2. und 3. R
fortlaufend wiederholen.

Häkelmuster 9

Lm-Anschlag

1. R: 3 Wende-Lm, 3 Stb * 1 Lm,
1 Grundm übergehen, 4 Stb. Ab *
fortlaufend wiederholen.

2. R: 4 Lm * 1 fM unter die Lm zwischen den 2 Stb-Gruppen der VorR,
4 Lm. Ab * wiederholen. Die R endet:
4 Lm, 1 fM in die Wende-Lm der
VorR

3. R: 3 Wende-Lm, 3 Stb unter die Lm
der VorR * 1 Lm, 4 Stb unter die folg.
Lm der VorR. Ab * wiederholen. Die
2. und 3. R fortlaufend wiederholen.

Häkelmuster 10

Lm-Anschlag

1. R: Stb

2. R: 3 Wende-Lm * 3 GrundM
übergehen, 5 Stb in die folg. M. Ab *
wiederholen. Die R endet: 1 Stb in die
Wende-Lm der VorR

3. R: 1 Stb in jede GrundM. Die 2. und
3. R fortlaufend wiederholen.

Häkelmuster 11

Lm-Anschlag

1. R: 1 U, in die 4. Lm des Anschlags einstechen, Faden holen, umschlagen und durch 2 auf der Nadel liegende Schlingen durchziehen, umschlagen, in die gleiche GrundM einstechen, Faden holen und durch 2 Schlingen durchziehen, umschlagen, nochmals in die gleiche GrundM einstechen, Faden holen, durch 2 Schlingen durchziehen, umschlagen und alle 4 auf der Nadel liegenden Schlingen abmaschen (= 1 Büschelstb) * 1 Lm, 2 GrundM übergehen, 1 Büschelstb. Ab * wiederholen.

2. R: 3 Wende-Lm, jeweils 1 Büschelstb unter die Lm der VorR. Die R endet: 1 Lm, 1 Stb auf die Wende-Lm der VorR

Die 2. R fortlaufend wiederholen.

Häkelmuster 12

Lm-Anschlag

1. R: 1 Stb in die 5. Lm des Anschlags, 1 Lm, 1 Stb in die 4. Lm (zurückgestochen also!) des Anschlags * 1 GrundM übergehen, 1 Stb – 1 Lm – 1 Stb in die freigelassene GrundM. Ab * wiederholen. Die R endet: 1 M übergehen, 1 Stb

2. R: 3 Wende-Lm, jeweils 1 Büschelstb – 2 Lm unter die Lm zwischen den gekreuzten Stb. Die R endet: 1 Stb auf die Wende-Lm der VorR

3. R: 3 Wende-Lm, 1 Stb hinter das 1. Büschelstb der VorR, 1 Lm, 1 Stb vor das Büschelstb * 1 Stb hinter das folg. Büschelstb, 1 Lm, 1 Stb vor das Büschelstb. Ab * wiederholen. Die 2. und 3. R fortlaufend wiederholen.

Häkelmuster 13
Lm-Anschlag
1. R: 1 Büschelstb in die 3. Lm des Anschlags *2 GrundM übergehen, 1 Stb – 2 Lm – 1 Büschelstb in die gleiche GrundM. Ab * wiederholen. Die R endet: 2 GrundM übergehen, 1 Stb
2. R: 1 Wende-Lm, in jede M, auch in die Lm der VorR 1 fM
3. R: 3 Wende-Lm, 1 Büschelstb * 2 GrundM übergehen, 1 Stb – 2 Lm – 1 Büschelstb in die gleiche GrundM. Ab * wiederholen. Die R endet: 1 Stb auf die Wende-Lm der VorR
4. R: wie 2. R
Die 2. und 3. R fortlaufend wiederholen.

Häkelmuster 14
Lm-Anschlag
1. R: 1 U, in die 3. Lm des Anschlags einstechen, Faden holen, umschlagen und durch 2 Schlingen durchziehen, 1 U, in die nächste GrundM einstechen, Faden holen, umschlagen und durch 2 Schlingen durchziehen, 1 U, in die nächste M einstechen, Faden holen, umschlagen und durch 2 Schlingen durchziehen, umschlagen und alle 4 auf der Nadel liegenden Schlingen abmaschen (= 3 Stb zusammenhäkeln) * 1 Lm, 3 Stb zusammenhäkeln. Ab * wiederholen.
2. R: 3 Wende-Lm, jeweils 3 Stb über die zusammengehäkelten Stb der VorR
Die 1. und 2. R fortlaufend wiederholen.

Häkelmuster 15

Lm-Anschlag

1. R: 1 fM in die drittletzte Lm des
Anschlags, 2 GrundM übergehen,
1 fM * 3 Lm, 1 fM in die 1. der soeben
gehäkelten Lm (= 1 Mausezähnchen),
2 GrundM übergehen, 1 fM. Ab *
wiederholen.

2. R: 2 Wende-Lm, 1 fM in das Mausezähnchen der VorR * 1 Mausezähnchen, 1 fM in das folg. Mausezähnchen
der VorR

Die 2. R fortlaufend wiederholen.

Häkelmuster 16

Lm-Anschlag

1. R: 1 Stb in die 3. Lm des Anschlags,
2 Stb * 2 GrundM übergehen, 3 Lm,
1 fM in die 1. der 3 gerade gehäkelten
Lm (= 1 Mausezähnchen), 3 Stb. Ab *
wiederholen.

2. R: 3 Wende-Lm (= 1. Stb), 2 Stb *
1 Mausezähnchen, 3 Stb. Ab * wiederholen.

Die 2. R fortlaufend wiederholen.

Häkelmuster 17

Lm-Anschlag

1. R: 1 Stb in die 3. Lm des Anschlags
* 2 GrundM übergehen, in die folg. M
7 Stb häkeln, 2 GrundM übergehen,
2 Stb. Ab * wiederholen.

2. R: 3 Wende-Lm (= 1. Stb), 1 Stb in
das 2. Stb der VorR * 7 Stb in das
mittlere der 7 Stb der VorR, 2 Stb über
die 2 Stb der VorR. Ab * wiederholen.

Die 2. R fortlaufend wiederholen.

Häkelmuster 18

Lm-Anschlag

1. R: 1 Dstb in die 5. Lm des Anschlags, 3 Lm, 2 GrundM übergehen, 5 fM * 3 GrundM übergehen, 1 Dstb – 2 Lm – 1 Dstb – 2 Lm – 1 Dstb in die folg. GrundM, 3 GrundM übergehen, 5 fM. Ab * wiederholen. Die R endet: 3 GrundM übergehen, 1 Dstb – 2 Lm – 1 Dstb in die letzte M

2. R: 4 Wende-Lm, 4 Dstb unter die Lm der VorR, 3 fM über die mittleren 3 der 5 fM der VorR * 4 Dstb in den folg. Lm-Bogen, 1 Dstb über das mittlere der 3 Dstb der VorR, 4 Dstb in den folg. Lm-Bogen, 3 fM über die mittleren 3 der 5 fM der VorR. Ab * wiederholen. Die R endet: 4 Dstb in den letzten Lm-Bogen, 1 Dstb in die Wende-Lm

3. R: 2 Wende-Lm, 2 fM in die ersten 2 Dstb der VorR * in die mittlere fM der 3 fM der VorR 1 Dstb – 2 Lm – 1 Dstb – 2 Lm – 1 Dstb, 5 fM über die mittleren 5 Dstb der 9 Dstb der VorR. Ab * wiederholen. Die R endet: 2 fM in die beiden letzten Dstb der VorR, 1 fM in die Wende-Lm

4. R: 2 Wende-Lm, in die 1. fM der VorR 1 fM * 4 Dstb in den 1. Lm-Bogen, 1 Dstb über das Dstb der VorR, 4 Dstb in den folg. Lm-Bogen, 3 fM über die mittleren 3 der 5 fM der VorR. Ab * wiederholen. Die R endet: 2 fM auf die letzten 2 fM der VorR, 1 fM auf die Wende-Lm der VorR

5. R: 4 Wende-Lm, 1 Dstb – 2 Lm – 1 Dstb in die 1. fM der VorR * 5 fM über die mittleren 5 der 9 Dstb der VorR, 1 Dstb – 2 Lm – 1 Dstb – 2 Lm – 1 Dstb in die mittlere der 3 fM der VorR. Ab * wiederholen. Die R endet: 1 Dstb – 2 Lm – 1 Dstb in die letzte fM der VorR

Die 2.–5. R fortlaufend wiederholen.

Häkelmuster 19

Lm-Anschlag

1. R: Stb

2. R: 3 Wende-Lm, 1 GrundM übergehen, 1 Stb in die folg. M * 1 Lm, 1 GrundM übergehen, 1 Stb in die folg. M. Ab * wiederholen.

3. R: je 1 Stb in jede M der VorR, auch in die Lm. Die 2. und 3. R fortlaufend wiederholen.

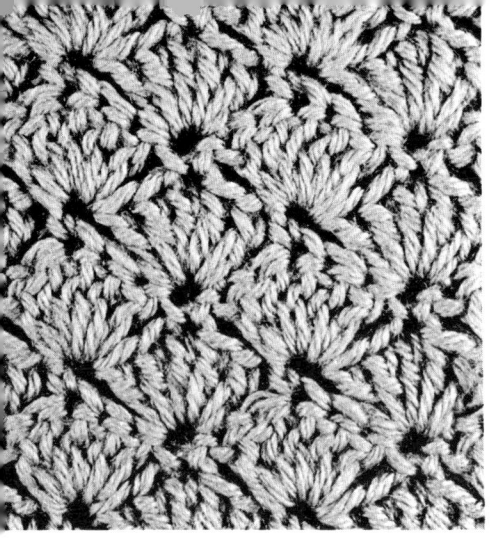

Häkelmuster 20

Lm-Anschlag

1. R: 1 fM in die 2. Lm des Anschlags ∗
2 GrundM übergehen, in die folg. M
5 Stb, 2 GrundM übergehen, 1 fM. Ab
∗ wiederholen.

2. R: 3 Wende-Lm, 3 Stb in die fM ∗
1 fM in das mittlere Stb der 5er-Stb-
Gruppe der VorR, 5 Stb in die folg. fM
der VorR. Ab ∗ wiederholen. Die R
endet mit 3 Stb in die letzte fM der
VorR

3. R: 1 Wende-Lm, 1 fM in das letzte
Stb der VorR ∗ 5 Stb in die folg. fM der
VorR, 1 fM in das mittlere Stb der 5er-
Stb-Gruppe der VorR. Ab ∗ wieder-
holen. Die R endet: 1 fM in die Wen-
de-Lm der VorR

Die 2. und 3. R fortlaufend wiederholen.

Häkelmuster 21

Lm-Anschlag

1. R: 1 Stb – 2 Lm – 1 Stb in die 3. Lm
des Anschlags ∗ 2 Lm, 2 GrundM
übergehen, 1 Stb – 2 Lm – 1 Stb in die
folg. GrundM. Ab ∗ wiederholen. Die
R endet: 2 Lm, 2 GrundM übergehen,
1 Stb

2. R: 3 Wende-Lm, jeweils 7 Stb unter
die 2 Lm zwischen den 2 Stb einer
GrundM der VorR. Die R endet: 1 Stb
über die Wende-Lm der VorR

3. R: 3 Wende-Lm ∗ in das mittlere
der 7 Stb der VorR 1 Stb – 2 Lm –
1 Stb, 2 Lm. Ab ∗ wiederholen. Die R
endet: 2 Lm, 1 Stb in die Wende-Lm
der VorR

Die 2. und 3. R fortlaufend wiederholen.

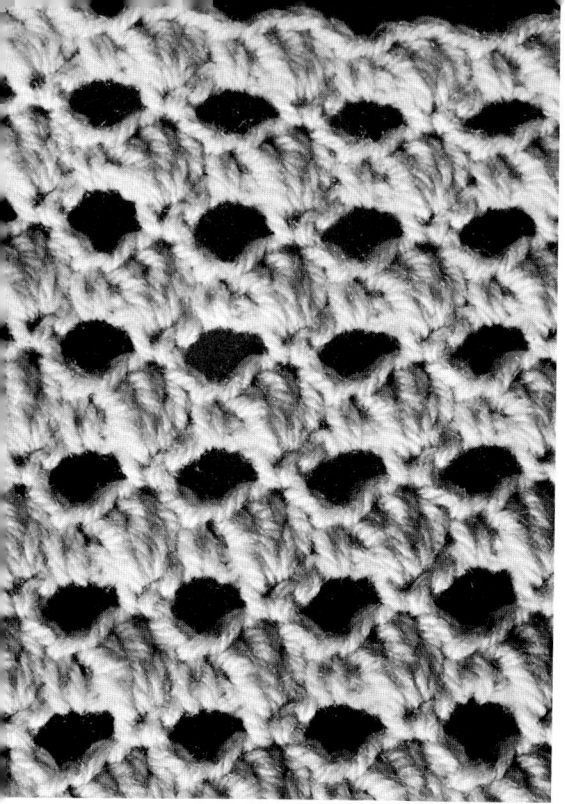

Häkelmuster 22

Lm-Anschlag

1. R: 1 fM in die 2. M des Anschlags *
3 Lm, 2 GrundM übergehen, 1 fM. Ab
* wiederholen.

2. R: 3 Wende-Lm, 1 Stb in die 1. fM
der VorR * 1 fM in den Lm-Bogen,
3 Stb in die folg. fM. Ab * wiederholen. Die R endet: 2 Stb in die letzte
fM der VorR

3. R: 1 Wende-Lm, 1 fM in das letzte
Stb der VorR * 3 Lm, 1 fM in das mittlere der 3 Stb der VorR. Ab * wiederholen.

Die 2. und 3. R fortlaufend wiederholen.

Häkelmuster 23

Lm-Anschlag

1. R: 2 Stb in die 4. Lm des Anschlags,
3 GrundM übergehen * 1 fM, 3 Lm,
3 GrundM übergehen, 3 Stb in die
folg. M, 3 GrundM übergehen. Ab *
wiederholen. Die R endet: 3 Stb,
3 GrundM übergehen, 1 fM

2. R: 3 Wende-Lm, 2 Stb in die fM der
VorR * 1 fM in die 1. Lm hinter den
3 Stb der VorR, 3 Lm, 3 Stb in die folg.
fM. Ab * wiederholen. Die R endet:
1 fM in die Wende-Lm der VorR
Die 2. R fortlaufend wiederholen.

Häkelmuster 24

Lm-Anschlag

1. R: 1 Stb – 1 Lm – 1 Stb in die 3. Lm des Anschlags * 2 GrundM übergehen, 5 Stb in die folg. M, 2 GrundM übergehen, 1 Stb – 1 Lm – 1 Stb in die folg. GrundM. Ab * wiederholen. Die R endet: 2 GrundM übergehen, 1 Stb

2. R: 3 Wende-Lm * unter die Lm zwischen die 2 Stb der VorR 5 Stb, in das mittlere der 5 Stb der VorR: 1 Stb – 1 Lm – 1 Stb. Ab * wiederholen. Die R endet: 5 Stb unter die Lm der VorR, 1 Stb auf die Wende-Lm der VorR

3. R: 3 Wende-Lm * in das mittlere der 5 Stb der VorR: 1 Stb – 1 Lm – 1 Stb – 5 Stb unter die Lm zwischen den 2 Stb der VorR. Ab * wiederholen. Die R endet: 1 Stb auf die Wende-Lm der VorR

Die 2. und 3. R fortlaufend wiederholen.

Häkelmuster 25

Lm-Anschlag

1. R: 1 Stb in die 3. Lm des Anschlags, 2 GrundM übergehen * 5 Stb in die folg. M, 2 GrundM übergehen, 1 Stb – 1 Lm – 1 Stb in die folg. M, 2 GrundM übergehen. Ab * wiederholen. Die R endet: 1 Stb – 1 Lm – 1 Stb

2. R: 3 Wende-Lm, 1 Stb unter die Lm der VorR * 3 Stb über die mittleren 3 der 5 Stb der VorR, 1 Stb – 1 Lm – 1 Stb zwischen die 2 Stb der VorR. Ab * wiederholen. Die R endet: 1 Stb – 1 Lm – 1 Stb zwischen Stb und Wende-Lm der VorR

3. R: 3 Wende-Lm, 2 Stb unter die Lm der VorR * in das mittlere der 3 Stb der VorR 1 Stb – 1 Lm – 1 Stb, 5 Stb zwischen die 2 folg. Stb. Ab * wiederholen. Die R endet: 3 Stb zwischen die beiden letzten Stb der VorR

4. R: 3 Wende-Lm, 1 Stb über das 2. Stb der VorR * 1 Stb – 1 Lm – 1 Stb zwischen die 2 Stb der VorR, 3 Stb über die mittleren 3 der 5 Stb der VorR. Ab * wiederholen. Die R endet: 2 Stb über die 2 letzten Stb der VorR

5. R: 3 Wende-Lm, 1 Stb in das 1. Stb der VorR * 5 Stb zwischen die 2 Stb der VorR, in das mittlere der 3 Stb der VorR 1 Stb – 1 Lm – 1 Stb. Ab * wiederholen. Die R endet: 1 Stb – 1 Lm – 1 Stb in das letzte Stb der VorR

Die 2.–5. R fortlaufend wiederholen.

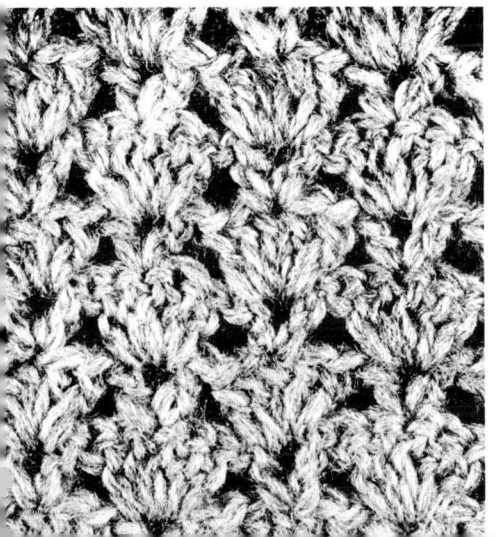

Häkelmuster 26

Lm-Anschlag

1. R: 5 Stb * 2 Lm, 1 GrundM übergehen, 1 fM, 2 Lm, 1 GrundM übergehen, 1 Stb – 2 Lm – 1 Stb in die folg. M, 2 Lm, 1 GrundM übergehen, 1 fM, 2 Lm, 1 GrundM übergehen, 5 Stb. Ab * wiederholen.

2. R: 3 Wende-Lm (= 1 Stb), 4 Stb in die folg. 4 Stb * 5 Lm, 7 Stb in den Lm-Bogen zwischen den 2 Stb der VorR, 5 Lm, 5 Stb. Ab * wiederholen.

3. R: 3 Wende-Lm, 4 Stb * 2 Lm, 1 fM in den Lm-Bogen, 5 Lm, 1 fM in das mittlere Stb, 5 Lm, 1 fM in den Lm-Bogen, 2 Lm, 5 Stb.
Ab * wiederholen.

4. R: 3 Wende-Lm, 4 Stb * 5 Lm, 1 fM unter den 5er-Lm-Bogen, 5 Lm, 1 fM unter den folg. 5er-Lm-Bogen, 5 Lm, 5 Stb. Ab * wiederholen.

5. R: 3 Wende-Lm, 4 Stb * 2 Lm, 1 fM unter den Lm-Bogen, 2 Lm, 1 Stb – 2 Lm – 1 Stb in die mittlere Lm des folg. Lm-Bogens, 2 Lm, 1 fM unter den nächsten Lm-Bogen, 2 Lm, 5 Stb. Ab * wiederholen.

6. R: wie 2. R

Die 2.–5. R fortlaufend wiederholen.

Häkelmuster 27

Lm-Anschlag

1. R: 1 Stb in die 4. Lm des Anschlags, 6 Stb * 1 GrundM übergehen, 1 Stb – 1 Lm – 1 Stb in die folg. GrundM, 1 GrundM übergehen, 7 Stb. Ab * wiederholen.

2. R: 3 Wende-Lm, 5 Stb, 1 GrundM übergehen, 1 Stb von re nach li um das folg. Stb eingestochen (= Reliefstb hinten erscheinend), 1 Stb – 1 Lm – 1 Stb unter die Lm, 1 Reliefstb hinten, 1 M übergehen, 6 Stb

3. R: 3 Wende-Lm, 4 Stb, 1 M übergehen, 1 Reliefstb vorne erscheinend (= hinter der Arbeit von re nach li um die M häkeln) um das Reliefstb der VorR, 2 Stb – 1 Lm – 2 Stb unter die Lm, 1 Reliefstb vorne um das Reliefstb der VorR, 1 GrundM übergehen, 5 Stb

4. R: 3 Wende-Lm, 3 Stb, 1 M übergehen, 1 Reliefstb hinten um das der VorR, 3 Stb – 1 Lm – 3 Stb unter die Lm, 1 Reliefstb hinten um das der VorR, 4 Stb

5. R: 3 Wende-Lm, 2 Stb, 1 M übergehen, 1 Reliefstb vorne um das der VorR, 8 Stb unter die Lm, 1 Re-

liefstb vorne um das der VorR, 3 Stb
6. R: 3 Wende-Lm, 6 Stb (davon 3 Stb
in die M der Muschel der VorR), 1 Stb
– 1 Lm – 1 Stb zwischen die 4. und
5. M der Muschel, 7 Stb
7. R: wie 2. R
Die 2.–6. R fortlaufend wiederholen.

Häkelmuster 28
Lm-Anschlag
1. R: 1 Stb in die 4. Lm des Anschlags
∗ 3 Lm, 3 GrundM übergehen, 3 Stb in
die folg. M, 3 Lm, 3 GrundM übergehen, 1 Stb. Ab ∗ wiederholen.
2. R: 4 Wende-Lm, 1 Stb in das letzte
Stb der VorR ∗ 3 Lm, 1 Stb in das mittlere der 3 Stb der VorR, 3 Lm, 3 Stb in
das folg. Stb. Ab ∗ wiederholen. Die R
endet: 2 Stb zwischen Stb und Wende-
Lm der VorR
3. R: 3 Wende-Lm, 2 Stb in das 2. Stb
∗ 2 Lm, 1 Stb über das Stb, 2 Lm, 2 Stb
in das 1. der 3 Stb, 1 Stb in das mittlere
und 2 Stb in das 3. Stb. Ab ∗ wiederholen. Die R endet: 2 Lm, 2 Stb in das
1. Stb, 1 Stb in die Wende-Lm
4. R: 4 Wende-Lm, 3 Stb in das 3. Stb
∗ 1 Lm, 3 Stb in das 1. der folg. 5 Stb,
2 Lm, 3 Stb in das letzte der 5 Stb. Ab

∗ wiederholen. Die R endet: 3 Stb in
das 1. Stb der letzten Gruppe, 1 Stb in
die Wende-Lm
5. R: 3 Wende-Lm, 1 Stb in das 1. Stb
∗ 3 Lm, 1 Stb zwischen die Stb-Gruppen, 3 Lm, 3 Stb zwischen die folg.
Stb-Gruppen. Ab ∗ wiederholen. Die
R endet: 3 Lm, 1 Stb in die Wende-Lm
6. R: 5 Wende-Lm ∗ 3 Stb in das folg.
Stb, 3 Lm, 1 Stb in das mittlere der
3 Stb, 3 Lm. Ab ∗ wiederholen. Die R
endet: 1 Stb in die Wende-Lm
7. R: 5 Wende-Lm ∗ 2 Stb in das 1. der
3 Stb, 1 Stb in das mittlere, 2 Stb in das
3. Stb, 2 Lm, 1 Stb in das Stb, 2 Lm.
Ab ∗ wiederholen. Die R endet: 1 Stb
in die Wende-Lm der VorR
8. R: 3 Wende-Lm ∗ 3 Stb in das 1. der
5 Stb, 2 Lm, 3 Stb in das 5. Stb, 1 Lm.
Ab ∗ wiederholen. Die R endet: 1 Stb
in die Wende-Lm der VorR
9. R: 3 Wende-Lm, 1 Stb unter die
letzte Lm der VorR ∗ 3 Lm, 3 Stb zwischen die Stb-Gruppen, 3 Lm, 1 Stb
zwischen die folg. Stb-Gruppen. Ab ∗
wiederholen. Die R endet: 3 Lm, 1 Stb
in die Wende-Lm der VorR
10. R: wie 2. R
Die 2.–9. R fortlaufend wiederholen.

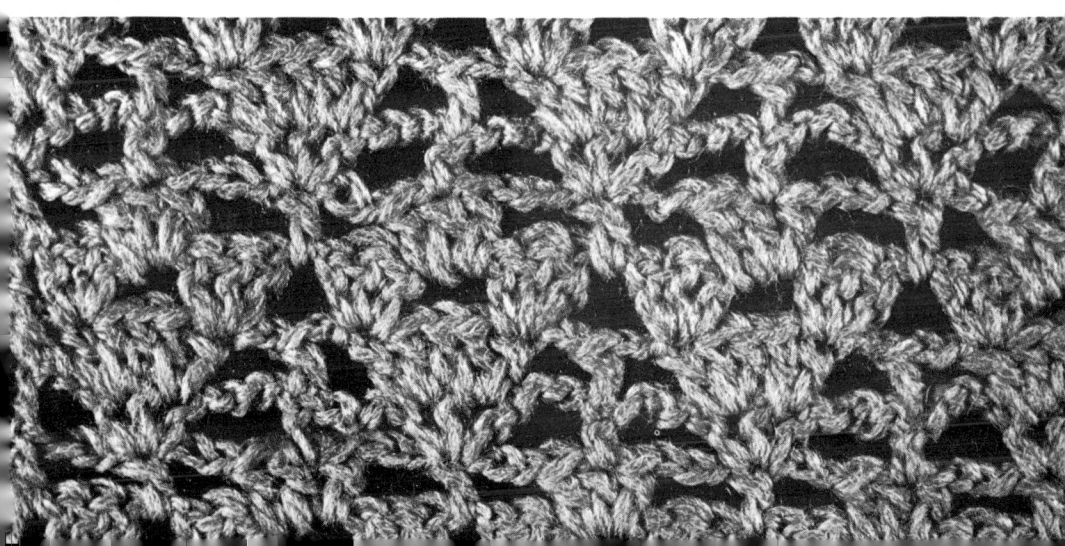

Häkelmuster 29

Lm-Anschlag

1. R: 3 Stb in die 4. Lm des Anschlags
* 3 GrundM übergehen, 4 Stb in die
folg. M, 5 Lm, 4 GrundM übergehen,
1 fM, 5 Lm, 4 GrundM übergehen,
4 Stb in die folg. M. Ab * wiederholen.
Die R endet: 3 GrundM übergehen,
1 Stb

2. R: 3 Wende-Lm, 4 Stb in das 4. Stb
der VorR * 5 Lm, 1 fM in die fM der
VorR, 5 Lm, 4 Stb in das 1. Stb der
VorR, 4 Stb auf das letzte Stb der folg.
Gruppe.

3. R: 3 Wende-Lm, 3 Stb in das 1. Stb
der VorR * 4 Stb auf das letzte Stb der
folg. Gruppe, 5 Lm, 1 fM in die fM,
5 Lm, 4 Stb auf das 1. Stb, 1 Stb auf
die Wende-Lm der VorR

4. R: 1 Wende-Lm, 1 fM * 5 Lm, 4 Stb
in die 1. der 5 Lm, 4 Stb in die letzte
der folg. Lm, 5 Lm, 1 fM zwischen die
Stb-Gruppe der VorR. Ab * wiederholen. Die R endet: 5 Lm, 1 Stb auf die
Wende-Lm der VorR

5. R: 3 Wende-Lm, 1 Stb, 5 Lm * 1 fM
in die fM der VorR, 5 Lm, 4 Stb in das
1. Stb, 4 Stb in das letzte Stb der folg.
Gruppe, 5 Lm. Ab * wiederholen. Die
R endet: 1 fM in die fM

6. R: 1 Wende-Lm, 1 fM * 5 Lm, 4 Stb
in das 1. Stb, 4 Stb in das letzte Stb der
folg. Gruppe, 5 Lm, 1 fM in die fM. Ab
* wiederholen. Die R endet: 5 Lm,
1 Stb auf die Wende-Lm der VorR
Die 1.–6. R fortlaufend wiederholen.
Dabei für die Motive wie in der 4. R
beschrieben einstechen.

Häkelmuster 30

Lm-Anschlag

1. R: 1 Stb in die 4. Lm des Anschlags
* 1 Lm, 1 GrundM übergehen, 3 Stb,
1 Lm, 1 GrundM übergehen, 1 Stb.
Ab * wiederholen. Die R endet: 2 Stb
2. R: 5 Wende-Lm, 1 fM unter die Lm
* 5 Lm, 1 fM unter die Lm nach den
3 Stb, 3 Lm, 1 fM unter die folg. Lm.
Ab * wiederholen. Die R endet: 3 Lm,
1 Stb in die Wende-Lm der VorR

3. R: 2 Wende-Lm * 1 fM in den 3er-
Lm-Bogen, 7 Stb in den 5er-Lm-Bo-
gen. Ab * wiederholen. Die R endet:
1 fM in die Wende-Lm der VorR
4. R: 3 Wende-Lm, 1 Stb in die fM der
VorR * 2 Lm, 3 fM in die mittleren 3
der 7 Stb der VorR, 2 Lm, 1 Stb in die
fM. Ab * wiederholen. Die R endet:
1 Stb in die letzte fM der VorR
5. R: wie 1. R
Die 1.–4. R fortlaufend wiederholen.

Mehrfarbige Muster

Für sie gilt dasselbe wie für die mehr-
farbigen Strickmuster: Ihre Anwen-
dungsmöglichkeiten sind fast unbegrenzt. Sie wirken meist lockerer,
»duftiger«, als gestrickte Mehrfarben-
muster. Kleine und verspielte Reihen-
muster eignen sich nicht nur für Kinderpullis, größere oder ganz großflä-
chige wie unser Blumenmotiv nicht nur
für einen Pullovereinsatz. Sie können
in zwei, drei, vier und noch mehr aufeinander abgestimmten Farben gearbeitet werden und bieten so viele Variationsmöglichkeiten.
Ein Pullover, ein Mantel oder ein
langer Rock muß nicht unbedingt
durchgehend gehäkelt werden. Solche
Kleidungsstücke können auch aus
»Old America«-Quadraten, Sechs-
ecken oder Sternmustern zusammen-
gesetzt werden. Das wirkt ganz besonders reizvoll. Und die Schnitte , nach
denen hier gearbeitet wird, dürfen
ganz einfach und gerade sein.

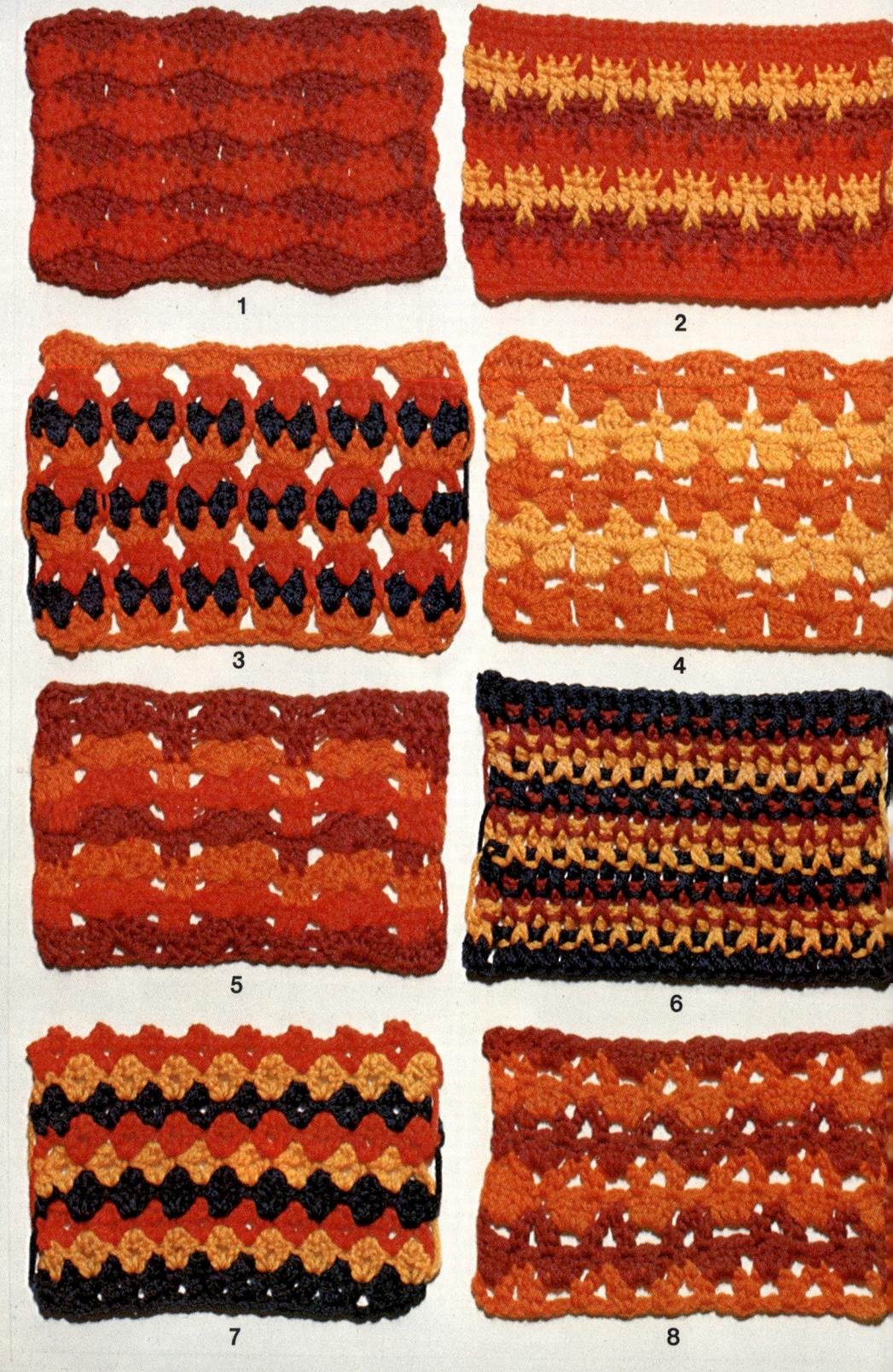

1

2

3

4

5

6

7

8

Französisches Quadrat

Sechseckiger Stern

Windmühle

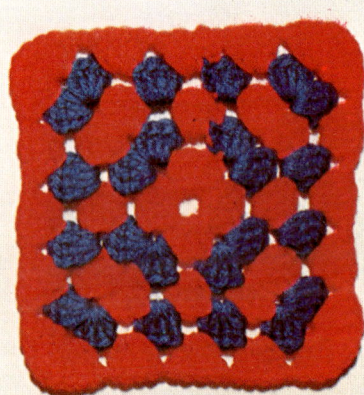

»Old America«

Quadrat

Fünfeck

Muster 1
Es wird in 2 Farben gehäkelt.
Lm-Anschlag
1. R: 1. Farbe: 1 Dstb in die 4. Lm des Anschlags, 1 Stb, 1hStb, 1 fM * 1 hStb, 1 Stb, 2 Dstb, 1 Stb, 1 hStb, 1 fM. Ab * wiederholen. Die R endet mit 2 Dstb
2. R: 2. Farbe: 2 Wende-Lm, * 1 fM, 1 hStb, 1 Stb, 2 Dstb, 1 Stb, 1 hStb, 1 fM. Ab * wiederholen.
3. R: in der 1. Farbe wie 1. R. Die 1. und 2. R fortlaufend in der angegebenen Farbfolge wiederholen.

Muster 2
Es wird in 3 Farben gehäkelt.
Lm-Anschlag
1. R: Stb in der 1. Farbe
2. R: fM in der 1. Farbe
3. R: 2. Farbe: 3 Wende-Lm, 3 Stb * um das folg. Stb der vorletzten R von re nach li einstechen und 1 Stb häkeln (= 1 Reliefstb), 3 Stb. Ab * wiederholen.
4. R: fM in der 2. Farbe
5. R: 3. Farbe: 3 Wende-Lm, 1 Stb, 1 Reliefstb. * 3 Stb, 1 Reliefstb. Ab * wiederholen. Die R endet mit 2 Stb
6. R: fM in der 3. Farbe
7. R: in der 1. Farbe wie 3. R
Die 3.–6. R fortlaufend wiederholen.
In jeder 2. R die Farbe wechseln.

Muster 3
Es wird in 3 Farben gehäkelt.
Lm-Anschlag
1. R: 1. Farbe: 4 Stb in die 6. Lm des Anschlags * 3 GrundM übergehen, 4 Stb in die folg. M. Ab * wiederholen. Die R endet:

3 GrundM übergehen, 1 Stb
2. R: 2. Farbe: 3 Wende-Lm * 2 Stb zwischen das 1. und 2. Stb, 1 Lm, 2 Stb zwischen das 3. und 4. Stb der Gruppe der VorR. Ab * wiederholen. Die R endet: 1 Stb auf die Wende-Lm
3. R: 3. Farbe: 3 Wende-Lm * 1 Büschelstb (siehe Häkelmuster 12) unter die Lm der VorR, 3 Lm, 1 fM zwischen die Stb-Gruppen der vorletzten R, 3 Lm. Ab * wiederholen. Die R endet mit 1 fM in die Wende-Lm der VorR
4. R: 1. Farbe: 3 Wende-Lm, jeweils 4 Stb in die Büschelstb der VorR
5. R: wie 2. R
Die 2.–4. R fortlaufend und in der angegebenen Farbfolge wiederholen.

Muster 4
Es wird in 2 Farben gehäkelt.
Lm-Anschlag
1. R: 1. Farbe: 2 Stb in die 4 Lm des Anschlags * 1 Lm, 2 GrundM übergehen, 3 Stb in die folg. GrundM. Ab * wiederholen.
2. R: 1. Farbe: 4 Lm * 1 Büschelstb (siehe Häkelmuster 12) zwischen die folg. Stb-Gruppen der VorR, 3 Lm, 1 fM zwischen die folg. Gruppen, 3 Lm. Ab * wiederholen. Die R endet: 3 Lm, 1 fM in die Wende-Lm
3. R: 2. Farbe: 3 Wende-Lm, 2 Stb unter die Lm der VorR * 1 Lm, 3 Stb in den nächsten Lm-Bogen. Ab * wiederholen.
4. R: wie 2. R, aber in der 2. Farbe. Die 2. und 3. R fortlaufend wiederholen. In jeder 2. R die Farbe wechseln.

Muster 5

Es wird in 2 Farben gehäkelt.
Lm-Anschlag
1. R: 1. Farbe: 1 Stb in die 3. Lm des Anschlags * 2 GrundM übergehen, 4 Stb – 1 Lm – 4 Stb in die nächste M, 2 GrundM übergehen, je 1 Stb in die folg. 2 M. Ab * wiederholen.
2. R: 2. Farbe: 3 Wende-Lm, 1 Stb in das 2. Stb der VorR * 4 Stb – 1 Lm – 4 Stb unter die Lm der folg. Gruppe, 2 Stb auf die folg. 2 Stb. Ab * wiederholen.
Die 2. R fortlaufend und in jeder R wechselnder Farbfolge wiederholen.

Muster 6

Es wird in 2 Farben gehäkelt.
Lm-Anschlag
1. R: Stb in der 1. Farbe.
2. R: 2. Farbe: 3 Wende-Lm * auf der Vorderseite von re nach li um das folg. Stb einstechen und 1 Stb häkeln (= 1 Reliefstb hinten erscheinend), von re nach li auf der Rückseite der Arbeit um das folg. Stb einstechen und 1 Stb häkeln (= 1 Reliefstb vorne erscheinend). Ab * fortlaufend wiederholen.
Die 2. R fortlaufend und in jeder R wechselnder Farbfolge häkeln.

Muster 7

Es wird in 3 Farben gehäkelt.
Lm-Anschlag
1. R: 1. Farbe: 1 Stb in die 3. Anschlag-M, 2 GrundM übergehen * in die folg. GrundM 1 Stb – 3 Lm – 1 fM in die 1. der gerade gehäkelten Lm (= 1 Mausezähnchen), 1 Stb, 2 GrundM

übergehen. Ab * wiederholen. Die R endet: 2 GrundM übergehen, 1 Stb
2. R: 2. Farbe: 3 Wende-Lm, 1 Stb – 1 Mausezähnchen – 1 Stb zwischen das letzte Stb der VorR und die Gruppe * 1 Stb – 1 Mausezähnchen – 1 Stb zwischen die folg. 2 Gruppen. Ab * wiederholen. Die R endet: 1 Stb auf die Wende-Lm der VorR
3. R: 3. Farbe: 3 Wende-Lm, jeweils 1 Stb – 1 Mausezähnchen – 1 Stb zwischen die Gruppen der VorR.
Die 2. und 3. R fortlaufend und in wechselnder Farbfolge wiederholen.

Muster 8

Es wird in 2 Farben gehäkelt.
Lm-Anschlag in der 1. Farbe
1. R: 1. Farbe: 1 fM in die 2. M des Anschlags * 3 Lm, 2 GrundM übergehen, 1 fM. Ab * wiederholen.
2. R: 2. Farbe: 3 Wende-Lm, 1 Stb in die letzte fM der VorR * 3 Stb in den folg. Bogen, 1 fM in die mittlere Lm des nächsten Bogens. Ab * wiederholen. Die R endet: 1 Stb in die 1. fM der VorR
3. R: 2. Farbe: 4 Lm * 1 fM in das 1. Stb der nächsten Stb-Gruppe, 3 Lm, 1 fM in das letzte Stb der gleichen Gruppe, 3 Lm. Ab * wiederholen. Die R endet: 1 Lm, 1 Stb in das Stb der VorR
4. R: 1. Farbe: 1 Lm, 1 fM in das Stb * 3 Stb in den folg. Lm-Bogen, 1 fM in die mittlere Lm des nächsten Bogens. Ab * wiederholen. Die R endet: 3 Stb in die 3. Anfangs-Lm der VorR
5. R: 1. Farbe: 1 Lm * 1 fM in das

1. Stb, 3 Lm, 1 fM in das 3. Stb, 3 Lm. Ab * wiederholen.
6. R: In der 2. Farbe wie 2. R. Die 2.–5. R fortlaufend und in jeder 2. R wechselnder Farbfolge wiederholen.

Häkelmotiv »Französisches Quadrat«
In der 1. Farbe 8 Lm anschlagen und mit 1 Km zum Ring schließen.
1. Rd: 1. Farbe: 3 Lm (= 1. Dstb), 5 Dstb * 3 Lm, 6 Dstb. Ab * noch 2mal wiederholen. Die Rd mit 3 Lm und 1 Km in das 1. Dstb schließen.
2. Rd: 1. Farbe: 3 Lm (= 1. Dstb), in jedes Dstb der 5 Dstb der VorRd je 1 Dstb bis zur vorletzten Schlinge häkeln und dann alle 6 auf der Nadel befindlichen Schlingen abmaschen (= 1 Büschel) * 4 Lm, 1 fM in die mittlere der 3 folg. Lm, 4 Lm, 1 Büschel über die folg. 6 Dstb. Ab * noch 2mal wiederholen. Die Rd endet: 4 Lm, 1 fM in die mittlere der 3 Lm, 4 Lm, 1 Km in die Anfangs-Lm
3. Rd: 2. Farbe: 1 Lm, 1 fM in das 1. Büschel * 2 Lm, 6 Dstb in den folg. Lm-Bogen, 3 Lm, 6 Dstb in den nächsten Lm-Bogen, 2 Lm, 1 fM in das folg. Büschel. Ab * noch 3mal wiederholen. Die Rd mit 1 Km schließen.
4. Rd: 1. Farbe: 3 Lm, 5 Dstb in das Büschel der vorletzten Rd, 1 Lm, 12 Dstb in den 3er-Lm-Bogen, 1 Lm * 6 Dstb in das folg. Büschel der vorletzten Rd, 1 Lm, 12 Dstb in den nächsten 3er-Lm-Bogen, 1 Lm. Ab * noch 2mal wiederholen. Die Rd mit 1 Lm und 1 Km in die Anfangs-M schließen.
5. Rd: 2. Farbe: 1 fM in jede M der

VorRd, dabei zwischen den 6er- und 12er-Gruppen jeweils in das mittlere der 6 Dstb der VorRd einstechen. Die Rd mit 1 Km schließen.
6. Rd: 2. Farbe: 2 Lm, in jede GrundM 1 Stb häkeln. Die Rd mit 1 Km schließen.

Häkelmotiv »Sechseckiger Stern«
6 Lm anschlagen und mit 1 Km zum Ring schließen.
1. Rd: 3 Lm (= 1. Stb), 11mal abwechselnd 1 Stb, 1 Lm. Die Rd mit 1 Km schließen.
2. Rd: 3 Lm (= 1. Stb), 2 Stb unter die 1. Lm, 1 Stb in das nächste Stb, 2 Lm * 1 Stb in das folg. Stb, 2 Stb unter die Lm, 1 Stb in das nächste Stb, 2 Lm. Ab * noch 4mal wiederholen. Die Rd mit 1 Km in die 3. Anfangs-Lm schließen.
3. Rd: 3 Lm (= 1. Stb), 1 Stb in das 1. Stb der VorRd, je 1 Stb in die 2 nächsten Stb, 2 Stb in das 4. Stb, 2 Lm * 2 Stb in das 1. Stb der nächsten Gruppe, je 1 Stb in die 2 folg. Stb, 2 Stb in das 4. Stb, 2 Lm. Ab * noch 4mal wiederholen. Die Rd mit 1 Km in die Anfangs-Lm schließen.
4. Rd: 3 Lm (= 1. Stb), 1 Stb in das 1. Stb der VorRd, je 1 Stb auf die folg. 4 Stb, 2 Stb in das 6. Stb, 2 Lm * 2 Stb in das 1. Stb der folg. Gruppe, je 1 Stb auf die folg. 4 Stb, 2 Stb in das 6. Stb, 2 Lm. Ab * noch 4mal wiederholen. Die Rd mit 1 Km in die Anfangs-Lm schließen.
5. Rd: 3 Lm (= 1. Stb), je 1 Stb auf die folg. 7 Stb, 3 Lm, 1 fM in die Lm zwischen den Gruppen * je 1 Stb auf

die folg. 8 Stb, 3 Lm, 1 fM unter
die Lm zwischen den Gruppen,
3 Lm. Ab * noch 4mal wiederholen.
Die Rd mit 1 Km in die Anfangs-Lm
schließen.
6. Rd: 1 Km in das 2. Stb, 3 Lm (=
1. Stb), je 1 Stb auf die folg. 5 Stb,
3 Lm, 1 fM in den 1. Bogen, 3 Lm,
1 fM in den 2. Bogen, 3 Lm * je 1 Stb
auf die mittleren 6 der 8 Stb der
VorRd, 3 Lm, 1 fM in den 1. Bogen,
3 Lm, 1 fM in den 2. Bogen, 3 Lm. Ab
* noch 4mal wiederholen. Die Rd mit
1 Km in die Anfangs-Lm schließen.
7. Rd: 1 Km in das 1. Stb, 3 Lm (=
1. Stb), je 1 Stb auf die folg. 3 Stb,
3 Lm, 1 fM in den 1. Bogen, 3 Lm,
1 fM in den 2. Bogen, 3 Lm, 1 fM in
den 3. Bogen, 3 Lm * je 1 Stb auf die
mittleren 4 der 6 Stb der VorRd, 3 Lm,
1 fM in den 1. Bogen, 3 Lm, 1 fM in
den 2. Bogen, 3 Lm, 1 fM in den
3. Bogen. Ab * noch 4mal wiederholen. Die Rd mit 1 Km in die Anfangs-
Lm schließen.
8. Rd: 1 Km auf das 1. Stb, 3 Lm (=
1. Stb), 1 Stb auf das folg. Stb, 3 Lm,
1 fM in den 1. Bogen, 3 Lm, 1 fM in
den 2. Bogen, 3 Lm, 1 fM in den
3. Bogen, 3 Lm, 1 fM in den 4. Bogen,
3 Lm * 2 Stb über die mittleren der
4 Stb der VorRd, 3 Lm, 1 fM in den
1. Bogen, 3 Lm, 1 fM in den 2. Bogen,
3 Lm, 1 fM in den 3. Bogen, 3 Lm,
1 fM in den 4. Bogen, 3 Lm. Ab * noch
4mal wiederholen. Die Rd mit 1 Km in
die Anfangs-Lm schließen.
9. Rd: 3 Lm, in jeden Bogen der
VorRd 3 Stb, 1 Lm häkeln.

Häkelmotiv »Windmühle«

5 Lm anschlagen und mit 1 Km zum
Ring schließen.
1. Rd: * 6 Lm, 1 fM in den Ring. Ab *
noch 5mal wiederholen.
2. Rd: * 4 Lm, 1 fM in den Lm-Bogen.
Ab * noch 5mal wiederholen.
3. Rd: * 4 Lm, 2 fM in den Lm-Bogen,
1 fM in die fM der VorRd. Ab * noch
5mal wiederholen.
4. Rd: * 4 Lm, 2 fM in den Lm-Bogen,
je 1 fM in die folg. 2 fM der VorRd
(die letzte M wird ausgelassen). Ab *
noch 5mal wiederholen.
5. Rd: * 4 Lm, 2 fM in den Lm-Bogen,
je 1 fM in die folg. 3 fM. Ab * wiederholen.
Nach diesem Schema weiterhäkeln, bis
das Motiv die gewünschte Größe erreicht hat.

Häkelmotiv »Old America«

6 Lm in der 1. Farbe anschlagen und
mit 1 Km zum Ring schließen.
1. Rd: 1. Farbe: 3 Lm, 3 Stb, 2 Lm *
4 Stb, 2 Lm. Ab * noch 2mal wiederholen. Die Rd mit einer Km schließen.
2. Rd: 2. Farbe: 4 Lm * 4 Stb – 2 Lm –
4 Stb zwischen die 2 folg. Stb-Gruppen
(= 1 Ecke), 1 Lm. Ab * noch 2mal
wiederholen. Die Rd endet: 4 Stb –
2 Lm – 3 Stb zwischen die folg. 2 Stb-
Gruppen, 1 Km in die 3.der 4 Anfangs-Lm (= 4. Ecke).
3. Rd: 1. Farbe: 3 Lm, 3 Stb unter die
Lm der VorRd, 1 Lm, 1 Ecke über die
Lm der VorRd, 1 Lm * 4 Stb unter die
Lm zwischen den Ecken, 1 Lm,
1 Ecke, 1 Lm. Ab * noch 2mal wieder-

holen. Die Rd mit 1 Km in die Anfangs-M schließen.

4. Rd: 2. Farbe: 4 Lm, 4 Stb unter die Lm vor der Ecke, 1 Lm, 1 Ecke unter die Lm der Ecke, 1 Lm * 4 Stb unter die folg. Lm, 1 Lm, 4 Stb unter die folg. Lm, 1 Lm, 1 Ecke unter die Lm der Ecke, 1 Lm. Ab * noch 2mal wiederholen. Die Rd endet: 3 Stb unter die Lm der letzten Ecke, 1 Km in die 3. der 4 Anfangs-Lm.

Nach diesem Schema weiterhäkeln, bis die gewünschte Größe erreicht ist.

Diese Quadrate können auch einfarbig oder aber ganz bunt, zum Beispiel aus allen möglichen Wollresten derselben Stärke gehäkelt, sehr hübsch aussehen, je nach Verwendungszweck.

Quadratisches Häkelmotiv

6 Lm anschlagen und mit 1 Km zum Ring schließen.

1. Rd: 3 Lm, 8mal abwechselnd 1 Büschelstb (siehe Häkelmuster 11) und 2 Lm. Die Rd mit einer Km schließen.

2. Rd: 3 Lm (= 1. Stb), 2 Stb zwischen die ersten Büschelstb, 2 Lm, 1 Büschelstb – 2.Lm – 1 Büschelstb (= 1 Ecke) zwischen die folg. 2 Büschelstb, 2 Lm * 3 Stb zwischen die nächsten 2 Büschelstb, 2 Lm, 1 Ecke, 2 Lm. Ab * noch 2mal wiederholen. Die Rd mit 1 Km schließen.

3. Rd: 3 Lm (= 1. Stb), 1 Stb in das 1. der 3 Stb, 1 Stb in das folg. Stb, 2 Stb in das 3. Stb, 2 Lm, 1 Ecke, 2 Lm * 2 Stb in das 1. Stb, 1 Stb in das 2. Stb, 2 Stb in das 3. Stb, 2 Lm, 1 Ecke, 2 Lm. Ab * noch 2mal wiederholen.

Die Rd mit 1 Km schließen.

4. Rd: 3 Lm (= 1. Stb), 1 Stb in das 1. Stb, je 1 Stb in die folg. 3 Stb, 2 Stb in das 5. Stb, 2 Lm, 1 Ecke, 2 Lm * 2 Stb in das 1. Stb, je 1 Stb in die folg. 3 Stb, 2 Stb in das 5. Stb, 2 Lm, 1 Ecke, 2 Lm. Ab * noch 2mal wiederholen. Die Rd mit 1 Km schließen.

Nach diesem Schema bis zur gewünschten Größe des Quadrates weiterhäkeln.

Häkelmotiv »Fünffarbiges Fünfeck«

In der 1. Farbe 6 Lm anschlagen und mit 1 Km zum Ring schließen.

1. Rd: 1. Farbe: 3 Stb, 1 Lm 2. Farbe (Farbwechsel siehe Seite 49): 3 Stb, 1 Lm 3. Farbe: 3 Stb, 1 Lm 4. Farbe: 3 Stb, 1 Lm 5. Farbe: 3 Stb, 1 Lm. Die Rd mit 1 Km schließen.

2. Rd: Den Faden der 1. Farbe auf der Rückseite zum Reihenanfang führen, 3 Lm (= 1. Stb), 1 Stb in das 1. Stb, 1 Stb in das 2. Stb, 2 Stb in das 3. Stb, dabei den hinten liegenden Faden einhäkeln, 1 Lm 2. Farbe: 2 Stb in das 1. Stb, 1 Stb in das 2. Stb, 2 Stb in das 3. Stb, 1 Lm 3. Farbe: 2 Stb in das 1. Stb, 1 Stb in das 2. Stb, 2 Stb in das 3. Stb, 1 Lm 4. Farbe: 2 Stb in das 1. Stb, 1 Stb in das 2. Stb, 2 Stb in das 3. Stb 5. Farbe: 2 Stb in das 1. Stb, 1 Stb in das 2. Stb, 2 Stb in das 3. Stb. Die Rd mit 1 Km schließen.

Nach diesem Schema weiterhäkeln, bis das Fünfeck die gewünschte Größe erreicht hat.

Muster 1

Das bunte Blumenbild eignet sich zum Beispiel als Mittelstück für einen Pullover oder ein dreieckiges Umschlagtuch, für eine Kissenplatte, eine Handtasche oder eine hübsche Küchen- oder Badezimmergardine. Sehr dekorativ wirkt es, ungerahmt unter Glas, als Wandbild.

Das Blumenbild ist im Original etwa 38 × 28 cm groß. Man kann es vergrößern oder verkleinern, indem man stärkeres oder dünneres Garn verwendet.

Gehäkelt wird durchgehend in Stäbchen in den Farben Ihrer Wahl nach dem Zählmuster (über Farbwechsel siehe Häkelkurs Seite 49). Am besten ist es, jede Farbe mit einem neuen Knäuel zu beginnen, damit es auf der Rückseite keine langen Spannfäden gibt. (Nicht notwendig ist das natürlich, wenn bereits nach 2 oder 3 Stäbchen die Farbe gewechselt werden muß.) Das Arbeiten mit mehreren Knäueln ist zwar mühsamer, lohnt sich aber in jedem Fall, weil sich das Häkelbild nicht verziehen kann und von der Rückseite keine Spannfäden durchschimmern können.

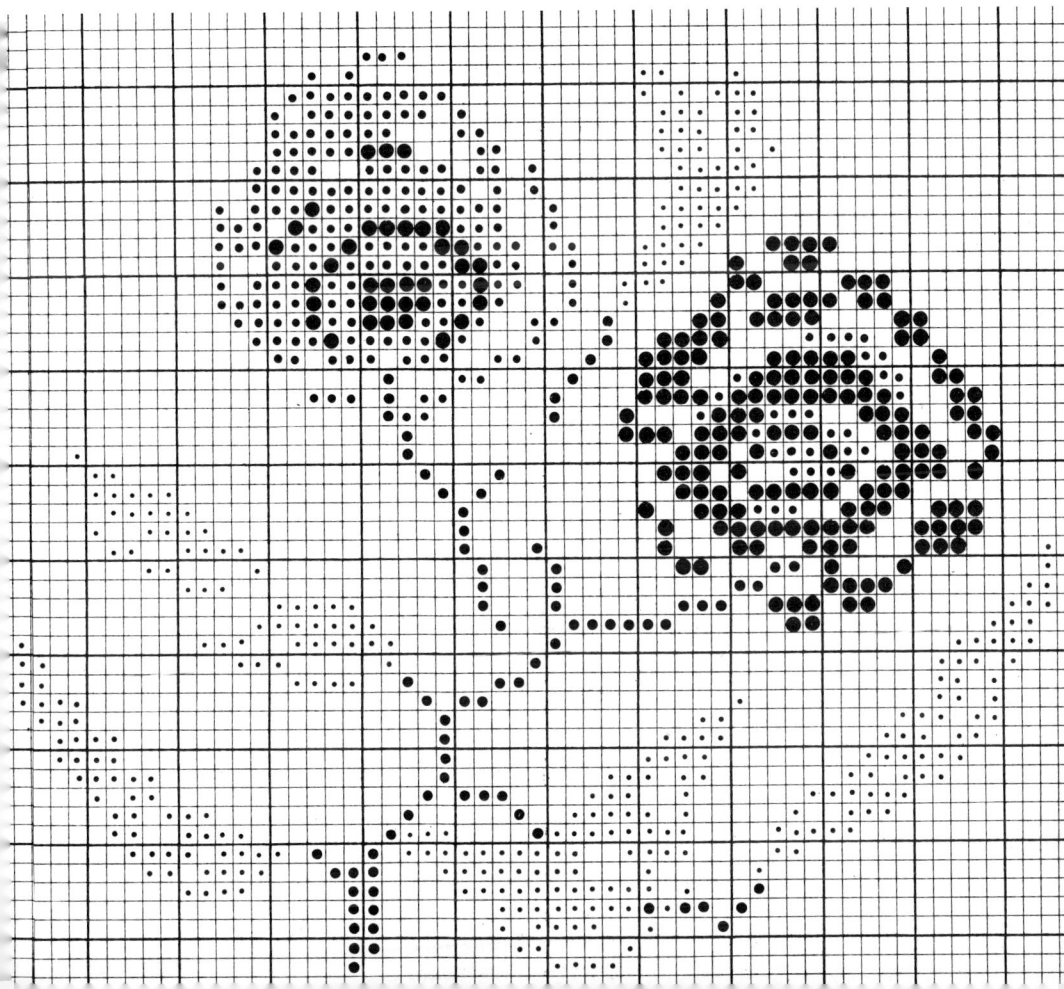

1

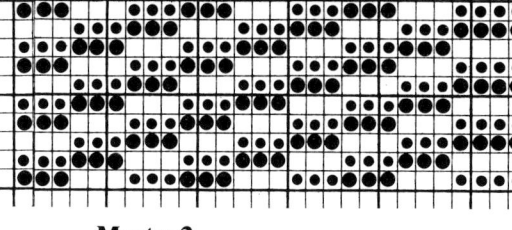

Muster 2
Lm-Anschlag. In 3 Farben mit Stb
nach dem Zählmuster häkeln.

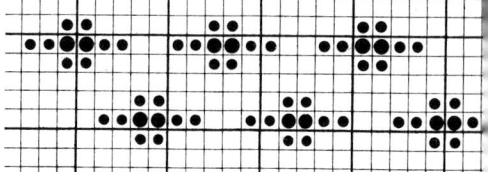

Muster 3
Lm-Anschlag. In 3 Farben mit Stb
nach dem Zählmuster häkeln.

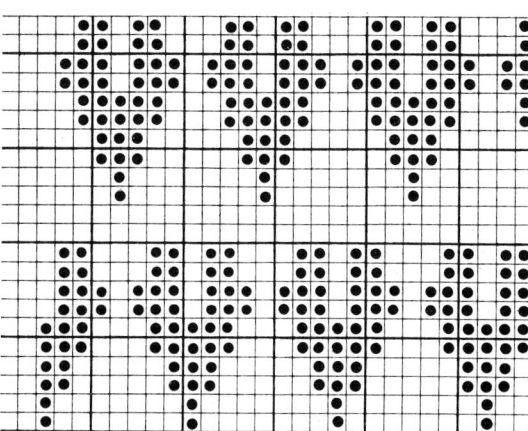

Muster 4
Lm-Anschlag. In 2 Farben mit fM nach
dem Zählmuster häkeln.

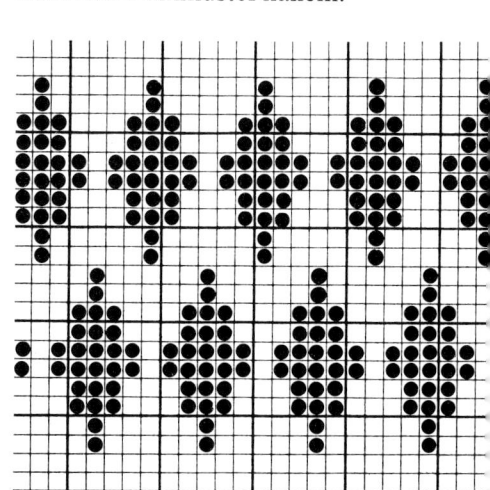

Muster 5
Lm-Anschlag. In 2 Farben mit fM nach
dem Zählmuster häkeln.

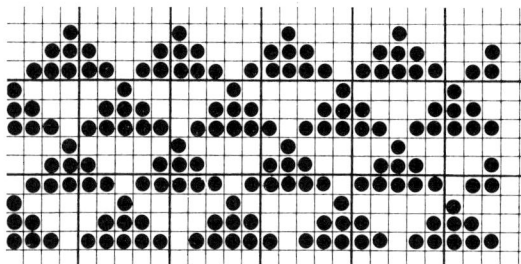

Muster 6
Lm-Anschlag. In 2 Farben mit Stb
nach dem Zählmuster häkeln.

Muster 7
Lm-Anschlag. In 2 Farben mit Stb
nach dem Zählmuster häkeln.

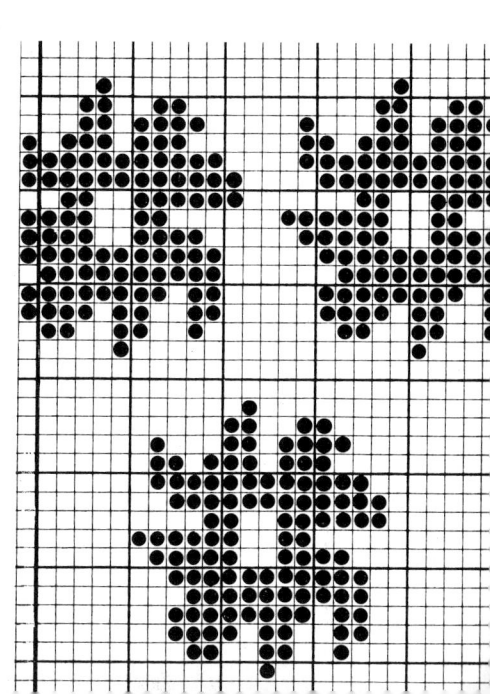

Muster 8

Es wird in 2 Farben gehäkelt.
Lm-Anschlag in der 1. Farbe.
1. R: 1. Farbe: 1 Stb in die 3. Anschlag-M, 1 Lm * 1 GrundM übergehen, 1 Stb, 1 Lm. Ab * wiederholen.
Die R endet mit 1 Stb
2. R: 1. Farbe: 3 Wende-Lm, 1 Stb
über das letzte Stb der VorR, 1 Lm *
mit der 2. Farbe 1 Büschelstb (siehe
Häkelmuster 11) in das nächste Stb häkeln, 1 Lm, mit der 1. Farbe 1 Stb über
das folg. Stb, 1 Lm. Ab * wiederholen.
Die R endet: 1 Stb in der 1. Farbe über
die Wende-Lm der VorR
3. R: 1. Farbe: 3 Wende-Lm * mit der
2. Farbe 1 Büschelstb auf das Stb der
VorR, 1 Lm, mit der 1. Farbe 1 Stb auf
das Büschelstb der VorR, 1 Lm. Ab *
wiederholen.
4. R: wie 1. R
Die 1.–3. R fortlaufend und in der angegebenen Farbfolge wiederholen.

Muster 9

Es wird in 2 Farben gehäkelt.

Lm-Anschlag in der 1. Farbe
1. R: 1. Farbe: 1 Stb in die 4. Anschlag-M, 2 GrundM übergehen, 4 Stb
in die nächste GrundM, 1 Lm *
2 GrundM übergehen, nun in der
2. Farbe 4 Stb zusammenhäkeln (siehe
Häkelkurs Seite 47), 1 Lm, 2 GrundM
übergehen, in der 1. Farbe 4 Stb in die
folg. M, 1 Lm. Ab * wiederholen. Die
R endet in der 1. Farbe: 1 Lm,
2 GrundM übergehen, 1 Stb
2. R: 2. Farbe: 4 Wende-Lm, 4 Stb zusammenhäkeln, 1 Lm * in der 1. Farbe
4 Stb in die zusammengehäkelten M
der VorR, 1 Lm, in der 2. Farbe 4 Stb
zusammenhäkeln, 1 Lm. Ab * wiederholen. Die R endet in der 1. Farbe:
1 Stb auf das 1. Stb der VorR.
3. R: 1. Farbe: 3 Wende-Lm, 4 Stb in
die zusammengehäkelten M der VorR,
1 Lm * in der 2. Farbe 4 Stb zusammenhäkeln, 1 Lm, in der 1. Farbe
4 Stb in die folg. zusammengehäkelten
M. Ab * wiederholen.
Die 2. und 3. R fortlaufend und in der
angegebenen Farbfolge wiederholen.

Fransen
Quasten
Pompons
Kordeln

Fransen

Gerade bei Tüchern und Stolen bilden
Fransen den meist unentbehrlichen
Abschluß, gleichgültig, ob sie dicht und
füllig oder sparsamer eingeknüpft werden. Das hängt von Modell und Material
ab. Es gibt zwei verschiedene Arten,
Fransen anzubringen: Man kann sie
entweder auf einfache Art einhängen,
oder, was schöner und viel wirkungs-
voller aussieht, richtig einknoten.

Fransen einhängen

Die Fransen in der entsprechenden
Länge, also doppelt so lang wie die fertigen Fransen werden sollen, zuschneiden. Dafür wird die Wolle am besten
über ein Holzbrett oder ein Stück festen Karton gewickelt und dann an einer Kante durchgeschnitten. 4, 5 oder
je nach Wunsch noch mehr Fäden zur
Hälfte legen, den Fadenbruch (Abb. 1)
mit einer Häkelnadel durch die Kante
ziehen, die offenen Enden durch die
Schlaufe holen (Abb. 2) und den Knoten festziehen. Zuletzt die Fransen auf
gleichmäßige Länge schneiden.

138

Fransen einknoten

Die Fransen wie schon beschrieben zuschneiden. Jeweils 4, 5 oder je nach Wunsch noch mehr Fäden mit einer Häkelnadel zur Hälfte durch die Kante durchziehen (Abb. 3). Die Fadenenden aufeinanderlegen, einen Knoten schlingen und fest anziehen (Abb. 4).

Ein besonders reizvoller Effekt ergibt sich, wenn man die Fransen (die dann natürlich entsprechend länger zugeschnitten sein müssen) ein oder mehrere Male untereinander versetzt verknotet (Abb. 5). Dafür werden unterhalb der Knoten jeweils die Hälfte der Fäden der einen mit der Hälfte der Fäden der danebenliegenden Fransen verknotet. Man kann diese Art des Fransencharakters noch steigern, indem man die Fransen in einem Farbrapport einknüpft, also jede Franse in einer anderen Farbe, die in bestimmten Abständen wechseln. Durch das versetzte Verknoten wandern die Farben sozusagen weiter.

139

Quasten

Quasten bilden hübsche Abschlüsse an Schals, Mützen oder Gürtelenden. Die Wolle wird über ein festes Stück Karton oder ein Holzbrettchen gewikkelt, bis die Quaste die gewünschte Stärke erreicht hat. Dann zieht man an einer Kante, der Oberkante nun, einen Faden durch und bindet mit diesem die Fäden zusammen (Abb. 1). Nun wird der Karton herausgezogen, wobei die Fäden gut festgehalten werden müssen. Mit einem neuen Faden wird die Quaste unterhalb der Oberkante abgebunden (Abb. 2), der Faden gut vernäht und die unteren Schlaufen aufgeschnitten. Zuletzt die Quastenkanten auf gleiche Länge schneiden.

Pompon

Der Pompon, als Abschluß für sportliche Mützen oder auch für Gürtelenden unentbehrlich, sieht aus, als sei er schwierig herzustellen. Tatsächlich macht er aber nicht viel Mühe. Man schneidet zunächst 2 Kartonscheiben von 8–10 cm Durchmesser schön kreisrund aus. In die Mitte der beiden Scheiben wird ein kleiner Kreis von 2–3 cm Durchmesser eingeschnitten. Nun sind zwei Ringe mit breitem Rand entstanden. Sie werden aufeinandergelegt und so lange mit einem Wollfaden umwickelt, bis der Kreis in der Mitte fast geschlossen ist (Abb. 1). Dann sticht man mit der Schere zwischen beiden Scheiben ein und schneidet die Fäden entlang der Außenkante auf, führt dabei aber gleichzeitig einen festen Faden zwischen den Scheiben mit, um die Fäden zusammenzubinden (Abb. 2). Wenn alle Fäden ringsum aufgeschnitten sind, werden die Ringe abgezogen, die Fäden fest zusammengebunden und der Bindfaden gut verknotet. Dieser Faden kann dann auch zum Annähen des Pompons verwendet werden (Abb. 3). Den fertigen Pompon noch etwas in Form zupfen und gleichmäßig kugelförmig beschneiden.

Gedrehte Schnur

Für eine passende Kordel eine entsprechende Anzahl Fäden – je nachdem, wie dick diese ausfallen soll – in der ca. zweieinhalbfachen Länge der fertigen Kordel zurechtschneiden. Die Fäden doppelt legen und den Fadenbruch, das heißt die Schlaufe am Ende, über die Türklinke oder auch einen Schlüssel in der Tür hängen. Die Fadenenden zusammenknoten. Dann so weit von der Türe weggehen, daß die Fäden gut gespannt sind. Nun einen festen Gegenstand – eine Schere, einen Bleistift oder eine dicke Stricknadel – vor dem Knoten durch die Fäden stecken und so lange nach rechts oder links drehen, bis die Kordel ausreichend fest gedreht ist. Nun eine schwere Schere in der Mitte der Kordel einhängen und das Schnurende an der Türklinke zusammen mit dem verknoteten Ende in die Hand nehmen. Beides hochheben und die Kordel ausdrehen lassen. Die Schere entfernen, auch dieses Ende verknoten und die überstehenden Fransen zurechtschneiden.

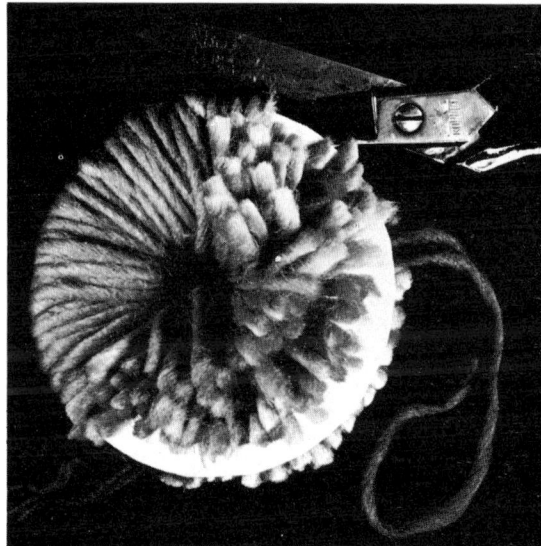

141

Die Modelle

**Eine bequeme Jacke für viele Gelegen-
heiten**
*Einfacher in Schnitt und Muster kann eine
Jacke gar nicht sein. Trotzdem wird sie bestimmt ein Lieblingsstück Ihrer Garderobe
werden.*
*Ob zum Einkaufen, Wandern, Bummeln:
Immer ist solch eine rustikale Jacke richtig
und praktisch.*

144

Die Strick- und Häkelmodelle für Damen wurden in den Konfektionsgrößen 36/38 oder 38/40 gearbeitet. Wie Sie mit Hilfe von Schnitt und Maschenprobe die Modelle vergrößern oder verkleinern können, steht auf den Seiten 65 bis 66. Unsere Farbvorschläge sollen nur Anregungen geben. Sie können selbstverständlich andere Farbzusammenstellungen wählen, wenn Ihnen die angegebenen vielleicht nicht stehen. Entscheidend ist allein die sorgfältige Abstimmung der Farben. Natürlich läßt sich ein mehrfarbiges Stück auch einfarbig nacharbeiten. Meist ist es aber nicht empfehlenswert, weil mehrfarbige Modelle schon im Hinblick auf die Farbwirkung entworfen wurden. Einfarbig sehen sie möglicherweise langweilig aus.

Weiße Strickjacke

Unser erstes Modell, eine sportlich-rustikale Jacke aus dicker Wolle, ist nicht schwieriger zu stricken als ein Schal: Rücken und Vorderteile, Ärmel, Kragen und Taschen bestehen nämlich aus lauter rechteckigen krausgestrickten Teilen.

Material für Größe 38/40: 1000 g mittelstarke Dochtwolle, Stricknadeln Nr. 6, 5 Knebelknöpfe.
Grundmuster: kraus (HinR re, RückR re)
Maschenprobe:
14 M in der Breite und 28 R in der Höhe ergeben 10 cm im Quadrat.
Rückenteil: 63 M anschlagen und im Grundmuster 65 cm gerade hochstricken. Alle M abketten.
Vorderteil: 35 M anschlagen und im Grundmuster 65 cm gerade hochstricken. Alle M abketten. Das 2. Vorderteil genauso stricken.
Ärmel: 56 M anschlagen und im Grundmuster 52 cm gerade hochstrik-ken. Alle M auf einem Maschenraffer stillegen. Den 2. Ärmel genauso stricken.
Taschen: Je 21 Maschen anschlagen und im Grundmuster 17 cm gerade hochstricken. Alle M abketten.
Kragen: 55 M anschlagen und im Grundmuster 14 cm gerade hochstrik-ken. Alle M auf einem Maschenraffer stillegen.
Ausarbeitung: Die Teile nach dem Schnitt spannen; leicht dämpfen. Die Schulternähte entsprechend der im Schnitt angegebenen Breite schließen. Dann die offenen M der oberen Ärmelkanten mit Maschenstichen an die Seitenkanten der Jacke von * bis * annähen (Maschenstich siehe Seite 18). Die Seiten- und Ärmelnähte schließen. Die offenen M des Kragens an die obere Jackenkante von Vorderteilkante zu Vorderteilkante mit Maschenstichen annähen. Für die Leisten aus den Vorderteilkanten jeweils zwischen zwei RandM die M aufnehmen und 10 R re stricken, dabei in der re Leiste

in der 6. R 5 Knopflöcher einstricken. Dafür die 4.–6., 15.–17., 26.–28., 37.–39. und 48.–50. M abketten und die jeweils 3 fehlenden M in der folg. R neu anschlagen. Nach der 10. R alle M abketten. Die Taschen aufnähen und die Knöpfe annähen.

So können Sie abwandeln: Statt des Kragens können Sie einen V-Ausschnitt arbeiten (siehe Strickkurs Seite 27). Dann haben Sie eine klassische Cardigan-Jacke.

Für die Taschen gibt es zwei weitere Möglichkeiten: Sie können einen waagrechten Taschenschlitz mit angestrickter Platte und hinterlegter Taschenrückwand wählen (siehe Strickkurs Seite 23 f.) oder senkrechte Eingrifftaschen, ebenfalls mit angestrickter Leiste und hinterlegter Taschenrückwand (siehe Strickkurs Seite 24).

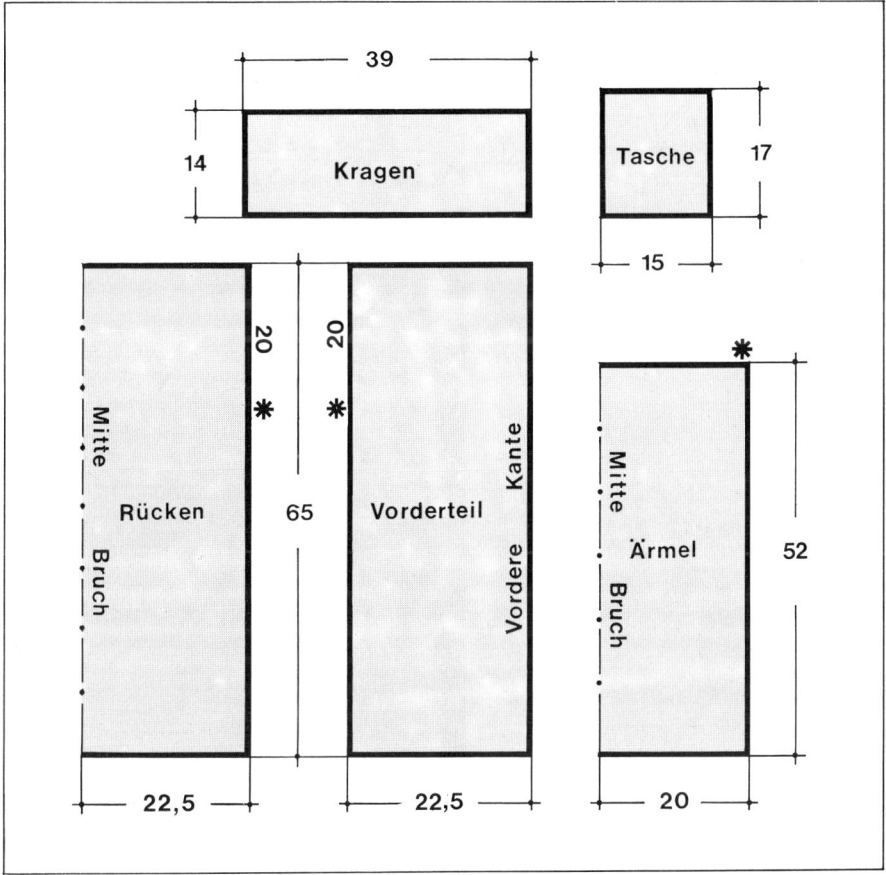

147

Häkeljacken für Mutter und Tochter

Diese beiden Jacken sind im Schnitt der weißen Strickjacke ganz ähnlich. Nur wurden sie eben gehäkelt – mit simplen festen Maschen, wie ein Topflappen.

Zur Verzierung werden alle Kanten mit abstechender Wolle umhäkelt, dann erst werden die Teile zusammengehäkelt.

Modelle dieser Art eignen sich besonders für Anfängerinnen – man kann hier wirklich nichts falsch machen.

Weiße Häkeljacke

Diese Jacke entspricht im Schnitt genau der Strickjacke auf Seite 149, wirkt aber durch die farbig überhäkelten Kanten und Ärmelnähte wieder ganz anders.

Material für Größe 38/40: 1300 g mittelstarke weiße Dochtwolle, 100 g blau-weiß-rote Tweedwolle, Häkelnadel Nr. 4½, 5 Knöpfe.

Grundmuster: fM

Maschenprobe: 13 M in der Breite und 16 R in der Höhe ergeben 10 cm im Quadrat.

Rückenteil: 60 Lm anschlagen und im Grundmuster 65 cm gerade hochhäkeln.

Linkes Vorderteil: 34 Lm anschlagen und im Grundmuster 65 cm gerade hochhäkeln. Das rechte Vorderteil genauso häkeln, aber in 4, 14, 24, 34 und 44 cm Höhe je ein Knopfloch einhäkeln: Ab Vorderkante 3 fM häkeln, dann 3 Lm, 3 GrundM übergehen und weiterhäkeln.

Ärmel: 54 Lm anschlagen und im Grundmuster 52 cm gerade hochhäkeln. Den 2. Ärmel genauso häkeln.

Taschen: 21 Lm anschlagen und 17 cm gerade hochhäkeln.

Kragen: 52 Lm anschlagen und 14 cm gerade hochhäkeln.

Ausarbeitung: Zunächst mit der Tweedwolle alle Teile mit je 1 Rd fM umhäkeln. (Alle Häkelnähte werden mit der Tweedwolle ausgeführt!) Die Teile von links dämpfen und dann von rechts mit fM im Krebsstich (siehe Seite 54) zusammenhäkeln. Zunächst die Schulternähte schließen (Häkelnähte siehe Seite 49 f.). Den Kragen anhäkeln. Die Ärmel an die Ärmelansatzkanten anhäkeln. Die Ärmel- und Seitennähte zusammenhäkeln. Zum Abschluß ringsum und über die unteren Ärmelkanten noch 1 Rd fM im Krebsstich häkeln. Die Taschen aufnähen und die Knöpfe annähen.

Gehäkelte Kinderjacke

Material für Größe 104: 500 g rostrote mittelstarke Dochtwolle, in der Qualität dazu passend 100 g Tweedwolle, Häkelnadel Nr. 4½, 5 Knebelknöpfe.

Grundmuster: fM

Maschenprobe: 13 M in der Breite und 16 R in der Höhe ergeben 10 cm im Quadrat.

Rückenteil: 40 Lm anschlagen und 38 cm gerade hochhäkeln.

Vorderteil: 22 Lm anschlagen und 38 cm gerade hochhäkeln. Das 2. Vorderteil ebenso häkeln.

Ärmel: 36 Lm anschlagen und 35 cm gerade hochhäkeln. Den 2. Ärmel ebenso häkeln.

Kragen: 40 Lm anschlagen und 6,5 cm gerade hochhäkeln.

Ausarbeitung: Zunächst alle Teile mit der Tweedwolle mit 1 Rd fM umhäkeln. Erst dann leicht dämpfen. Die Schulternähte von rechts mit fM im Krebsstich (siehe Seite 54) zusammenhäkeln. Dann die oberen Ärmelkanten von * bis * (siehe Schnitt) anhäkeln. Den Kragen von Vorderteilkante bis

Vorderteilkante anhäkeln. Die Ärmel- und Seitennähte mit Krebsstich zusammenhäkeln. Nun die gesamte Außenkante und die unteren Ärmelkanten noch einmal mit der Tweedwolle mit 1 Rd fM im Krebsstich umhäkeln. Aus jeweils 4 Lm 5 Knopflochschlaufen an die re Vorderteilkante (für einen Buben an die linke) in gleichmäßigen Abständen anhäkeln und die Knöpfe annähen.

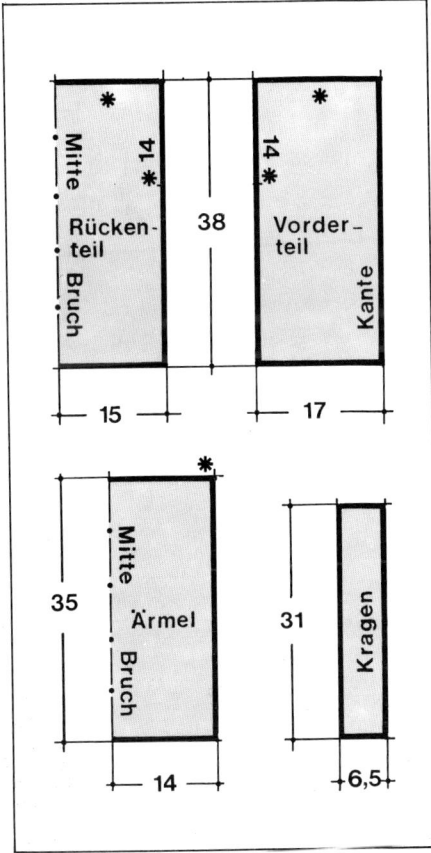

Baumwollpullover mit farbigen Querstreifen

Material für Größe 38: 350 g weißes, 150 g türkisfarbenes und je 50 g blaues, oranges, gelbes, rotes, violettes und pinkfarbenes Baumwollgarn, Stricknadeln Nr. 5^1/$_2$.

Grundmuster: glatt re (HinR re, RückR li)

Farbfolge: Es wird durchgehend mit 2 Fäden gestrickt: einem weißen Faden und einem farbigen, entsprechend der nachstehenden Farbfolge: 14 R türkis, 2 R blau, 2 R türkis, 2 R orange, 2 R gelb, 2 R türkis, 2 R rot, 2 R blau, 2 R gelb, 2 R rot, 2 R türkis, 2 R violett, 2 R rot, 2 R pink, 2 R türkis, 2 R gelb, 2 R rot, 2 R türkis, 2 R blau, 2 R türkis, 2 R gelb, 4 R orange, 2 R türkis, 2 R pink, 2 R rot, 2 R türkis, 2 R rot, 2 R orange, 2 R violett, 2 R pink, 2 R violett, 2 R gelb, 2 R pink, 2 R orange, 2 R rot, 2 R türkis, 2 R violett, 2 R türkis, 2 R gelb, 2 R blau, 2 R orange.

Maschenprobe: 16 M in der Breite und 20 R in der Höhe ergeben 10 cm im Quadrat.

Rückenteil: In Weiß und Türkis 70 M anschlagen und zunächst 10 R kraus stricken (HinR re, RückR re). Im Grundmuster und in der Farbfolge fortfahren. Nach Ablauf der Farbfolge in Weiß-Türkis bis 59 cm Gesamthöhe gerade hochstricken und alle M abketten.

Vorderteil: In Weiß und Türkis 70 M anschlagen und wie das Rückenteil beginnen. In 39 cm Höhe für den Aus-

**Baumwollpullover: bunt, fröhlich, querge-
streift**

*Kühle, lange Baumwollpullis für heiße
Sommertage – einer langärmlig mit bunt-
meliertem Charakter, der andere mit kurzen
Ärmeln in den leuchtend klaren Farben der
Sommerblumen.
Diese Art Pullover sieht übrigens aus Mo-
hairgarn oder Wolle gestrickt ebenso reiz-
voll aus.*

schnittschlitz die Arbeit in der Mitte teilen und beide Seiten getrennt und gegengleich beenden. Die 4 M neben der Schlitzkante in der HinR und der RückR re stricken. Ab 55 cm Höhe für die Ausschnittrundung in jeder 2. R 1mal 5, 1mal 4, 1mal 3 und 1mal 1 M abnehmen. Die 22 M der Schulter in 59 cm Höhe abketten.

Ärmel: In Weiß und Türkis 42 M anschlagen. Zunächst 10 R kraus stricken. Im Grundmuster und in der Farbfolge fortfahren. Bis 50 cm Höhe auf beiden Seiten 8mal alle 6 cm je 1 M zunehmen. Nach Ablauf der Farbfolge noch 2 R weiß-türkis stricken und die

M auf einer Hilfsnadel stillegen. Den 2. Ärmel genauso stricken.

Ausarbeitung: Die Teile nach dem Schnitt spannen; leicht dämpfen. Die Schulternähte schließen. Aus dem Halsausschnitt 48 M aufnehmen und in Weiß-Türkis 8 R kraus stricken. Die M abketten. Die offenen M der oberen Ärmelkanten mit Maschenstichen an die Ärmelansatzkanten annähen. Die Ärmel- und Seitennähte schließen.

**Weißer Baumwollpullover mit buntgeringelter Passe und Raglanärmeln
Material für Größe 36/38:** 350 g weißes, 150 g rotes und je 50 g blaues,

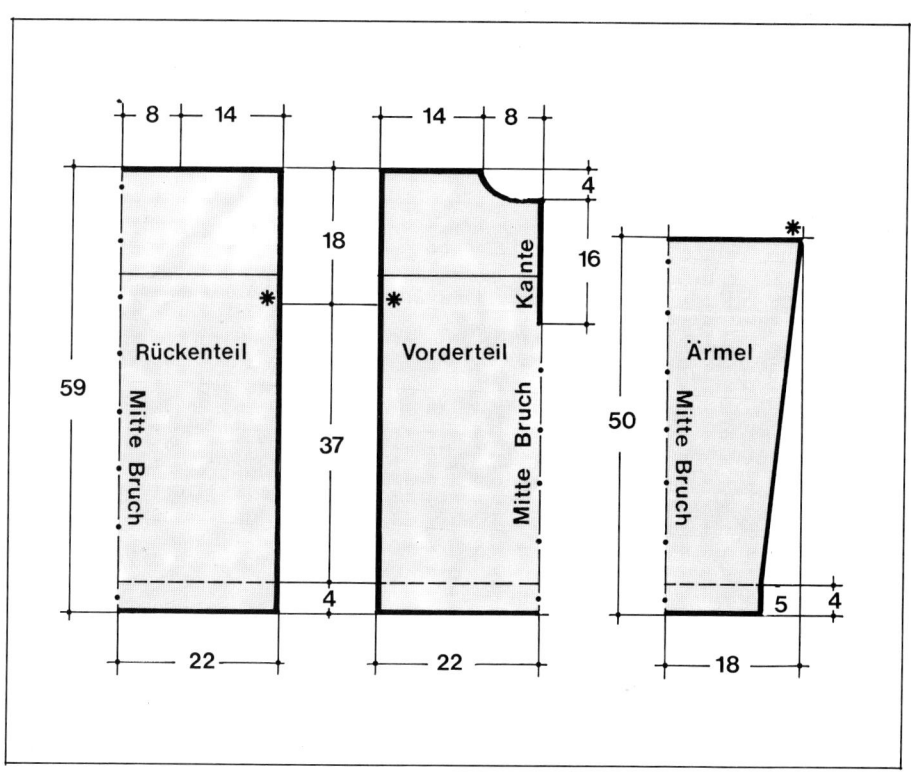

gelbes und grünes Baumwollgarn, Stricknadeln Nr. 4¹/₂.

Grundmuster: Es wird mit dreifachem Faden glatt re (HinR re, RückR li) gestrickt.

Für die Farbstreifen werden jeweils 2 R re gestrickt.

Maschenprobe: 17 M in der Breite und 26 R in der Höhe ergeben 10 cm im Quadrat.

Rückenteil: In Rot 114 M anschlagen und 4 R kraus (HinR re, RückR re) stricken. In Weiß im Grundmuster fortfahren und zunächst 44 R weiß stricken, dann 2 R rot, 14 R weiß, 2 R blau, 14 R weiß, 2 R rot, 14 R weiß, 2 R blau, 2 R weiß, 2 R rot, 2 R weiß, 2 R gelb, 2 R weiß, 2 R grün, 2 R weiß, 2 R blau. Von jetzt an werden auf beiden Seiten in jeder 2. R jeweils die 2. und 3. M zusammengestrickt. In der Farbfolge fortfahren: 2 R weiß, 2 R rot, 2 R weiß, 2 R gelb, 2 R weiß, 2 R grün, 2 R weiß, 2 R blau, 2 R weiß, 2 R rot, 2 R weiß, 2 R gelb, 2 R weiß, 2 R grün, 2 R weiß, 2 R blau, 2 R weiß und zum Abschluß noch 4 R rot. Alle M abketten.

Vorderteil: Genau wie das Rückenteil stricken.

Ärmel: In Rot 64 M anschlagen und 4 R kraus stricken. Es folgen 6 R weiß, 30 R rot und 2 R weiß. Nun mit dem Ringelmuster fortfahren und dabei auf beiden Seiten in jeder 2. R die 2. und 3. M zusammenstricken. Die Farbfolge entspricht genau der des Rückenteils vom Beginn der Abnehmen ab.

Ausarbeitung: Die Teile nach dem

Schnitt spannen; leicht dämpfen. Zunächst die Raglannähte schließen und dabei darauf achten, daß die Farbstreifen genau aneinanderstoßen. Dann die Ärmel- und Seitennähte schließen.

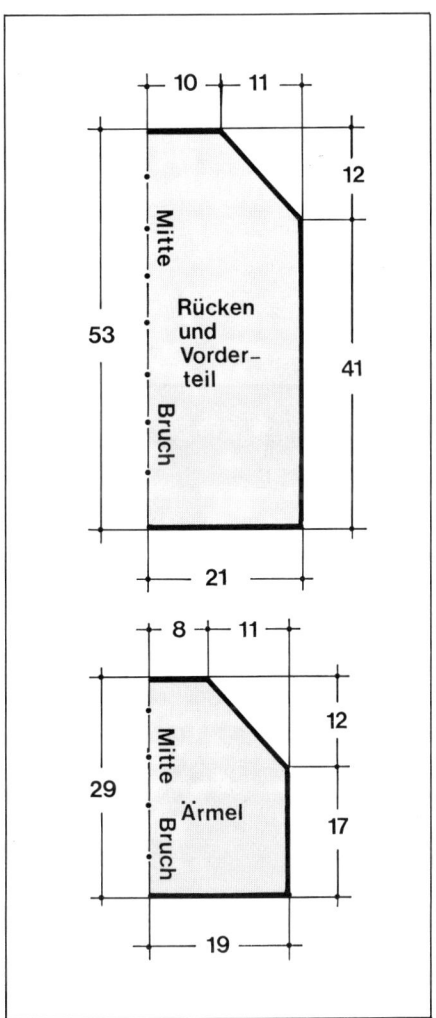

Gestricktes pinkfarbenes Dreiecktuch

Material: 280 g Mohairwolle, 1 Paar Flex-Nadeln Nr. 5.

Grundmuster: kraus (HinR re, RückR re)

Maschenprobe: 12 M in der Breite und 26 R in der Höhe ergeben 10 cm im Quadrat.

Anleitung: 5 M anschlagen. Im Grundmuster stricken, dabei am Ende jeder R je 1 M zunehmen, bis 165 M auf der Nadel sind. Alle M lose abketten. Aus den beiden Schrägkanten alle M auf eine Flex-Nadel auffassen und 24 R kraus stricken. Dabei am Anfang und Ende jeder R je 1 M und in der unteren Mitte 2 M zunehmen. Alle M lose abketten.

Gestrickte Umschlagtücher

Umschlagtücher kann man eigentlich nie genug haben. Der Zeitaufwand ist gering, und die Tücher sind sehr praktisch. Man kann sie mühelos »für alle Fälle« mitnehmen, wenn der Sommerabend für das luftig-duftige Kleid zu kühl werden sollte. Eine dicke sportliche Jacke paßt selten zu einem tief ausgeschnittenen Sommerkleid oder zu einer Leinenhose. Außerdem sieht ein Tuch meist viel schicker aus.

Das weiße Tuch ist der Quere nach kraus gestrickt und hat eine Kante aus Häkelrosetten mit einem Abschluß von langen Fransen. Das rote Tuch ist, von unten nach oben, ebenfalls kraus gestrickt und wurde zum Abschluß mit einer Strickblende eingefaßt.

Weißes Umschlagtuch mit einer Kante aus Häkelrosetten
Material: 500 g weiche Sportwolle, Stricknadeln Nr. 7, Häkelnadel Nr. 6.
Grundmuster: kraus (HinR re, RückR re)
Maschenprobe: 15 M in der Breite und 24 R in der Höhe ergeben 10 cm im Quadrat.
Anleitung: 10 M anschlagen und im Grundmuster stricken. Eine Kante ganz gerade hochstricken, an der anderen 55mal in jeder 2. R und 25mal in jeder 4. R je 1 M zunehmen. 30 R gerade hochstricken und dann 25mal in jeder 4. R und 55mal in jeder 2. R je 1 M abnehmen. Die restl. 10 M abketten. Die schrägen Kanten mit 1 R fester M umhäkeln.
Für die Rosetten 6 Lm anschlagen und zum Ring schließen. **1. R:** 14 fM. Wenden. **2. R:** 7 Schlaufen von je 20 Lm Länge häkeln. 12 Rosetten häkeln. Die Rosetten zum Halbkreis legen und nun durchgehend mit festen M an die unteren Tuchkanten anhäkeln. Dann über die äußeren Rosettenschlaufen 1 R Bögen häkeln. Dafür, an der äußeren Schlaufe beginnend, 1 fM in die Tuchkante und 1 Schlaufe, 7 Lm, 1 fM in die 2. Schlaufe, 7 Lm, 1 fM in die folg. Schlaufe usw. bis zur anderen Tuchkante häkeln. Dann nochmals eine Bogenrunde darüberhäkeln. Ca. 40 cm lange Fransen schneiden und jeweils 6 Fäden in jeden Lm-Bogen einknoten (Fransen siehe Seite 139). Das Tuch vorsichtig dämpfen, dabei das Eisen nicht fest aufdrücken.

Häkeldecke
Material für eine ca. 250 × 155 cm große Decke: je 250 g Shetland-Wolle in Blaßrosa, Altrosa, Graurosa, Grau und Violett, Häkelnadel Nr. 4¹/₂.
Anleitung: 70 Quadrate von ca. 25 cm Kantenlänge nach den verschiedenen Grundmustern unserer Häkelmustervorschläge häkeln. Die Quadrate – sieben in der Breite und zehn in der Höhe – in gut kombinierter Musterfolge zusammengehäkelt.

Eine Mustersammlung, zur Decke vereint
Muster ausprobieren macht Spaß: Man lernt viel dazu und kann viel damit anfangen.
Diese Häkeldecke besteht aus ca. 25 × 25 cm großen Quadraten, wurde in den Farben harmonisch abgestimmt und enthält eine Menge Grundmuster, die ein- und mehrfarbig gehäkelt sind. Die einzelnen Quadrate werden dann nach Phantasie und Laune einfach aneinandergehäkelt.
Unsere Decke ist aus weicher Shetlandwolle gearbeitet und deshalb leicht und warm: ideal zum Zudecken beim Mittagsschläfchen oder zum Warmhalten der Knie im Auto oder auf langen Bahnreisen.
An so einer Decke kann übrigens die ganze Familie mithäkeln: Jeder sucht sich nach Lust und Können die Muster aus, die ihm am besten gefallen.

Blaue Herrenjacke

Material für Größe 50: 1500 g dicke weiche Sportwolle, Stricknadeln Nr. 6, 5 Knöpfe.

Grundmuster I: 1. R: re **2. R:** 1 M re, 1 M li im Wechsel. Die 1. und 2. R fortlaufend wiederholen.

Grundmuster II: kraus (HinR re, RückR re)

Maschenprobe: 11 M in der Breite und 19 R in der Höhe ergeben 10 cm im Quadrat.

Rückenteil: 61 M anschlagen und zunächst 3,5 cm im Grundmuster II stricken. Im Grundmuster I fortfahren und bis 48 cm Höhe gerade hochstricken. Dann im Grundmuster II weiterstrikken und bis 70 cm Gesamthöhe gerade hochstricken. Alle M abketten.

Vorderteil: 35 M anschlagen und zunächst 3,5 cm im Grundmuster II strikken. Im Grundmuster I fortfahren und bis 48 cm Höhe gerade hoch und dann im Grundmuster II weiter bis 70 cm Höhe gerade hochstricken. Für die Schulter 19 M abketten. Die restl. 15 M auf dem Maschenraffer stillegen. Das 2. Vorderteil gegengleich stricken.

Ärmel: 35 M anschlagen und zunächst 15 cm im Grundmuster II gerade hochstricken. Im Grundmuster I fortfahren und bis 55 cm Gesamthöhe auf beiden Seiten gleichmäßig verteilt 6mal 1 M zunehmen. Alle M auf Hilfsnadel oder Maschenraffer stillegen. Den 2. Ärmel genauso stricken.

Taschen: 21 M anschlagen und 4 cm im Grundmuster II stricken. Im Grundmuster I fortfahren und bis 19 cm Gesamthöhe gerade hochstrikken. Alle M abketten.

Ausarbeitung: Die Teile nach dem Schnitt spannen; leicht dämpfen. Die Schulternähte schließen (Stricknähte siehe Seite 20). Für den Kragen die stillgelegten M der Vorderteile aufnehmen und aus dem rückw. Halsausschnitt noch 20 M dazu aufnehmen. 14 cm gerade hoch kraus stricken. Dann alle M abketten. Aus den Vorderteilkanten die M aufnehmen und 10 R kraus stricken. Die M abketten. In der li Leiste 5 Knopflöcher einstrikken. Dabei in der 5. R die 5.–8. M, 19.–21. M, 32.–34. M, 45.–47. M und

die 58.–60. M abketten und in der folg.
R die jeweils 3 fehlenden M wieder neu
anschlagen. Nach 10 R die M abketten. Dann erst die offenen M der oberen Ärmelkanten an die Ärmelansatzkanten mit Maschenstichen (siehe
Seite 18) annähen. Die Ärmel- und
Seitennähte schließen. Die Taschen
aufnähen und die Knöpfe annähen.

Roter Kinderpullover
Material für Größe 128: 500 g mittelstarke Sportwolle, Stricknadeln Nr.
4¹⁄₂.
Grundmuster: 1. R: (HinR): 1 M re,
1 M li im Wechsel. **2. R:** (RückR): re
Die 1. und 2. R fortlaufend wiederholen.

Maschenprobe: 17 M in der Breite und
30 R in der Höhe ergeben 10 cm im
Quadrat.

Rückenteil: 53 M anschlagen und im
Grundmuster 45 cm gerade hochstricken. Alle M abketten.

Vorderteil: 53 M anschlagen und im
Grundmuster stricken. Bis 27 cm
Höhe gerade hochstricken. Dann mit
dem Krageneinsatz beginnen. Dafür in
der folg. HinR 19 M im Grundmuster
stricken, dann 15 M re. Die restl. 19 M

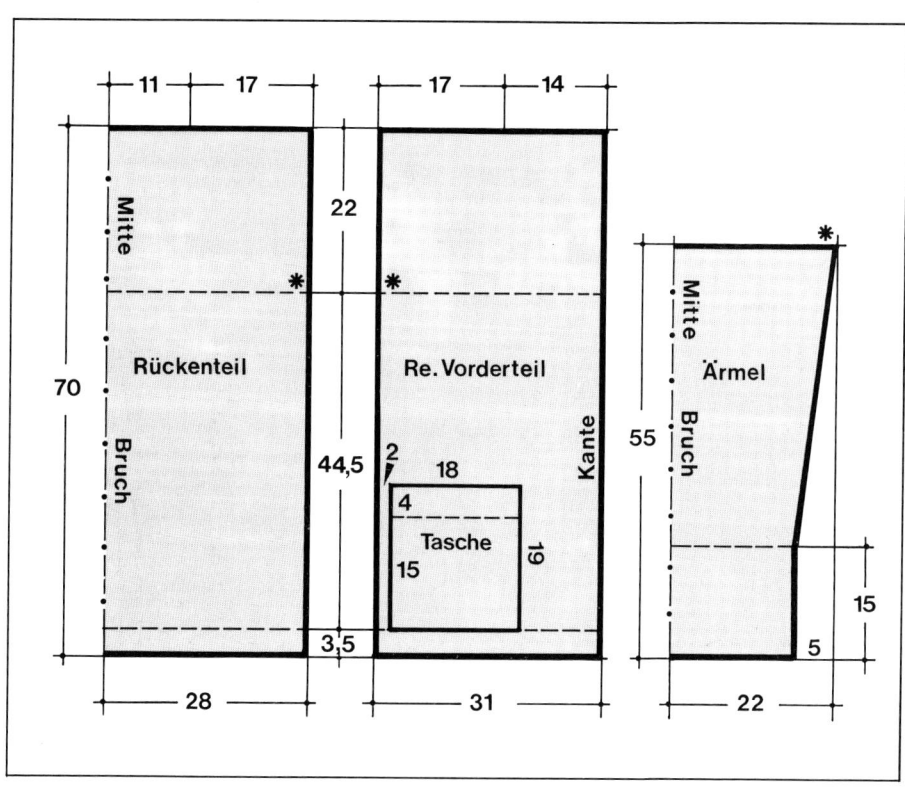

auf dem Maschenraffer stillegen. Den Kragen durchgehend kraus stricken und dabei an der Innenkante (zwischen Grundmuster und Kragen) 5mal jede 8. R vom Grundmuster 1 M mehr in HinR und RückR re mitstricken und gleichzeitig 5mal jede 4. R je 1 M zunehmen. Die Seitenkante gerade hochstricken und in 45 cm Gesamthöhe die 14 M der Schulter abketten. Die 25 M des Kragens noch 9 cm gerade hochstricken und die M auf dem Maschenraffer stillegen. Die stillgelegten 19 M der anderen Seite wieder aufnehmen und dabei an der Innenkante für die 2. Kragenhälfte 15 M neu anschlagen. Das Teil gegengleich beenden.

Ärmel: 45 M anschlagen und im Grundmuster 11 cm gerade hochstrikken. Dann auf beiden Seiten 6mal 1 M nach je 4 cm zunehmen. In 39 cm Höhe die M auf dem Maschenraffer stillegen. Den 2. Ärmel genauso stricken.

Ausarbeitung: Die Teile nach dem Schnitt spannen; leicht dämpfen. Die Schulternähte schließen (Stricknähte siehe Seite 20). Die offenen M der Kragenhälften mit Maschenstichen zusammennähen. Die untere Kragenkante an die rückw. Halskante annähen. Die offenen M der oberen Ärmelkanten an die Ärmelansatzkanten annähen. Die Ärmel- und Seitennähte schließen. Die neu angeschlagenen M der 2. Kragenhälfte von li festnähen.

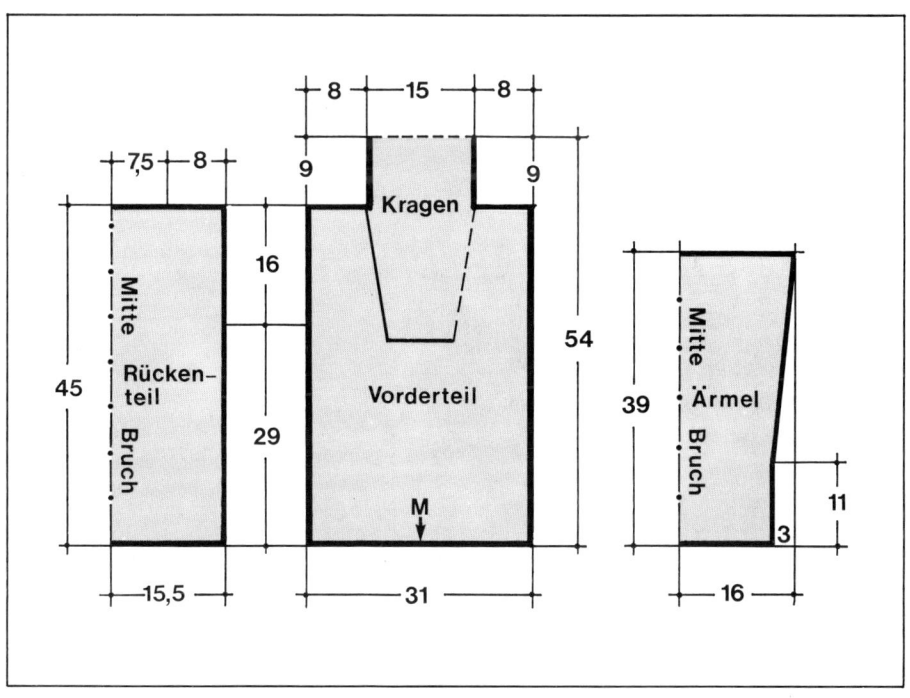

Rote Häkeljacke aus Mohair mit Strickbündchen

Material für Größe 38: 160 g feines Kid-Mohair in Rot und 200 g Kunstseiden-Effektgarn in Rotweiß, Häkelnadel Nr. 5, Stricknadeln Nr. 4.

Grundmuster: Es wird durchgehend mit 2 Fäden Kid-Mohair und 1 Faden Kunstseidengarn gehäkelt. Lm-Anschlag. **1. R:** 3 Wende-Lm (= 1 Stb.) * 1 GrundM übergehen, 2 Stb in die folg. M Ab * wiederholen. Die R endet: 1 GrundM übergehen, 1 Stb **2. R:** 3 Wende-Lm, jeweils 2 Stb zwischen die 2 Stb der VorR. Die R endet mit 1 Stb über den WendeLm der VorR. Die 2. R fortl. wiederholen.

Maschenprobe: 12 M in der Breite und 8 R in der Höhe ergeben 10 cm im Quadrat.

Anleitung: Die Jacke wird in 2 Teilen gehäkelt. Für das re Jackenteil werden für den re Ärmel 50 Lm angeschlagen. Sie ergeben 22 Stb-Gruppen. Im Grundmuster 21 cm gerade hochhäkeln. Den Faden abschneiden und 49 Lm anschlagen, über die M des Ärmels weiterhäkeln und am Ende wiederum 49 Lm häkeln. Wenden und im Grundmuster weiterarbeiten. In 35 cm Gesamthöhe die Arbeit in der Mitte teilen und beide Seiten getrennt beenden. Zunächst die li Hälfte für das Rückenteil: Die li Kante bis 21 cm Höhe gerade hochhäkeln und gleichzeitig an der re Kante für die Halsausschnittrundung 2mal 1 M abnehmen. In 21 cm Höhe die Arbeit beenden und

an der re Hälfte – am re Vorderteil – weiterarbeiten. Die re Kante bis 24 cm Höhe gerade hochhäkeln und gleichzeitig an der li Kante für den Halsausschnitt in jeder R 1mal 5, 1mal 4, 1mal 2, 1mal 1, 1mal 2 und 2mal 1 M abnehmen. In 24 cm Höhe die Arbeit beenden.

Das 2. Teil mit dem li Ärmel beginnend gegengleich häkeln.

Ausarbeitung: Die beiden Teile nach dem Schnitt spannen; leicht dämpfen. Die rückw. Mittelnaht zusammenhäkeln. Aus den unteren Ärmelkanten jeweils 50 M auffassen und mit 4-fachem Mohairfaden 16 R kraus (HinR re, RückR re) stricken. Alle M abketten. Die Ärmel- und Seitennähte schließen (über Häkelnähte siehe Seite 49 f.). Aus den vorderen Kanten jeweils 64 M aufnehmen und ebenfalls mit 4-fachem Mohairfaden 12 R kraus stricken. Alle M lose abketten. Zuletzt aus dem Halsausschnitt von der einen vorderen Blendenkante bis zur anderen 80 M auffassen und 12 R kraus stricken. Alle M abketten. Die Blenden vorsichtig dämpfen.

Buntgeringelter Häkelpulli mit Strickbündchen

Material für Größe 38/40: je 80 g Mohairwolle in Rot, Altrosa, Blauviolett, Türkis und 120 g in Grün, Häkelnadel Nr. 6, Stricknadeln Nr. 4½.

Grundmuster: Stb

Farbfolge: * 1 R rot, 1 R altrosa, 1 R blauviolett, 1 R türkis, 1 R grün. Ab * fortlaufend wiederholen.

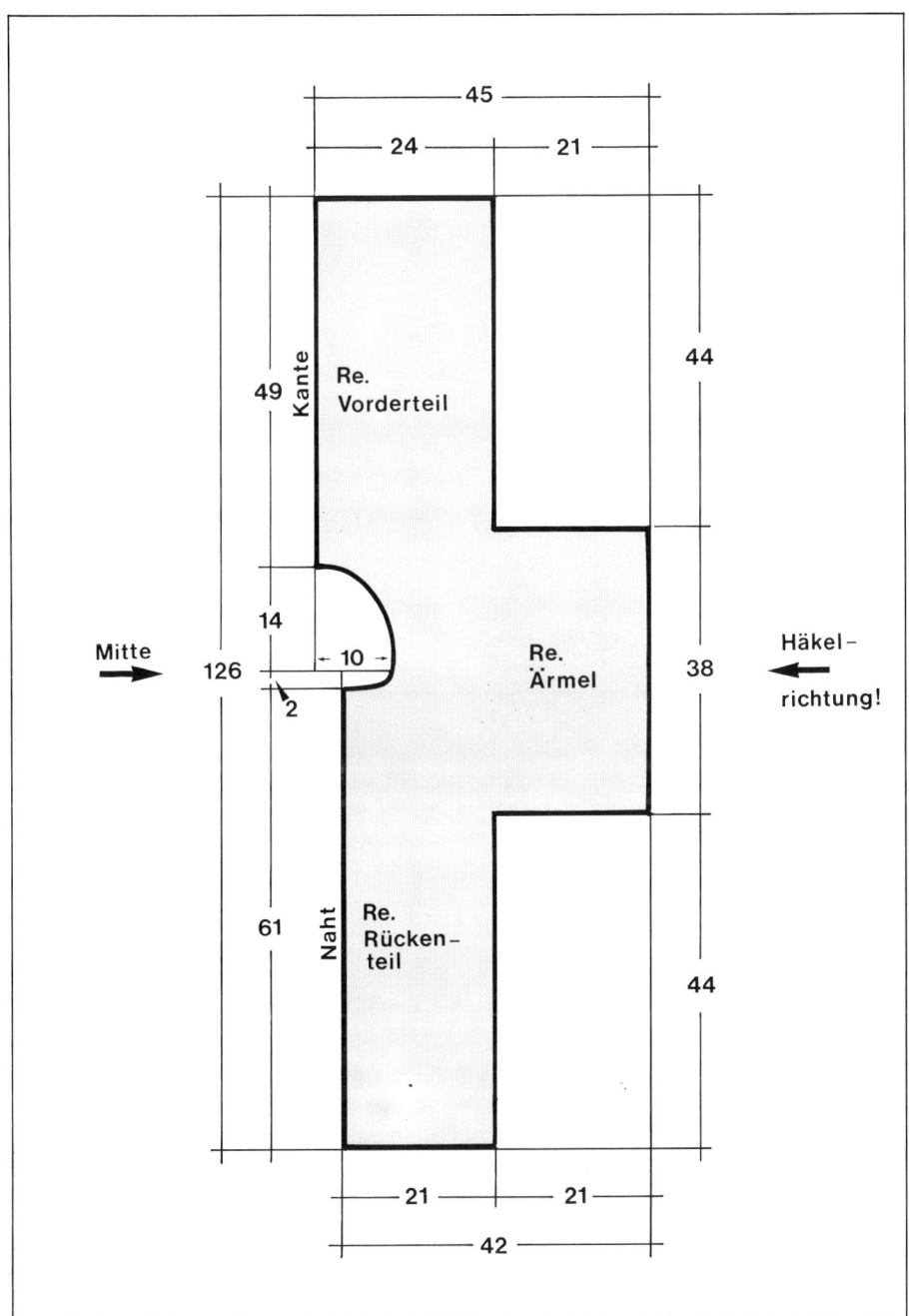

Mitte ➡

126

14

10

2

49

Kante

Re.
Vorderteil

61

Naht

Re.
Rücken-
teil

Re.
Ärmel

45

24

21

44

38

44

Häkel-

◀ richtung!

21

21

42

**Quergestreifter Pulli und eine Jacke in
klarem Rot: gestrickt und gehäkelt als
Kombination**

*Schmeichelnder Mohair in wunderschönen
Farben verleiht Pulli und Jacke das bezau-
bernde, duftige Aussehen. Beide Modelle
können ohne Schwierigkeiten nach einfachen Schnitten gehäkelt werden. Die Blenden bzw. Bündchen werden nachträglich
angestrickt. Diese Kombination ist von un-
gewöhnlicher Wirkung.*

*Der Pulli wird durchgehend mit Stäbchen
gehäkelt, jede Reihe in einer anderen Farbe.
Die einfarbigen Bündchen werden im Muster 2 M re, 2 M li im Wechsel gestrickt.
Für die Jacke wird ein Mohairfaden zusammen mit einem Kunstseidenfaden verarbeitet. Das ergibt einen reizvollen Tweed-
charakter. Die Blende wird einfarbig mit
Mohairgarn angestrickt.*

Maschenprobe: 12 M in der Breite und 6 R in der Höhe ergeben 10 cm im Quadrat.

Rückenteil: In Rot 56 Lm anschlagen und im Grundmuster nach der Farbfolge 51 cm gerade hochhäkeln.

Vorderteil: In Rot 56 Lm anschlagen und im Grundmuster nach der Farbfolge häkeln. In 45 cm Höhe mit dem Halsausschnitt beginnen und dafür zunächst die mittleren 10 M und zu beiden Seiten noch in jeder R je 1 mal 3 und 1 mal 2 M abnehmen.

Ärmel: In Rot 46 Lm anschlagen und im Grundmuster nach der Farbfolge 41 cm gerade hochhäkeln. Den 2. Ärmel genauso häkeln.

Ausarbeitung: Die Teile nach dem Schnitt spannen; vorsichtig dämpfen. Aus den Unterkanten von Vorder- und Rückenteil jeweils 74 M auffassen und für das Bündchen in Grün 9 cm 2 M re, 2 M li im Wechsel stricken. Die M gleichmäßig abketten. Aus den unteren Ärmelkanten je 30 M auffassen und ebenfalls in Grün 10 cm 2 M re, 2 M li im Wechsel stricken. Abketten. Die Schulternähte schließen. Die oberen Ärmelkanten an die Ärmelansatzkanten annähen. Die Ärmel- und Seitennähte schließen.

Anschließend den Kragen an den Halsausschnitt anhäkeln: Dafür in Rot 70 M entlang der Ausschnittkante häkeln und noch 10 Rd im Grundmuster nach der Farbfolge häkeln.

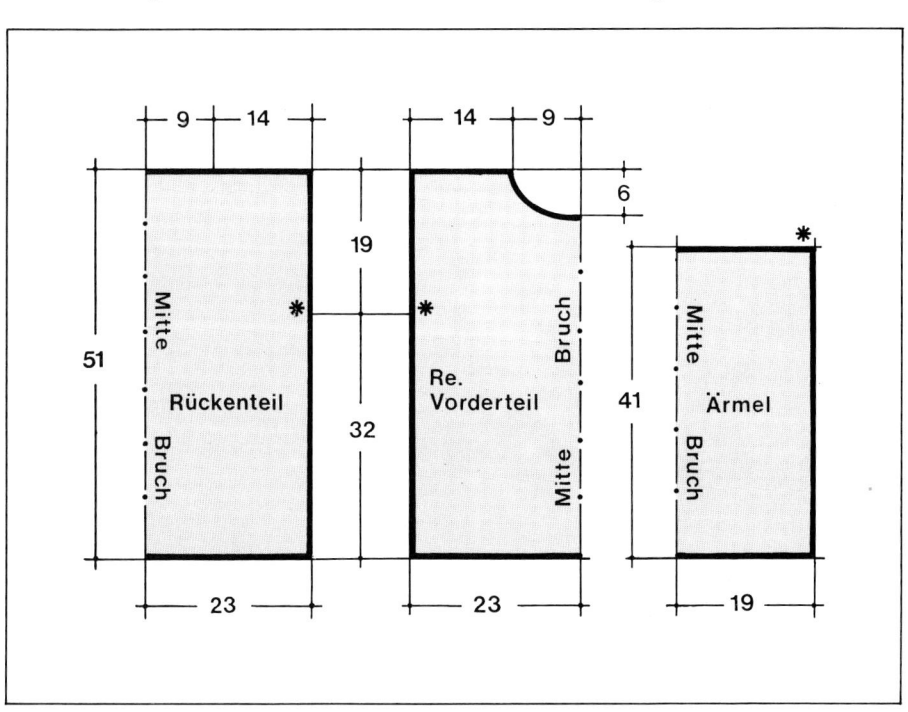

Dunkelblauer Häkelpullover mit bunten Bordüren

Material für Größe 36/38: 450 g dunkelblaue feine Sportwolle und je 50 g in Pink, Hellgrün, Fliederfarben, Türkis, Gelb und Violett, Häkelnadel Nr. 4.

Grundmuster: Stb

Maschenprobe: 20 M in der Breite und 10 R in der Höhe ergeben 10 cm im Quadrat.

Anleitung: Zunächst werden 4 gleiche Teile in einfarbig Dunkelblau gehäkelt, jedes 21 cm breit und 44 cm hoch, am Bruch des Schnittmusters gemessen. Für jedes Teil 44 Lm anschlagen und 44 R gerade hoch häkeln. Diese Teile werden nun an den im Schnitt mit * gekennzeichneten Punkten zusammengenäht. Die gesamte Bordüre wird fortlaufend um alle 4 Teile herumgehäkelt. Dabei werden durchgehend in jeder R an den oberen Eckpunkten jeweils 4 M zusammengehäkelt und an den unteren Eckpunkten jeweils 4 M in eine Grundmasche gehäkelt.

1. Rd: fM in Pink

2. Rd: abwechselnd 1 Stb in Grün und

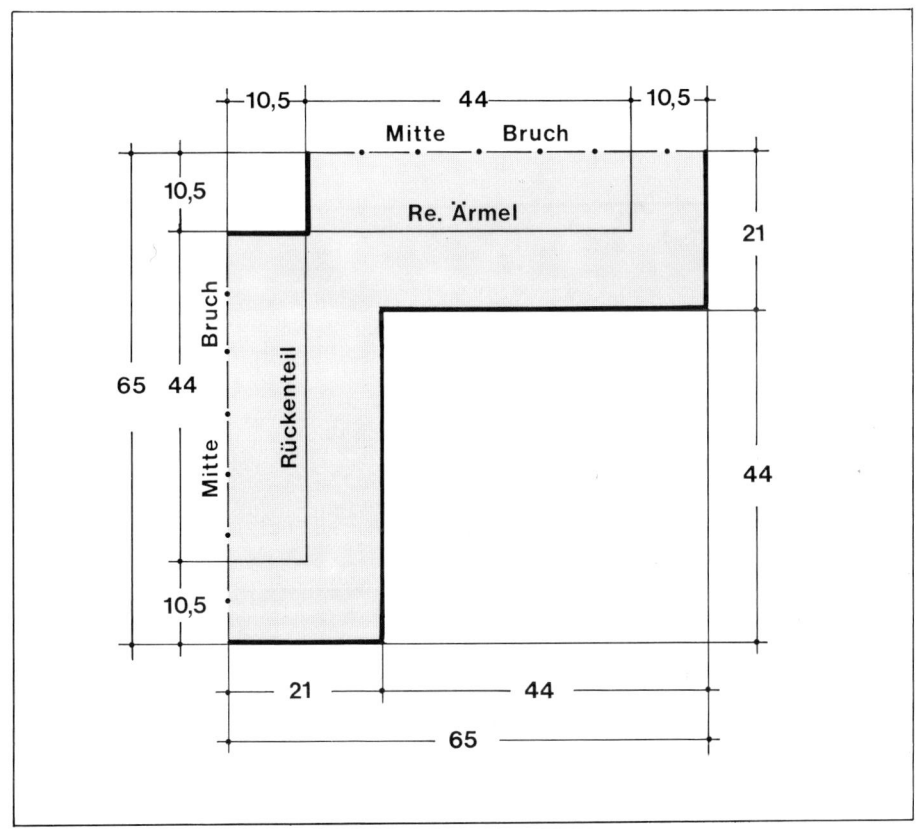

169

Gehäkelte Überziehpullover für Mutter und Tochter

Für den Damenpullover häkelt man vier gleichgroße einfarbige Teile. Sie werden dann anschließend in Runden mit einer bunten Bordüre umhäkelt.

Der Kinderpullover kann sogar aus Resten gearbeitet werden, je bunter, desto hübscher.

2 Stb in Flieder
3. Rd: fM in Pink
4. Rd: Stb in Türkis
5. Rd: Stb in Dunkelblau
6. Rd: abwechselnd 2 Stb in Dunkelblau und 2 Stb in Gelb. Diese Stb werden jeweils halb abgehäkelt und dann mit einem neuen U zusammen abgemascht. Es folgt noch 1 Lm
7. Rd: Stb in Dunkelblau
8. Rd: abwechselnd 2 Stb in Dunkelblau und 2 Stb in Violett
9. Rd: abwechselnd 2 Stb in Pink (über die dunkelblauen Stb der VorRd) und 2 Stb in Violett
10. Rd: abwechselnd 2 Stb in Dunkelblau (über die pinkfarbenen Stb der VorRd) und 2 Stb in Violett
11. Rd: Stb in Dunkelblau
12. Rd: fM in Hellgrün
13. und 14. Rd: Stb in Dunkelblau
Ausarbeitung: Der halbfertige Pullover sieht nun aus wie ein großes Kreuz. Sorgfältig nach dem Schnitt spannen; leicht dämpfen, zur Hälfte zusammenlegen und die Ärmel- und Seitennähte zusammenhäkeln. Die untere Kante mit 1 Rd fM im Krebsstich (siehe Seite 54) umhäkeln. In die obere Ausschnittkante noch 3 Rd Stb in Dunkelblau häkeln. Dabei in den Ecken jeweils 4 Stb zusammenhäkeln. Abschließend noch 1 Rd fM im Krebsstich häkeln.

Gehäkelter Kinderpullover
Material für Größe 104: je 50 g feine Sportwolle in Türkis, Pink, Violett, Flieder, Gelb, Hellgrün, Dunkelgrün

oder vorhandene Reste in entsprechender Stärke, Häkelnadel Nr. 4.
Grundmuster: fM
Maschenprobe: 18 M in der Breite und 22 R in der Höhe ergeben 10 cm im Quadrat.

Vorder- und Rückenteil: In Türkis je 58 Lm anschlagen und im Grundmuster und in der nachstehenden Farbfolge häkeln:
8 R türkis, 4 R pink, 2 R türkis, 4 R pink, 6 R violett, 2 R flieder, 2 R türkis, 8 R gelb, 2 R violett, 4 R hellgrün,

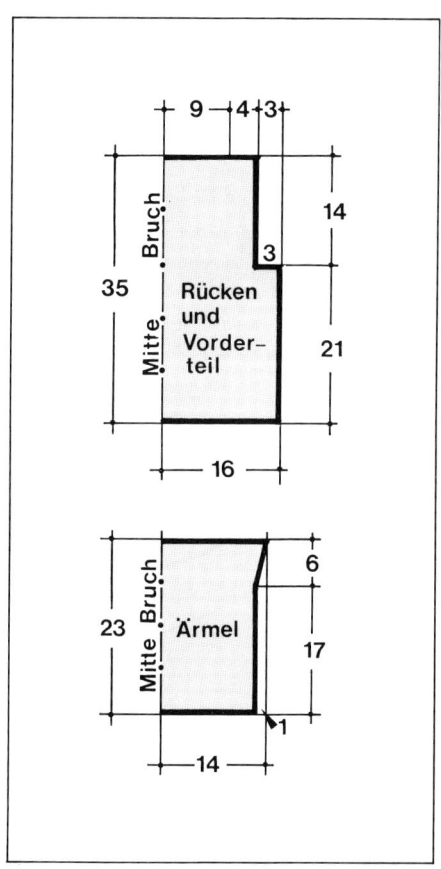

2 R pink, 2 R dunkelgrün.
Ab dieser R nun auf beiden Seiten jeweils 6 M für die Armausschnitte
stehen lassen. Und weiter gerade hochhäkeln: 2 R dunkelgrün, 4 R türkis,
2 R gelb, 8 R flieder, 4 R pink, 2 R
hellgrün, 4 R dunkelgrün, 6 R türkis
und 2 R pink.

Ärmel: Für jeden Ärmel in Dunkelgrün 46 Lm anschlagen und im Grundmuster und in folgender Farbfolge
häkeln: 2 R dunkelgrün, 4 R pink, 2 R
flieder, 8 R türkis, 2 R gelb, 6 R
violett, 4 R hellgrün, 2 R pink, 4 R
dunkelgrün, 4 R türkis, 2 R gelb, 8 R
flieder und 4 R pink. Dabei innerhalb
der letzten 10 R auf beiden Seiten jeweils 2mal 1 M zunehmen.

Ausarbeitung: Die Teile nach dem
Schnitt spannen; leicht dämpfen. Die
Schulternähte wie im Schnitt angegeben schließen. Die oberen Ärmelkanten an die Ärmelansatzkanten annähen. Die Ärmel- und Seitennähte
schließen. Die untere Kante mit 1 Rd
fM umhäkeln.

Gestreifte Häkeljacke aus Lurexgarn
Material für Größe 38/40: je 120 g
Lurexgarn in Rot-Rosa meliert, Gold,
Rot und Braun, Häkelnadel Nr. 3.
Grundmuster: Stb
Maschenprobe: 20 M in der Breite und
12 R in der Höhe ergeben 10 cm im
Quadrat.

Farbfolge: * je 6 R rot-rosa meliert,
rot, gold und braun. Ab * fortlaufend
wiederholen.

Rückenteil: In Rot-Rosa meliert
97 Lm + 2 Wende-Lm anschlagen
und im Grundmuster und in der Farbfolge häkeln. Dabei auf beiden Seiten
bis 43 cm Höhe 4mal 1 M abnehmen.
Für die Armausschnitte dann auf beiden Seiten in jeder R 2mal 3, 1mal 2
und 2mal 1 M abnehmen. Gerade
hochhäkeln bis 64 cm Höhe und dann
für die Schulterschrägungen beidseitig
in jeder R 2mal 6 und 1 mal 7 M abnehmen. Gleichzeitig für den Halsausschnitt die mittleren 22 M und zu beiden Seiten noch je 1mal 3 und 1mal
2 M abnehmen.

Vorderteil: In Rot-Rosa meliert
52 Lm + 2 Wende-Lm anschlagen
und im Grundmuster und in der Farbfolge häkeln. Die Seitenkante, den
Armausschnitt und die Schulterschrägung wie beim Rückenteil häkeln. Die
vordere Kante bis 43 cm Höhe gerade
hochhäkeln. Für die Ausschnittschrägung erst 10mal in jeder R, dann 10mal
in jeder 2. R je 1 M abnehmen. Das
2. Vorderteil gegengleich häkeln.

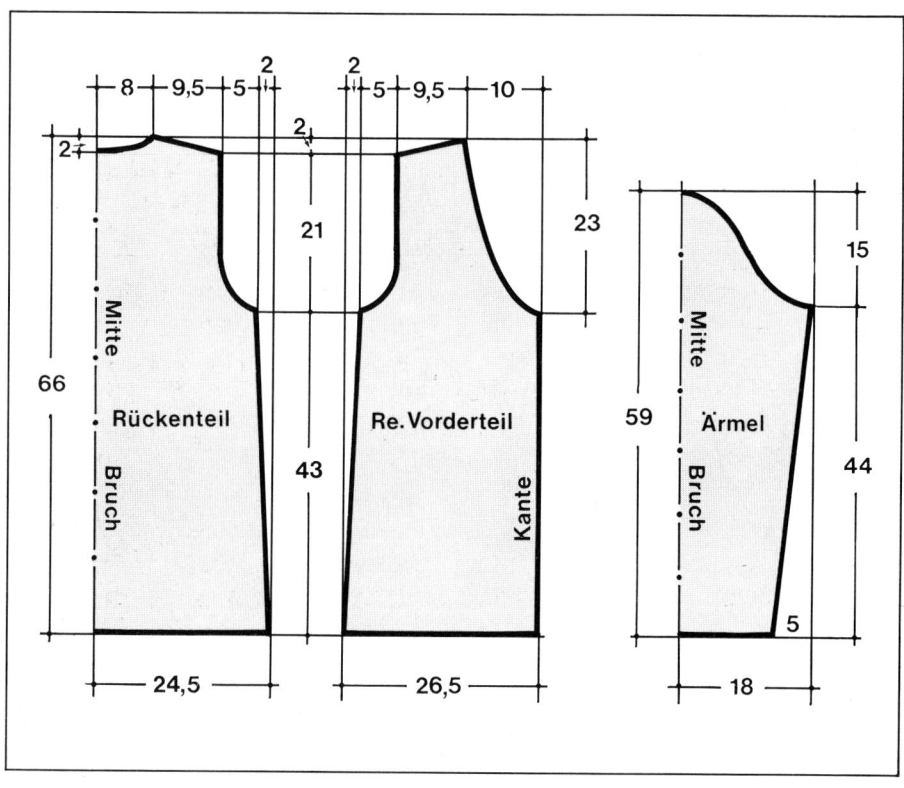

Ärmel: In Rot-Rosa meliert 51 Lm + 2 Wende-Lm anschlagen und im Grundmuster und in der Farbfolge häkeln. Dabei auf beiden Seiten 10mal alle 4 cm je 1 M zunehmen. Für die Armkugel dann beidseitig in jeder R 1mal 3, 2mal 2, 1mal 1, 1mal 2, 1mal 1, 1mal 2, 1mal 1, 1mal 2, 2mal 1, 1mal 2, 1mal 1, 1mal 2, 1mal 1, 2mal 2 und 1mal 3 M abnehmen. Den 2. Ärmel genauso häkeln.

Ausarbeitung: Die Teile nach dem Schnitt spannen; leicht dämpfen. Schulter-, Seiten- und Ärmelnähte schließen. Die Ärmel einnähen. Zu-

letzt alle Kanten mit 2 Rd fM in Rot-Rosa umhäkeln.

Ein Lurex-Cardigan, gestreift und glitzernd

Klassisch einfach im Schnitt und nur mit Stäbchen gehäkelt ist diese Jacke. Die vier Farben müssen sehr gut aufeinander abgestimmt sein. Gerade bei so effektvollem Material kann man auf aufwendige, komplizierte Muster verzichten.

Solch ein Cardigan ist die richtige Ergänzung für ein »kleines« Kleid, das etwas festlicher wirken soll; er paßt aber auch ausgezeichnet zu sehr sportlichen langen Hemdblusenkleidern.

Türkisfarbenes Bettjäckchen

Material: 200 g Mohairwolle, Häkelnadel Nr. 5.

Grundmuster: Mausezähnchenmuster
(siehe Seite 117, Häkelmuster 15).

Maschenprobe: 6 Mausezähnchen in
der Breite und 7 R in der Höhe ergeben 10 cm im Quadrat.

Anleitung: Zunächst wird ein rechteckiges Teil von 60 cm Breite und
150 cm Länge gehäkelt. Dafür 111 Lm
anschlagen und im Grundmuster gerade hochhäkeln. Dann über die beiden langen Kanten wie folgt häkeln:

1. R: 1 fM in die Wende-Lm der 1. R ∗
5 Lm, 1 R übergehen, 1 fM. Ab ∗ fortlaufend wiederholen.

2. R: 3 Lm, 1 fM in den 1. Bogen der
VorR ∗ 5 Lm, 1 fM in den folg. Bogen.
Ab ∗ wiederholen. Die R endet: 3 Lm,
1 fM auf die fM der VorR

3. R: 3 Lm, 1 Mausezähnchen, 2 Lm,
1 fM in den 1. 5er-Lm-Bogen der
VorR ∗ 2 Lm, 1 Mausezähnchen,
2 Lm, 1 fM in den folg. Lm-Bogen.
Das Tuch gut ausgedehnt dämpfen.

Für die Manschetten dann über die
Schmalseiten in Rd häkeln:

1. Rd: 36 Stb (die Weite entsprechend
einhalten, indem man jeweils mehrere
GrundM gleichmäßig verteilt über-
geht).

2.–5. Rd: Stb

6. Rd: Büschelstb (siehe Seite 115,
Häkelmuster 11).

7. Rd: Stb

8.–10. Rd: Büschelstb

11.–13. Rd: Lm-Bögen: ∗ 1 fM, 5 Lm,
1 M übergehen. Ab ∗ wiederholen.

Ein Bettjäckchen ist nie altmodisch

*Warum sollen wir uns zuweilen nicht ein
wenig Romantik aus Urgroßmutterzeiten er-
lauben? Dieses Bettjäckchen ist eigentlich
nichts weiter als ein langer Schal, der an den
Enden zusammengefaßt wird und enganlie-
gende Manschetten bekommt. Rüschen und
Bogenkanten lassen das Ganze noch duftiger erscheinen.*

*Wird dieses Tuch in bunten Ringeln oder
aus stärkerer Wolle gehäkelt, dann kann es –
die Manschetten bleiben in diesem Fall natürlich weg – wie eine Stola getragen werden.*

Jäckchen aus Seiden- und Lurexgarn
Material für Größe 38/40: 240 g rotes
Kunstseidengarn und 200 g Lurexgarn
mit Tweednoppen, Stricknadeln Nr. 6.
Grundmuster: Es wird durchgehend
dreifädig – 2 Fäden Kunstseidengarn
und 1 Faden Lurexgarn – kraus (HinR
re, RückR re) gestrickt.
Maschenprobe: 16 M in der Breite und
30 R in der Höhe ergeben 10 cm im
Quadrat.
Anleitung: Die Jacke wird in einem
Stück gestrickt, und zwar wird bei
einem Ärmel begonnen. Für den re
Ärmel 58 M anschlagen und im
Grundmuster 26 cm gerade hochstrik-
ken. Dann auf beiden Seiten für Rük-
ken- und Vorderteil jeweils 38 M dazu
anschlagen und bis 40 cm Gesamthöhe
gerade hochstricken. Die Arbeit in der
Mitte teilen und beide Seiten getrennt
weiterstricken, zunächst die li Seite für
das Rückenteil wie folgt: Zu Beginn
der Reihe 3 M abketten und 14 cm
gerade hochstricken. Die abgeketteten
M wieder neu anschlagen und die M
auf einem Maschenraffer stillegen. Die
M des Vorderteils wieder aufnehmen
und für den Halsausschnitt an der li
Kante in jeder 2. R 1mal 11 und 13mal
2 M abketten. Die restl. 30 M lose abketten. Für das 2. Vorderteil 30 M anschlagen und im Grundmuster strikken. Dabei an der li Kante in jeder 2. R
13mal 2 und 1mal 11 M zunehmen.
Dann die stillgelegten M des Rückenteils dazunehmen und wieder über die
ganze Breite stricken. Bis 68 cm Höhe
ab Ärmelanschlag gerade hochstricken

Ein kleines Blousonjäckchen
Dieses Jäckchen, ganz schlicht und unauf-
fällig im Schnitt, erhält seine große Wirkung
durch die effektvolle Verwendung zweier
verschiedener Garne: Lurextweed und
Kunstseidengarn.
Das bescheidenste »kleine Schwarze« wird,
ergänzt durch diesen Blouson, zum ele-
ganten Ausgehanzug.

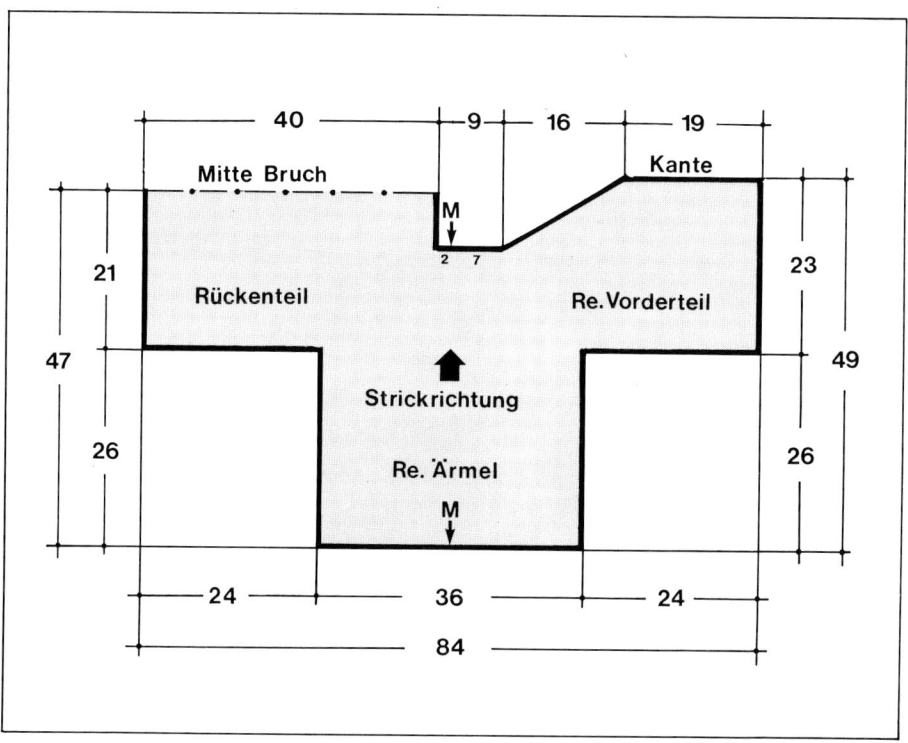

und beidseitig die 38 M des Vorder- und Rückenteils lose abketten. Die restl. 58 M für den li Ärmel noch 26 cm gerade hochstricken und alle M abketten.

Ausarbeitung: Das Teil nach dem Schnitt spannen; vorsichtig dämpfen. Die Ärmel- und Seitennähte schließen (über Stricknähte siehe Seite 20). Für die vordere Blende 12 M anschlagen und 100 cm gerade hoch 1 M re, 1 M li im Wechsel stricken. Die M abketten.

Die Blende entlang den vorderen Kanten und um den rückw. Halsausschnitt annähen. Für die untere Leiste und die Bindebänder 16 M anschlagen und 150 cm gerade hoch 1 M re, 1 M li im Wechsel stricken. Die M abketten. Die Leiste entlang der Unterkante von Vorderteilkante bis Vorderteilkante annähen und dabei die untere Weite der Jacke auf ca. 74 cm Weite einhalten. Die restl. Enden zum Binden hängen lassen.

Strickjacke mit farbigen Muster-streifen

Material für Größe 38/40: 500 g weiße und je 100 g braune, dunkelgrüne, beige, dunkelblaue, rosa, dunkelgraue und hellgrüne mittelstarke Docht-wolle, Stricknadeln Nr. 6, 5 Knöpfe.

Muster I: 1. und 2. R: 1 M re, 1 M li **3. und 4. R:** 1 M li, 1 M re. Die 1.–4. R fortlaufend wiederholen.

Muster II: 1. R: * 5 M re, 1 M abheben (Faden hinter der Arbeit). Ab * wie-derholen. **2. R:** * Die abgehobene M der VorR wiederum abheben (Faden vor der Arbeit), 5 M li. Ab * wiederho-len. **3. R:** re **4. R:** li **5. R:** 2 M re, 1 M abheben (Faden hinter der Arbeit) * 5 M re, 1 M abheben (Faden hinter der Arbeit). Ab * wiederholen. Die R en-det: 3 M re **6. R:** 3 M li, die abgehobe-ne M der VorR abheben (Faden vor der Arbeit) * 1 M abheben (Faden vor der Arbeit), 5 M li. Ab * wiederholen. Die R endet: 2 M li. **7. R:** re **8. R:** li Die 1.–8. R fortlaufend wiederholen.

Muster III: wie Muster II. Es wird je-doch jede 2. M abgehoben.

Muster IV: 1. R: re **2. R:** * 1 M li, 1 M abheben (Faden hinter der Arbeit). Ab * wiederholen. **3. R:** re **4. R:** 2 M li * 1 M abheben (Faden hinter der Ar-beit), 1 M li. Ab * wiederholen. Die 1.–4. R fortlaufend wiederholen.

Muster V: 1. R: * 1 M re, 1 M abheben (Faden vor der Arbeit). Ab * wieder-holen. **2. R:** li **3. R:** 2 M re * 1 M abhe-ben (Faden vor der Arbeit), 1 M re. Ab * wiederholen. **4. R:** li. Die 1.–4. R fortlaufend wiederholen.

Muster VI: wie Muster II. Es wird aber jede 3. M abgehoben.

Maschenprobe bei glatt re: 15 M in der Breite und 22 R in der Höhe ergeben 10 cm im Quadrat.

Rückenteil: In Weiß 76 M anschlagen und in dieser Muster- und Farbfolge stricken:

Muster I: 4 R weiß, 2 R braun, 2 R weiß, 2 R braun, 4 R weiß.

Muster II: 4 R dunkelgrün, 4 R beige, 4 R blau, 4 R weiß, 4 R rosa.

Dann 2 R glatt re weiß, 3 R kraus weiß, 1 R re grau, 3 R kraus weiß, 1 R re grau, 4 R kraus weiß und 4 R glatt re weiß stricken, dann im

Muster III: 4 R beige.

Muster IV: 2 R dunkelbraun, 2 R weiß, 2 R hellgrün, 2 R weiß, 2 R hell-grün, 2 R weiß, 2 R hellgrün.

Dann 2 R re weiß, 6 R re rosa, 2 R re weiß, 2 R re dunkelblau, 2 R re beige, 4 R re weiß stricken, dann

Muster III: 4 R dunkelblau.

Muster I: 4 R hellgrün, 2 R dunkel-grün, 4 R hellgrün.

In kraus 6 R weiß, 2 R grau, 2 R weiß, 2 R dunkelbraun, 2 R weiß, 2 R rosa und glatt re 2 R weiß stricken.

Muster V: 2 R weiß, 2 R dunkelgrün, 2 R weiß, 2 R dunkelgrün, 2 R weiß, 2 R dunkelgrün, 2 R weiß, 2 R dunkel-grün, 2 R weiß, 2 R dunkelblau, 2 R weiß, 2 R dunkelblau, 2 R weiß, 2 R dunkelblau, 2 R weiß.

In glatt re 2 R weiß stricken, dann

Muster IV: 2 R beige, 2 R weiß, 2 R beige, 2 R weiß.

In glatt re 4 R weiß stricken, dann

Jacke und Pulli mit bunten eingestrickten Mustern

*Der ausdrucksvolle Mustereffekt dieser
Jacke entsteht durch das Abheben von Maschen, die einmal vorne, einmal hinten liegenden Fäden und die dauernd wechselnden
Farben. Da der Schnitt ganz einfach ist,
braucht man nur auf den genauen Musterverlauf zu achten.*

*Der Kinderpullover hat nur ein kleines Ein-
strickmuster bekommen, das eine Art Passe
bildet. Dieses sehr übersichtliche Muster
kann auch von wenig geübten Strickerinnen
leicht nachgearbeitet werden.*

Muster VI: 2 R braun, 2 R rosa, 2 R grau, 2 R weiß, 2 R dunkelgrün, 2 R blau.

Noch 2 R kraus weiß stricken und das Teil in Weiß glatt re beenden. Bis 47 cm Höhe gerade hochstricken und dann auf beiden Seiten 6 mal nach je 4 R je 1 M zunehmen. Alle M abketten.

Re Vorderteil: In Weiß 37 M anschlagen und Muster und Farbfolge wie beim Rückenteil stricken. An der Seitenkante ab 47 cm Höhe wie beim Rücken 6 mal alle 4 R je 1 M zunehmen. Für den Halsausschnitt ab 59 cm Höhe an der Vorderkante 1 mal 8,

2 mal 3, 1 mal 2 und 2 mal 1 M abketten. In 69 cm Höhe die restl. M abketten. Das 2. Vorderteil gegengleich stricken.

Ärmel: In Weiß 51 M anschlagen und in folgender Muster- und Farbfolge stricken:

Muster I: 4 R weiß, 2 R braun, 2 R weiß, 2 R braun, 4 R weiß.

Dann re 4 R weiß, kraus 2 R grau, re 2 R weiß, kraus 2 R rosa, re 2 R weiß und kraus 2 R grau stricken. Dann wieder

Muster I: 4 R dunkelgrün, 2 R dunkelblau, 4 R dunkelgrün, in glatt re 4 R weiß, im

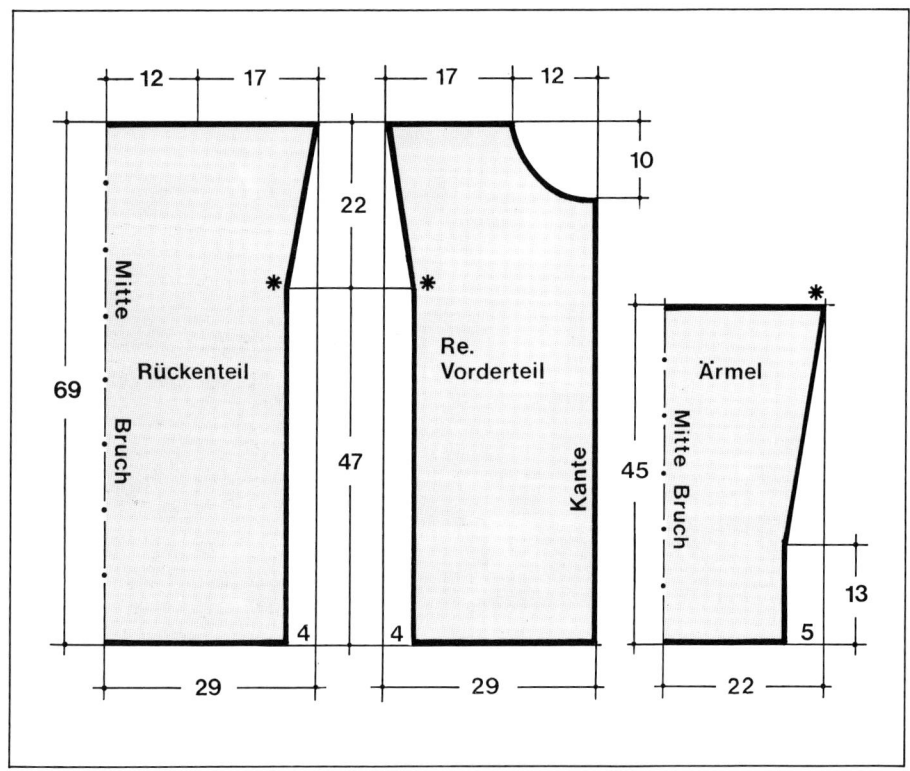

184

Muster IV: 2 R weiß, 2 R beige, 2 R weiß, 2 R beige, 2 R weiß.
Muster V: 2 R weiß, 2 R hellgrün, 2 R weiß, 2 R hellgrün, 2 R weiß, 2 R hellgrün.
6 R glatt re weiß stricken, dann
Muster II: 4 R rosa, 4 R weiß, 4 R blau, 4 R beige, 4 R dunkelgrün.
6 R kraus weiß stricken, im
Muster I: 6 R braun und noch 6 R kraus weiß. Hochstricken und dabei auf beiden Seiten je 8 mal 1 M nach je 4 cm zunehmen. Die M stillegen.
Ausarbeitung: Teile nach dem Schnitt spannen; leicht dämpfen. Schulternähte schließen. Aus den Vorderteilkanten je 70 M aufnehmen und in Weiß 12 R Perlmuster (1 M re, 1 M li versetzt) stricken. Die M abketten. In der re Leiste dabei 4 Knopflöcher einstricken:

Dafür in der 6. R die 20.–22. M, 33.–35. M, 46.–48. M und 59.–61. M abketten und in der folg. R die 3 jeweils fehlenden M wieder neu anschlagen. Dann aus dem Halsausschnitt von Vorderteilkante zu Vorderteilkante 70 M auffassen und ebenfalls 12 R Perlmuster stricken. Dabei an der re Kante in der 4. R die 6.–8. M abketten für das 5. Knopfloch. Die fehlenden 3 M in der folg. R neu anschlagen. Die M abketten. Nun die offenen M der oberen Ärmelkanten an die Ärmelansatzkanten annähen. Ärmel- und Seitennähte schließen, Knöpfe annähen.

Blauer Kinderpullover aus Mohair mit Einstrickmuster
Material für Größe 98–104: 120 g Kid-Mohair in Blau und je 50 g in

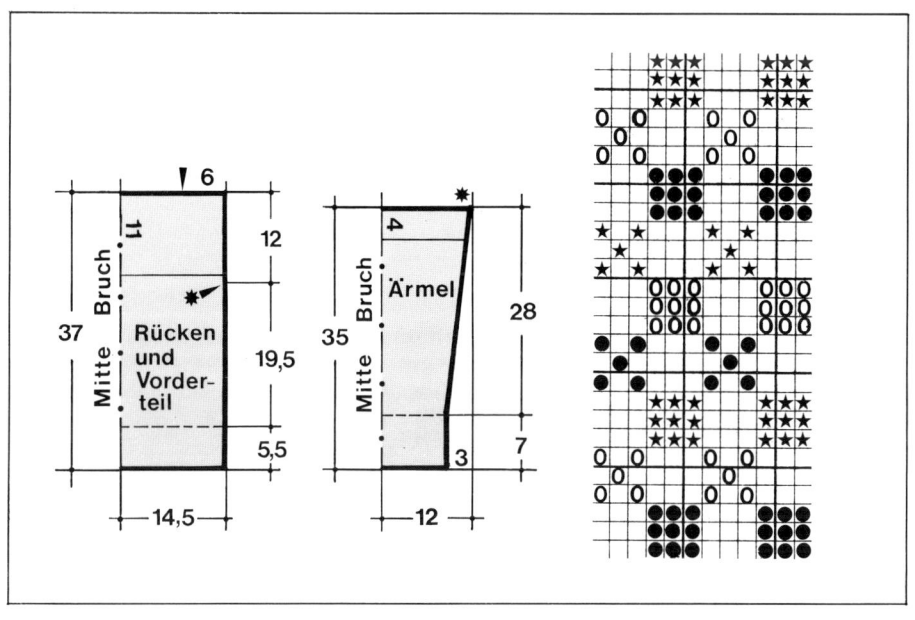

Altrosa, Rosa und Rostrot, Stricknadeln Nr. 3½.

Grundmuster: glatt re (HinR re, RückR li)

Maschenprobe: 22 M in der Breite und 33 R in der Höhe ergeben 10 cm im Quadrat.

Vorder- und Rückenteil: Jeweils 65 M anschlagen und zunächst für den Bund 5,5 cm 1 M re, 1 M li im Wechsel stricken. Im Grundmuster fortfahren und 25 cm gerade hochstricken. Dann das Einstrickmuster nach der Zählvorlage einstricken. Zum Abschluß noch 4 R kraus (HinR re, RückR re) in Blau stricken. Alle M abketten.

Ärmel: 39 M anschlagen und zunächst für das Bündchen 7 cm 1 M re, 1 M li im Wechsel stricken. Im Grundmuster fortfahren und bis 31 cm Höhe auf beiden Seiten 7mal nach jeweils 3 cm je 1 M zunehmen. Ab 31 cm Höhe einen Mustersatz des Einstrickmusters stricken. Zum Abschluß noch in Blau 2 R kraus stricken. Die M auf dem Maschenraffer stillegen. Den 2. Ärmel genauso stricken.

Ausarbeitung: Zunächst die Schulternähte schließen. Dann die offenen M der oberen Ärmelkanten mit Maschenstichen (siehe Seite 18) an die Ärmelansatzkanten annähen. Nun erst die Teile vorsichtig von links dämpfen. Die Ärmel- und Seitennähte schließen.
Zeichenerklärung für das Zählmuster:
Leere Felder = Grundfarbe
Punkte = altrosa
O's = rosa
Sternchen = rostrot

Ein großes Umschlagtuch, glitzernd und schmeichelnd

Das Tuch wird zunächst aus Mohair- und Lurexfäden gestrickt, dann mit einer netzartigen Kante umhäkelt und bekommt als lebendig schwingenden Abschluß lange Fransen.

Solch ein Tuch erspart die lästige Frage »Was ziehe ich nur übers Abendkleid ins Theater an?«, und zugleich wird das Problem, festlich und doch nicht zu aufwendig gekleidet zu sein, spielend gelöst.

Gestricktes Mohair-Lurex-Tuch

Material: 120 g schwarze und je 80 g hellgraue, mittelgraue, brombeerfarbene und violette feine Mohairwolle sowie je 60 g Silberlurexgarn und violett-silber meliertes Lurexgarn, Stricknadeln Nr. 7, Häkelnadel Nr. 6.

Grundmuster: kraus (HinR re, RückR re)

Anleitung: Das Tuch wird durchgehend mit doppeltem Faden in folg. Farbenzusammenstellung und -folge gestrickt:

1. – 6. R: 1 Faden hellgrau Mohair und 1 Faden Lurex meliert. **7.–16. R:** brombeer Mohair und Lurex meliert. **17. und 18. R:** 2 Fäden violett Mohair. **19. R:** violett Mohair und Silberlurex. **20.–28. R:** Silberlurex und Lurex meliert. **29.–31. R:** schwarz Mohair und Lurex meliert. **32. und 33. R:** 2 Fäden hellgrau Mohair. **34.–38. R:** hellgrau Mohair und Silberlurex. **39. R:** mittelgrau Mohair und Silberlurex. **40.–46 R:** hell- und mittelgrau Mohair. **47. R:** mittelgrau und violett Mohair. **48. und 49. R:** 2 Fäden mittelgrau Mohair. **50. R:** violett Mohair und Lurex meliert. **51. und 52. R:** 2 Fäden violett Mohair. **53. und 54. R:** violett Mohair und Lurex meliert. **55.–62. R:** brombeer Mohair und Lurex meliert. **63. R:** schwarz Mohair und Lurex meliert. **64. und 65. R:** 2 Fäden brombeer Mohair. **66.–71. R:** 2 Fäden Lurex meliert. **72. R:** mittelgrau Mohair und Silberlurex. **73.-75. R:** schwarz Mohair und Silberlurex. **76.–81. R:** mittelgrau Mohair und Silberlurex. **82.–85. R:** 2 Fäden mittelgrau Mohair. **86. und 87. R:** brombeer Mohair und Lurex meliert. **88.–91. R:** mittelgrau Mohair und Lurex meliert. **92. R:** hell- und mittelgrau Mohair. **93. R:** 2 Fäden hellgrau Mohair. **94.–97. R:** violett Mohair und Lurex meliert. **98.–105. R:** 2 Fäden hellgrau Mohair. **106.–110. R:** hellgrau Mohair und Silberlurex. **111.–117. R:** 2 Fäden Lurex meliert. **118. und 119. R:** brombeer Mohair und Lurex meliert. **120.–122. R:** schwarz Mohair und Lurex meliert. **123. und 124. R:** violett Mohair und Lurex meliert. **125.–129. R:** 2 Fäden violett Mohair. **130.–133. R:** mittelgrau Mohair und Lurex meliert. **134.–140. R:** hellgrau Mohair und Silberlurex. **141.–144. R:** hellgrau Mohair und Lurex meliert. **145. und 146. R:** violett Mohair und Lurex meliert. **147. und 148. R:** schwarz Mohair und Lurex meliert. **149.–153. R:** brombeer Mohair und Lurex meliert. **154.–160. R:** 2 Fäden brombeer. **161.–166. R:** schwarz Mohair und Lurex meliert.

5 M anschlagen. Im Grundmuster stricken und am Ende jeder R jeweils 1 M zunehmen. Nach Ablauf der Farbfolge alle M abketten.

Über die beiden Schrägseiten mit je 1 Faden schwarz Mohair und 1 Faden Lurex meliert Lm-Bögen häkeln. Dafür an einer Ecke mit einer fM beginnen, dann 5 Lm häkeln, 3 cm der Kante übergehen, 1 fM, 5 Lm, 3 cm der Kante übergehen, 1 fM usw. Bis zur anderen Ecke häkeln. Dann noch 12 R Bögen häkeln, wobei jeweils die fM unter die Lm-Bögen der VorR gehäkelt werden. Gleichzeitig – damit die obere Kante gerade bleibt! – links und rechts an den Ecken in jeder 2. R je 1 Bogen zunehmen. In der unteren Mitte, also an der Spitze, ebenfalls in jeder 2. R je 1 Bogen zunehmen, indem man in den mittleren Lm-Bogen 2 Lm-Bögen einhängt. Zum Abschluß aus allen vorhandenen Garnen ca. 70 cm lange Fransen schneiden und in jeden Luftmaschenbogen 1 Franse einknoten (wie man Fransen herstellt siehe Seite 139).

Buntes Häkeltuch mit Fransen

Material: je 100 g lodengrüne, schilfgrüne und mittelblaue und je 50 g altrosa, violette, rostrote, rosa, graue, hellblaue und lachsfarbene Shetlandwolle oder entsprechende Wollreste, Häkelnadel Nr. 5.

Anleitung: Das Tuch wird in Hin- und Herreihen von unten nach oben gehäkelt. Dabei werden am Anfang und Ende jeder R je 1 M zugenommen. Die Muster sind 1. Stb, 2. fM und 3. Büschelstb (= 3 Stb bis zur letzten Schlinge abhäkeln und dann mit 1 U alle 4 auf der Nadel befindlichen Schlingen abmaschen, 1 Lm, 1 GrundM übergehen und wieder 1 Büschelstb häkeln).

In Lodengrün 7 Lm anschlagen. **1. R:** 5 Stb **2. R:** 7 Büschelstb **3. R:** schilfgrüne Büschelstb **4. R:** violette Büschelstb **5. R:** rosa Büschelstb **6. und 7. R:** violette Büschelstb **8. R:** rostrote Büschelstb **9. R:** lachsfarb. fM **10. R:** graue Stb **11. R:** rostrote Büschelstb **12. R:** schilfgrüne fM **13. und 14. R:** lodengrüne Büschelstb **15. R:** schilfgrüne fM **16. und 17. R:** mittelblaue Büschelstb **18. R:** violette fM **19. R:** hellblaue Stb **20. R:** lodengrüne Büschelstb **21. R:** schilfgrüne Büschelstb **22. und 23. R:** lodengrüne Büschelstb **24. R:** altrosa Büschelstb **25. R:** rostrote fM **26. R:** rosa Stb **27. R:** schilfgrüne Büschelstb **28. R:** lodengrüne Büschelstb **29. und 30. R:** lachsfarb. fM **31. R:** altrosa Büschelstb **32. und 33. R:** violette Stb **34. R:** schilfgrüne Büschelstb **35. R:**

Häkeltücher, zart und rustikal

*Zwei große Umschlagtücher – das rote mit
den großzügigen Bogenmustern sehr dekorativ und luftig, das in warmen, harmoni-
schen Farben gestreifte auch für kühlere
Tage. Es wird aus weicher Shetlandwolle
gearbeitet.*

*Beide Tücher sind vielseitig verwendbar. Sie
können über Trachtenröcken, langen Hosen
und sogar über einfachen, einfarbigen Lo-
densachen getragen werden.*

lodengrüne Büschelstb **36. und 37. R:** schilfgrüne Büschelstb **38. und 39. R:** mittelblaue Büschelstb **40. R:** hellblaue fM **41. R:** graue Stb **42. R:** rostrote Büschelstb **43. R:** lachsfarb. Büschelstb **44. R:** rostrote Büschelstb **45. R:** rosa Stb **46. R:** lodengrüne Büschelstb **47. R:** altrosa Stb **48. und 49. R:** schilfgrüne Büschelstb **50. R:** rostrote fM **51. und 52. R:** lachsfarb. fM **53. R:** graue Stb **54. und 55. R:** lodengrüne Büschelstb **56. R:** hellblaue Stb **57. R:** violette Büschelstb **58. R:** rosa Büschelstb **59. R:** schilfgrüne Büschelstb **60. und 61. R:** lodengrüne Büschelstb **62. R:** schilfgrüne Büschelstb **63. R:** altrosa Stb **64. R:** rostrote fM **65. R:** mittelblaue Stb **66. R:** rostrote Büschelstb **67. R:** schilfgrüne Büschelstb **68. und 69. R:** lodengrüne Büschelstb

Das Tuch etwas gedehnt aufstecken und vorsichtig dämpfen. Aus den Wollresten ca. 50 cm lange Fransen schneiden und jeweils 5 Fäden an den Kanten in die Streifenenden einknoten (über das Herstellen von Fransen siehe Seite 139).

Rotes Umschlagtuch
Material: 500 g mittelstarke weiche Sportwolle, Häkelnadel Nr. 4.
Anleitung: 9 Lm anschlagen.
1. R: In die mittlere der 9 Lm 4mal 1 Lm – 1 Dstb häkeln. Dann noch 1 Lm – 1 Km in die 1. Lm des Anschlags.
2. R: 4 Wende-Lm, unter jede Lm der VorR 1 Dstb – 1 Lm, zwischen dem 3. und 4. Dstb der VorR für die rückw.

Mitte 2 Dstb – 1 Lm – 2 Dstb, zum Abschluß der R zwischen das 5. und 6. Dstb der VorR 1 Dstb – 1 Lm – 1 Dstb
3.–6. R: Wie 2. R, mit den entsprechend laufend zugenommenen M
7. R: 4 Wende-Lm, 2 Dstb unter die 1. Lm * 3 Lm, 1 Lm der VorR übergehen, unter die folg. Lm 4 Dstb jeweils bis zur letzten Schlinge abhäkeln und dann alle 5 auf der Nadel liegenden Schlingen abhäkeln (= 1 Büschel). Ab * wiederholen. In der rückw. Mitte 1 Büschel – 3 Lm – 1 Büschel häkeln. Die R endet: 1 Büschel, 3 Lm, 1 Lm der VorR übergehen, 3 Dstb unter die letzte Lm der VorR
8. R: 1 Wende-Lm, 5 fM in jeden Lm-Bogen der VorR
9. R: 4 Wende-Lm * 1 fM in die mittlere der 5 fM der VorR, 5 Lm. Ab * wiederholen. In der rückw. Mitte einen zusätzlichen Bogen häkeln.
10. R: 1 Wende-Lm, 5 fM in jeden Lm-Bogen der VorR
11. R: 4 Wende-Lm, 2 Dstb in die 1. fM der VorR, 3 Lm * 1 Büschel in die mittlere der folg. 5 fM, 3 Lm. Ab * wiederholen. In der hinteren Mitte 1 Büschel – 3 Lm – 1 Büschel.
12. R: wie 8. R
13. R: 4 Wende-Lm, 2 Dstb in die 1. fM der VorR * in die mittlere der folg. 5 fM 1 Dstb – 1 Lm – 1 Dstb – 1 Lm – 1 Dstb – 1 Lm. Ab * wiederholen. In der rückw. Mitte 1 Dstb – 1 Lm – 1 Dstb – 1 Lm – 1 Dstb – 1 Lm – 1 Dstb – 1 Lm – 1 Dstb – 1 Lm – 1 Dstb – 1 Lm. Die R endet mit 2 Dstb in die letzte fM der VorR

14. R: 4 Wende-Lm, 2 Dstb unter die 1. Lm der VorR, 1 Lm, unter jede folg. lm 1 Dstb – 1 Lm. In der rückw. Mitte 4 Dstb

15. R: wie 14. R

16. R: 4 Wende-Lm, 2 Dstb unter die 1. Lm der VorR, 1 Lm * 1 Dstb unter die folg. Lm, 3 Lm, 2 fM unter die folg. Lm, 2 fM unter die dann folg. Lm, 3 Lm, 1 Dstb unter die folg. Lm, 1 Lm, 6mal: 1 Dstb – 1 Lm unter die folg. 6 Lm. Ab * wiederholen. In der rückw. Mitte 4mal 1 Dstb – 1 Lm

17. R: 4 Wende-Lm, 2 Dstb unter die 1. Lm der VorR, 2mal: 1 Lm – 1 Dstb unter die folg. 2 Lm * 3 Lm, dann unter die 3 Lm der VorR 2 fM, 4 fM auf die folg. 4 fM, 2 fM unter die folg. 3 Lm, 3 Lm, 7mal: 1 Dstb – 1 Lm unter die folg. 7 Lm. Ab * wiederholen.

18. R: Wie 17. R, aber die Bögen aus fM werden jeweils auf beiden Seiten um je 2 fM verbreitert, und die Dstb zwischen den Bögen verringern sich um 1 Dstb

19. R: wie 18. R

20. R: wie 19. R

21. R: Bis Beginn des 1. Bogens wie bisher häkeln. Dann: * 2 fM unter die 3 Lm vor den Bogen, 2 fM in die ersten 2 fM des Bogens, 3 Lm, 1 Büschel in die folg. fM, 4 fM übergehen, 1 Büschel, 4 fM übergehen, 1 Büschel, 4 fM übergehen, 1 Büschel, 3 Lm, 1 fM in die gleiche GrundM, 2 fM in die folg.

2 fM, 2 fM unter die folg. 3 Lm, 3 Lm, 3mal: 1 Dstb – 1 Lm unter die folg. 3 Lm, 3 Lm. Ab * wiederholen.

22. R: * In die Mitte der Büschel der VorR 1 Büschel – 3 Lm – 1 Büschel häkeln, 7 Lm, 1 fM unter die 3 Lm der VorR, 7 Lm, 1 fM unter die folg. 3 Lm der VorR, 7 Lm, Ab * wiederholen.

23. R: in die 7er Lm-Bögen der VorR 7 fM und in die 3er Bögen 3 fM

24. R: jeweils in die mittlere fM der Bögen der VorR 1 Büschel – 5 Lm

25. R: in jeden Lm-Bogen der VorR 7 fM

26. R: 1 fM in die mittlere M des Bogens der VorR * 7 Lm, 1 fM in die mittlere M des folg. Bogens. Ab * wiederholen.

27. R: wie 24. R

28. R: wie 25. R

29. R: jeweils in die mittlere fM der Bögen der VorR: 3mal 1 Dstb – 1 Lm

30. R: unter jede Lm der VorR 1 Dstb – 1 Lm

31. und 32. R: Wie 30. R

Es folgen nun noch einmal die Bögen von R 16–22

Zum Abschluß noch 1 R Lm-Bögen von je 8 Lm häkeln.

40 cm lange Fransen schneiden und je 5 Fäden zur Hälfte in die Bögen einknoten (über das Einknoten von Fransen siehe Seite 139). Das Tuch gut gedehnt aufnadeln und vorsichtig dämpfen.

Zwei gehäkelte Schal-Mütze-Kombinationen

Eine schicke und warme Ergänzung zu einfachen Mänteln oder zu Capes.

Die weiß-blau-dunkelblaue Mütze liegt eng am Kopf an und hat einen diagonal gestreiften Aufschlag, der Schal ist ebenfalls diagonal gestreift und mollig warm.

Das rosa Hütchen schmeichelt dem Gesicht sehr und läßt noch etwas Haar sehen, der braun-rosa-weiße Schal ist längsgestreift. Beide Schals sollen sehr lang sein, damit sie auch richtig zur Wirkung kommen.

Häkelschal und Häkelmütze
in Weiß und Blau

Material: je 200 g mittelstarke Dochtwolle in Rohweiß, Dunkelblau und
Taubenblau, Häkelnadel Nr. 7.

Grundmuster: Stb

Schal: In Dunkelblau 5 Lm anschlagen.

1. R: 2 Stb häkeln.

2. R: 3 Wende-Lm, 2 Stb in die 1. M
der VorR, 1 Stb, 2 Stb in die Wende-
Lm der VorR

3. R: 3 Wende-Lm, 2 Stb in die 1. M
der VorR, 4 Stb, 2 Stb in die Wende-
Lm der VorR. Auf diese Weise weiter
zunehmen, bis 32 M vorhanden sind.
Dann wird an der einen Seite weiter
wie beschrieben zugenommen und an
der anderen Seite entsprechend abgenommen, das heißt, am Ende der R
werden die viertletzte, die drittletzte
und die letzte M über den Wende-Lm
der VorR zusammengehäkelt.
Die folgende R beginnt mit 3 Wende-
Lm, die 2. und 3. M werden zusammengehäkelt. Man häkelt 16 R in
Dunkelblau, 16 R in Taubenblau,
16 R in Weiß, dann 6mal je 2 R abwechselnd in den 3 Farben. Dann auf
beiden Seiten abnehmen, bis alle M
abgenommen sind. An den Enden in
den entsprechenden Farben Fransen
von ca. 20 cm Länge einknoten
(Fransen siehe Seite 139).

Mütze: Zunächst in Dunkelblau den
Mützenkopf häkeln: 6 Lm anschlagen
und zum Ring schließen.

1. Rd: 10 Stb

2. Rd: 20 Stb

3. Rd: 30 Stb

4. Rd: wie 3. Rd

5. Rd: 35 Stb

6. Rd: wie 5. Rd

7. Rd: 40 Stb

8. Rd: wie 7. Rd

9. Rd: 45 Stb

10. Rd: wie 9. Rd

11. Rd: 50 Stb

12.–18. Rd: wie 11. Rd

Für den Rand ein diagonal gestreiftes
Band von 18 M Breite häkeln, und
zwar 5mal abwechselnd 2 R weiß, 2 R
dunkelblau, 2 R taubenblau. Hierbei
werden die Zu- und Abnahmen genau
wie beim Schal beschrieben gearbeitet.
Das Band zusammennähen und an den
unteren Mützenrand nähen.

Häkelschal und Häkelhütchen
in Weiß-Braun-Rosa

Material: 200 g rosa und je 150 g rohweiße und braune mittelstarke Dochtwolle, Häkelnadel Nr. 7.

Grundmuster: Lm-Anschlag.

1. R: Abwechselnd 1 fM – 1 Lm

2. R: Ebenfalls abwechselnd 1 fM –
1 Lm, wobei aber die fM unter die Lm
der VorR gehäkelt wird.

Schal: Er wird über einem Anschlag
von 300 Lm gehäkelt, also über der
Gesamtlänge von ca. 2,80 m.
In weiß 300 Lm anschlagen und im
Grundmuster je 8 R in Weiß, Rosa und
Braun häkeln. An beiden Enden in den
entsprechenden Farben Fransen von
ca. 20 cm Länge einknoten.

Hütchen: In Rosa 6 Lm anschlagen
und zum Ring schließen.

1. Rd: 6mal abwechselnd 1 fM – 1 Lm
2. Rd: 12mal abwechselnd 1 fM – 1 Lm
3. Rd: 18mal abwechselnd 1 fM – 1 Lm
4. Rd: 24mal abwechselnd 1 fM – 1 Lm
5. Rd: wie 4. Rd
6. Rd: 30mal abwechselnd 1 fM – 1 Lm
7. Rd: wie 6. Rd
8. Rd: 34mal abwechselnd 1 fM – 1 Lm
9. Rd: wie 8. Rd
10. Rd: 36mal abwechselnd 1 fM – 1 Lm
11.–25. Rd: wie 10. Rd
26. Rd: 46mal abwechselnd 1 fM – 1 Lm
27. Rd: 50mal abwechselnd 1 fM – 1 Lm
28. Rd: 54mal abwechselnd 1 fM – 1 Lm
29. Rd: 58mal abwechselnd 1 fM – 1 Lm
30. Rd: 62mal abwechselnd 1 fM – 1 Lm
31.–34. Rd: wie 30. Rd
35. Rd: in Braun wie 30. Rd
36. Rd: in Weiß wie 30. Rd
Aus allen 3 Farben eine ca. 70 cm lange Kordel (siehe Seite 141) drehen und über der Krempe annähen. Die Kordelenden seitlich zu einem hübschen Knoten schlingen und ebenfalls festnähen.

Mohair-Chenille-Jacke
Material für Größe 38/40: 280 g brombeerfarbenes Mohairgarn, 300 g dunkelpinkfarbene Sportwolle und 180 g rosarotes Chenillegarn, Stricknadeln Nr. 7.
Grundmuster: glatt re (HinR re, RückR li)
Zählmuster: leere Felder: Mohair; große Punkte: Chenille; kleine Punkte: Sportwolle. Diese R immer re stricken.
Maschenprobe: 14 M in der Breite und 16 R in der Höhe ergeben 10 cm im Quadrat.
Rückenteil: In Pink 65 M anschlagen und zunächst 4 R kraus, 2 R glatt re Mohair, 2 R pink kraus, 2 R glatt re Mohair stricken und dann im Grundmuster und nach dem Zählmuster bis 46 cm Höhe gerade hochstricken. Dann für die Armschrägung 5 mal in jeder 2. R je 1 M abnehmen (= 55 M). Die M auf einer Hilfsnadel oder einem Maschenraffer stillegen.
Vorderteil: In Pink 35 M anschlagen und zunächst wie beim Rückenteil 4 R kraus, 2 R glatt re Mohair, 2 R pink kraus, 2 R glatt re Mohair stricken. Im Grundmuster und nach dem Zählmuster bis 46 cm Höhe gerade hochstricken. Für die Armschrägung wie beim Rückenteil 5 mal in jeder 2. R je 1 M abnehmen. Die M auf einer Hilfsnadel oder einem Maschenraffer stillegen. Das 2. Vorderteil gegengleich stricken.
Ärmel: In Pink 55 M anschlagen und im Grundmuster und nach dem Zählmuster 43 cm gerade hochstricken. Für

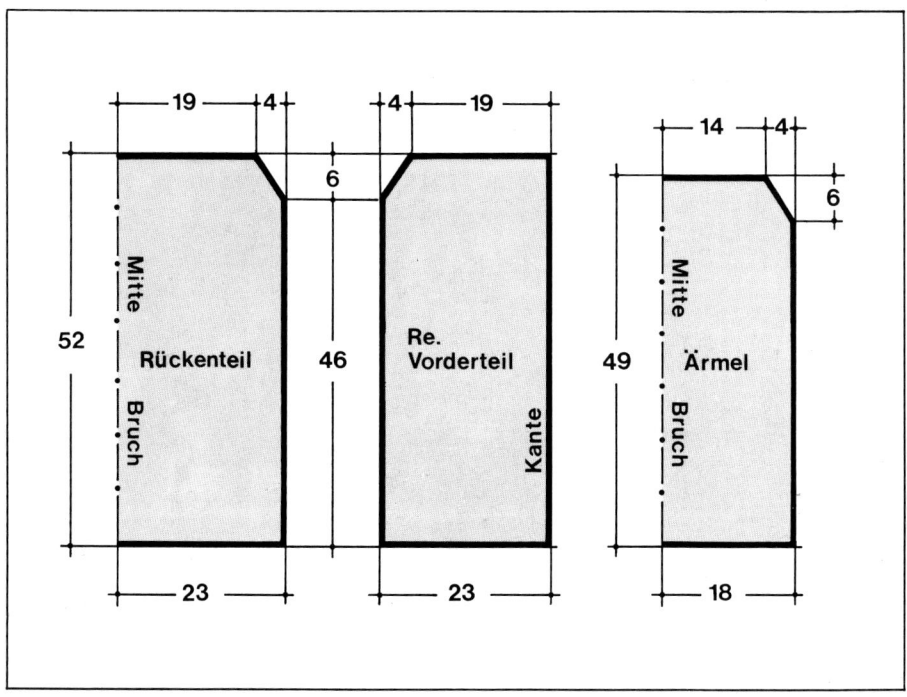

die Schrägungen in jeder 2. R 5 mal auf
beiden Seiten je 1 M abnehmen. Die M
stillegen.

Ausarbeitung: Die Teile sorgfältig
nach dem Schnitt spannen; leicht
dämpfen. Dann die Armschrägungen
zusammennähen (Stricknähte siehe
Seite 20). Alle M (Vorderteil-Ärmel-
Rücken-Ärmel-Vorderteil = 205 M)
nebeneinander auf eine Nadel nehmen
und die Passe in einem Stück stricken:
abwechselnd 2 R Mohair glatt re und
2 R kraus (HinR re, RückR re) in
pinkfarbener Wolle. Dann jeweils in
den Mohairreihen 10 mal gleichmäßig
verteilt 16 M abnehmen. Es bleiben
45 M auf der Nadel. Die M stillegen.
Aus den Vorderteilkanten die M in

**Mut zum Kombinieren: eine besonders
aparte Jacke**
*Es macht Spaß, mit einfachen Mitteln ganz
raffinierte Effekte zu erzielen. Sportwolle,
Mohair- und Chenillegarn: drei völlig ver-
schiedenartige Materialien, die trotzdem
sehr gut miteinander harmonieren.*
*Die Jacke ist in einem ganz einfachen Ein-
strickmuster gearbeitet, die aufwendige Wirkung entsteht nur durch die unterschiedli-
chen Garnstrukturen.*
*Die Teile werden bis zu Beginn der Passe
einzeln gestrickt, dann wird auf einer Rundnadel – alle Teile nebeneinander – weitergearbeitet. Die Jacke sitzt auf diese Weise um
die Schultern perfekt und fällt weich und
elegant.*

198

pinkfarbener Wolle auffassen und 2 R
kraus pink, 2 R glatt Mohair, 2 R kraus
pink, 2 R glatt Mohair und 4 R kraus
pink stricken. Die M lose und gleichmäßig abketten. Die M der Halskante
wieder auffassen und zusätzlich aus
den oberen Leistenkanten die M auffassen und in Pink 6 R re stricken. Die
M abketten.

Aus den unteren Ärmelkanten 22 M
auffassen und * 2 R kraus pink, 2 R
glatt Mohair stricken. Ab * noch 4 mal
wiederholen. Zum Abschluß noch 4 R
kraus pink stricken und die M abketten. Die Seiten- und Ärmelnähte
schließen, dabei auf den exakten Verlauf des Musters achten.

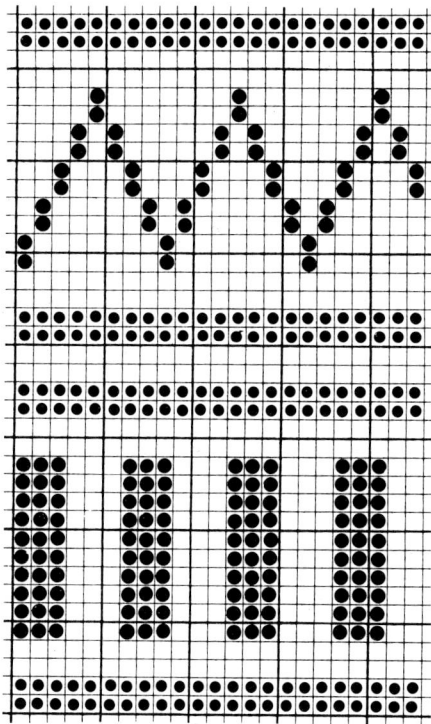

**Ein Herrenpullover, klassisch und querge-
streift**
*Der klassische Herrenpullover: glatt ge-
strickt, mit V-Ausschnitt. Unser Modell ist
aus Shetlandwolle gearbeitet und hat ein
sportliches Streifenmuster.*
*Man kann solch einen Pullover sowohl
ohne Jackett tragen als auch unter einem
sportlichen Sakko. In den Farben sollte er
möglichst gut zur Hose passen.*
*Ein Pullover dieser Art wird von Männern
gleich welchen Alters gern getragen – man
kann eigentlich nicht genug davon haben.*

Herrenpullover mit V-Ausschnitt
Material für Größe 48/50: 350 g kupferrote, 100 g beige und je 50 g weiße und schwarze Shetlandwolle, Stricknadeln Nr. 3¹/₂.
Grundmuster: glatt re (HinR re, RückR li)
Maschenprobe: 24 M in der Breite und 32 R in der Höhe ergeben 10 cm im Quadrat.
Farbfolge: * 12 R kupferrot, 2 R schwarz, 2 R weiß, 6 R beige. Ab * fortlaufend wiederholen.
Rückenteil: In Kupferrot 106 M anschlagen. Zunächst einen Farbrapport, also eine Farbfolge, 1 M re, 1 M li im Wechsel stricken, dann im Grundmuster und der Farbfolge fortfahren. Bis 35 cm Gesamthöhe nach jeweils 6 cm beidseitig je 1 M zunehmen. In 35 cm Gesamthöhe mit den Armausschnitten beginnen und dafür beidseitig in jeder 2. R 1mal 3, 2mal 2, 1mal 1, 1mal 2 und 2mal 1 M abketten. Bis 62,5 cm Gesamthöhe stricken und dabei wieder gleichmäßig verteilt auf beiden Seiten 5mal 1 M zunehmen. Dann für die Schulterschrägungen beidseitig in jeder 2. R 4mal 8 M abketten. Die restl. 38 M abketten.
Vorderteil: In Kupferrot 106 M anschlagen und wie das Rückenteil arbeiten. In 37 cm Höhe für den V-Ausschnitt die Arbeit in der Mitte teilen und beide Seiten getrennt und gegengleich beenden. Für die Ausschnittschrägung zuerst 4mal in jeder 2. R und dann 15mal in jeder 4. R jeweils die 3. und 4. M zusammenstricken. Die

restl. R gerade hochstricken. Die Seitenkante und den Armausschnitt wie beim Rückenteil arbeiten. Die andere Ausschnittseite gegengleich beenden.
Ärmel: In Kupferrot 52 M anschlagen und zunächst einen Farbrapport 1 M re, 1 M li im Wechsel gerade hochstricken. Im Grundmuster und in Kupferrot fortfahren und bis 44 cm Gesamthöhe gleichmäßig verteilt nach jeweils 3 cm 12mal 1 M zunehmen. Für die Armkugel auf beiden Seiten in jeder 2. R 3mal 2, 1mal 1, 1mal 2, 18mal 1, 3mal 2 und dann die restl. 10 M auf einmal abketten. Den 2. Ärmel ebenso stricken.
Ausarbeitung: Die Teile nach dem Schnitt spannen; leicht dämpfen. Zuerst die Schulternähte, dann die Seitennähte schließen (Stricknähte siehe Seite 20). Die Ärmelnähte schließen und die Ärmel einnähen. Für das Halsbündchen die M aus der Halsausschnittkante, an einer Schulternaht beginnend, mit einer Rundnadel auffassen. Die M der vorderen Mitte muß genau markiert werden und eine re M sein! 13 Rd in Kupferrot 1 M re, 1 M li im Wechsel stricken und dabei in jeder R re und li dieser markierten MittelM beidseitig je 1 M abnehmen. Alle M abketten. Die Nähte und die Leiste nochmals vorsichtig dämpfen.
So können Sie abwandeln: Nicht jeder Mann wird sich in einem buntgestreiften Pullover wohlfühlen. Sie können dieses klassische Modell auch einfarbig nacharbeiten, in Dunkelblau oder Hellgrau zum Beispiel.

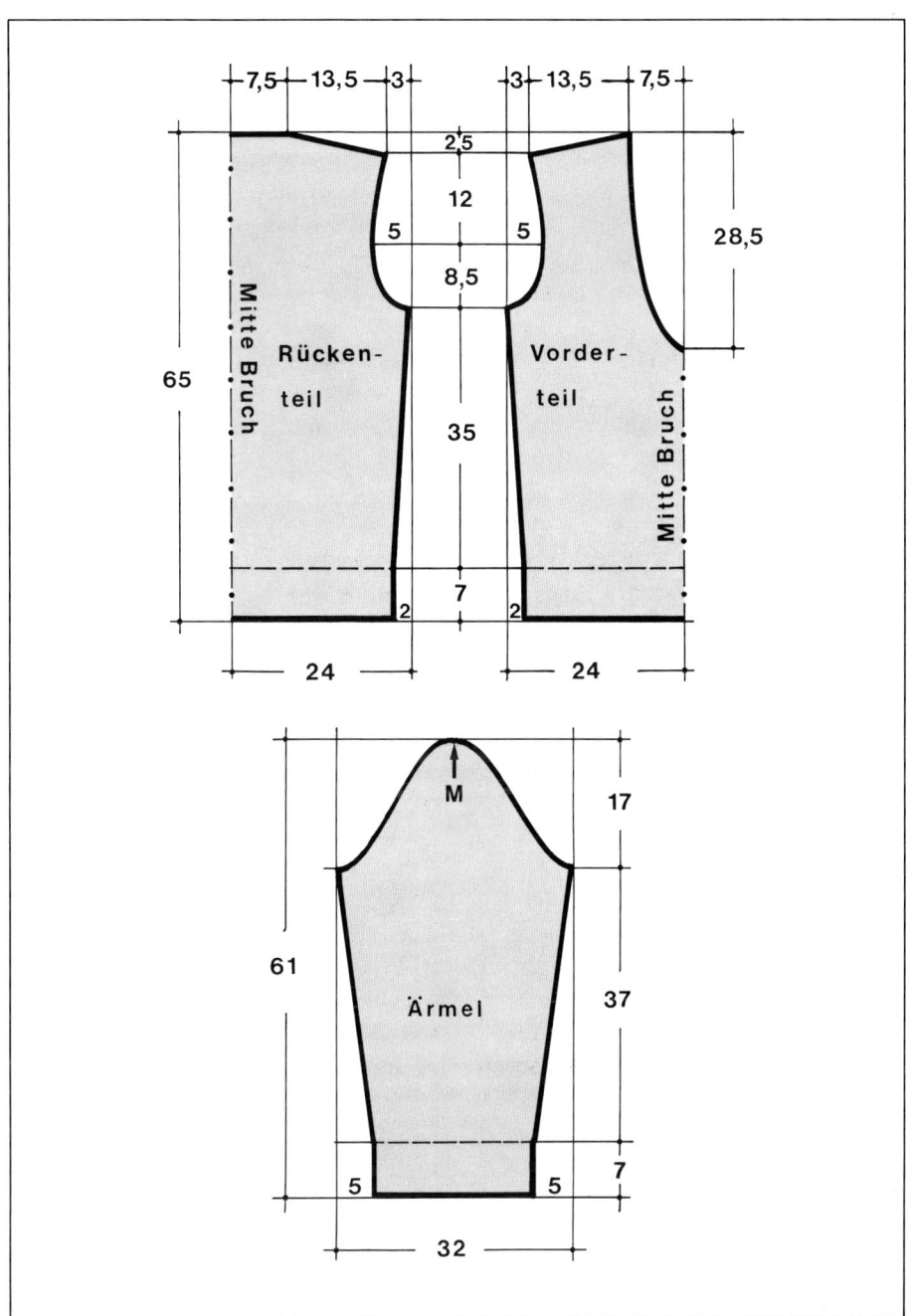

Kinderpullover mit V-Ausschnitt und Raglanärmeln

Material für Größe 128: 250 g kupferrote und je 50 g beige, weiße und schwarze Shetlandwolle, Stricknadeln Nr. 3½.

Grundmuster: glatt re (HinR re, RückR li)

Maschenprobe: 24 M in der Breite und 32 R in der Höhe ergeben 10 cm im Quadrat.

Farbfolge: * 12 R kupferrot, 2 R schwarz, 2 R weiß, 6 R beige. Ab * fortlaufend wiederholen.

Rückenteil: In Kupferrot 74 M anschlagen und zunächst einen Farbrapport (also eine Farbfolge) 1 M re, 1 M li im Wechsel stricken. Im Grundmuster und der Farbfolge fortfahren. Bis 30 cm Gesamthöhe gerade hochstricken, dann für die Raglanschrägung 25mal auf beiden Seiten in jeder 2. R jeweils die 3. und 4. M zusammenstricken. Noch 8 R gerade hochstricken und alle M abketten.

Vorderteil: In Kupferrot 74 M anschlagen und wie das Rückenteil beginnen. In 30 cm Höhe die Arbeit in der Mitte teilen und beide Seiten getrennt und gegengleich beenden. Die Raglanschrägung genau wie beim Rückenteil arbeiten, aber ohne die letzten 8 gerade hochgestrickten R! Für den V-Ausschnitt 3mal in jeder 2. R und 9mal in jeder 4. R jeweils die 3. und 4. M zusammenstricken.

Ärmel: In Kupferrot 38 M anschlagen und zunächst einen Farbrapport 1 M

Auch Kleine mögen's quergestreift
Wieder die klassische Pulloverform, diesmal aber mit Raglanärmeln.
Dieser Kinderpullover ist, wie der Herrenpullover, quergestreift und wurde ebenfalls aus Shetlandwolle gestrickt.
Schulbuben sind mit solchen Pullis immer gut und bequem angezogen. Praktisch ist es, Lederflecken oder -herzen auf die Ellbogen zu nähen, damit sich die Wolle dort nicht so rasch durchscheuert.

re, 1 M li im Wechsel gerade hochstricken.

In Kupferrot und im Grundmuster fortfahren und bis 32 cm Gesamthöhe auf beiden Seiten gleichmäßig verteilt 11mal in jeder 8. R je 1 M zunehmen. In 32 cm Höhe mit der Raglanschrägung beginnen und diese wie beim Rückenteil stricken. Dabei aber an der li Kante nach der letzten Raglanabnahme zu Beginn jeder R 2mal 3 und 1mal 4 M abnehmen. Den re Ärmel gegengleich stricken.

Ausarbeitung: Die Teile nach dem Schnitt spannen; leicht dämpfen. Zu-

erst die Ärmel einnähen, dann Ärmel- und Seitennähte schließen (Stricknähte siehe Seite 20). Für das Halsbündchen die M aus der Halsausschnittkante, an einer rückw. Schulternaht beginnend, mit einer Rundnadel auffassen. Die M der vorderen Mitte muß genau markiert werden und eine re M sein! 8 Rd in Kupferrot 1 M re, 1 M li im Wechsel stricken und dabei in jeder R re und li der markierten Mittel-M beidseitig je 1 M abnehmen. Alle M abketten und nochmals vorsichtig, ohne fest aufzudrücken, über Nähte und Leiste dämpfen.

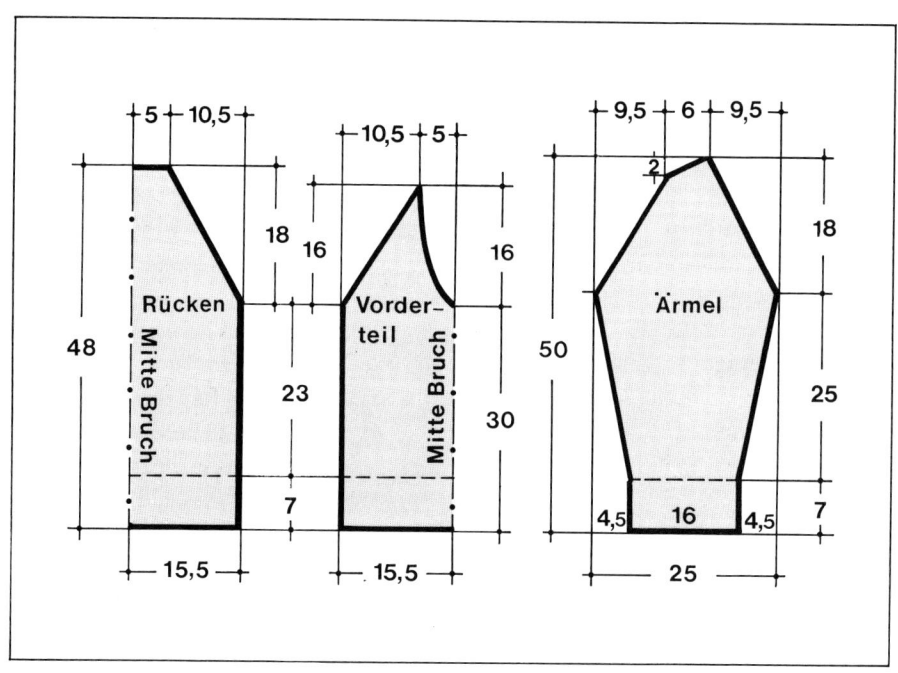

206

Kleine Aufmerksamkeiten, große Geschenke

Oft ist es recht schwierig, ein passendes Geschenk zu finden, auch wenn man noch so viel herumsucht. Und dann wird zuletzt irgend etwas erworben, an dem weder der Schenker noch der Beschenkte eine rechte Freude hat. Solch ein Verlegenheitskauf ist niemals nötig, wenn man etwas ganz Persönliches selber machen kann. Es gibt hier nur einen einzigen Haken: Man muß den Geschmack des oder der Beschenkten einigermaßen kennen.

Verzierte Handtücher oder gar ein Badezimmerteppich sind nicht nur schön, sondern auch praktisch und als Weihnachts- wie als Hochzeitsgeschenk gleich gut geeignet. Ganz sicher stechen sie angenehm ab von den vielen mehr oder weniger schönen Vasen, den Schüsseln, den obligaten Schnapsgläsern und dem neckischen Krimskrams, der immer noch die Geschenktische jungvermählter Paare ziert.

Wenn jemand gerne kocht und auch in der Küche Wert auf hübsche Dinge legt, den werden lustige, bunte Topflappen immer erfreuen.

Einer jungen Mutter macht ein Babysack vermutlich viel mehr Spaß, als die soundsovielte Garnitur, bestehend aus Mützchen und Jäckchen (die nach sechs Wochen ohnehin nicht mehr passen).

Bunte Kissen oder leichte Häkeltaschen erfordern nicht viel Zeit und Mühe, sehen aber wunderhübsch aus und sind zudem vielseitig verwendbar. Einen runden Häkelteppich wird man wahrscheinlich nur sehr guten Freunden schenken. Es ist eine besonders schöne, allerdings auch ziemlich aufwendige Gabe. Die Farben wählt man natürlich so, daß sie sich gut in die übrige Einrichtung einfügen.

207

Gelbes »Seelenwärmerchen«

Material: für Größe 36–42 160 g
weiches, dünnes Mohairgarn, Stricknadeln Nr. 3$^{1}/_{2}$, 2 Knöpfe.
Grundmuster: Lochmuster 2 (siehe
Seite 82)
Maschenprobe: 18 M in der Breite und
30 R in der Höhe ergeben 10 cm im
Quadrat.
Anleitung: Das Teil wird in einem
Stück gestrickt. Für die rückw. Unterkante 56 M anschlagen und zunächst
10 R kraus (HinR re, RückR re) strikken. Im Grundmuster fortfahren, dabei aber an der re und li Kante weiterhin jeweils 5 M durchgehend kraus
stricken. Gleichzeitig auf beiden Seiten
8 mal in jeder 4. R, 14 mal in jeder 2. R
und 42 mal in jeder R je 1 M zwischen
der seitl. Leiste und dem Grundmuster
zunehmen (= 184 M). Ab 36 cm
Höhe die mittleren 50 M kraus strikken. In 38 cm Höhe die mittleren 40 M
abketten. Die Außenkanten gerade
hochstricken und an beiden inneren
Kanten 62 mal in jeder 2. R jeweils neben den Leisten 1 M abnehmen. Re
und li nun ebenfalls eine 5 M breite
Kraus-Leiste mitstricken. Die letzten
10 M noch 5 cm gerade hochstricken
und abketten.
Das Teil nach dem Schnitt spannen,
von links vorsichtig dämpfen und noch
einige Zeit aufgesteckt liegenlassen.
An den beiden Zipfeln aus Lm je
eine Knopflochschlaufe anhäkeln
und an den Ecken der rückw. Unterkante die Knöpfe annähen.

**Ein flauschiges, duftiges Seelenwärmer-
chen**
*Es gibt Gelegenheiten, bei denen man unbe-
dingt ein Bettjäckchen braucht – wenn man
in der Klinik liegt zum Beispiel oder für
ungeheizte Schlafzimmer und weit geöffnete
Fenster schwärmt. Genau das Richtige ist da
unser Seelenwärmerchen – denn nichts anderes ist dieses Tuch, das einfach um die
Schultern gelegt und seitlich geknöpft wird.
Ob man das recht ungewöhnliche, aber sehr
praktische Bettjäckchen aus feinem Mohairgarn – wie in unserem Beispiel – oder
aus weicher Babywolle arbeitet: Es wirkt
immer reizend verspielt und hält dabei herr-
lich warm.
Das gleiche Tuch, aus Sportwolle oder der-
berer Landwolle gearbeitet, wird zum hübschen Ersatz für eine Jacke und paßt besonders zu sportlichen Blusen und Röcken sowie zu Jeans.*

208

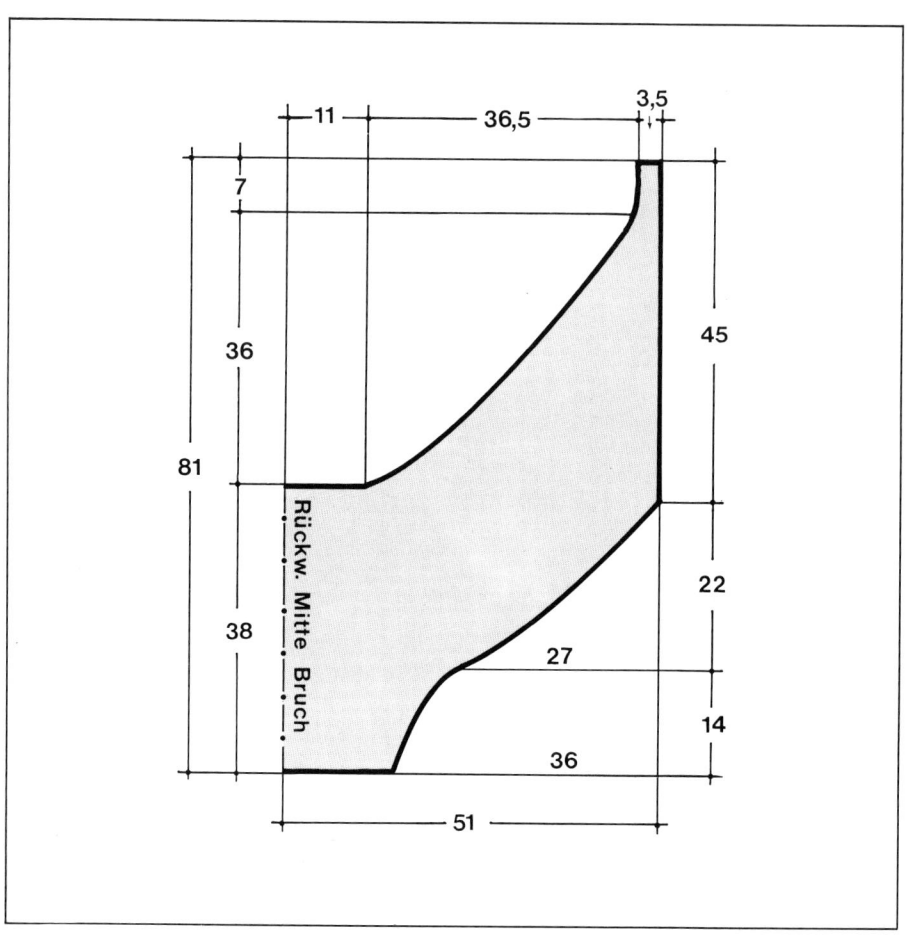

Schnittschema zum gelben »Seelenwärmerchen« von Seite 208.

Strick- und Häkelkissen zum Sammeln

Je mehr davon auf Couch oder Sofa liegen, desto hübscher sehen die Kissenkombinationen aus. Für einen Innenraum wird man die Farben gut aufeinander abstimmen, vielleicht sogar Ton in Ton, für die Gartenmöbel oder die Sitzecke auf der Terrasse dürfen sie fröhlich bunt sein. Muster und Formen sollte man immer einfach wählen. Vielleicht probiert die kleine Tochter einmal an einem Kissen ihre ersten Häkelkünste aus? Wenn sie recht viele bunte Reste zur Verfügung hat, wird ihr die Arbeit besonderen Spaß machen.

Häkelkissen im Zackenmuster

Material für ein 40 × 30 cm großes Kissen: 100 g dunkelblaue und je 50 g türkisblaue, gelbe, violette und grüne Sportwolle, Häkelnadel Nr. 3¹/₂. Eine entsprechend große Kissenfüllung.

Grundmuster: Stb

Maschenprobe: 18 M in der Breite und 9 R in der Höhe ergeben 10 cm im Quadrat.

Anleitung: Das Kissen wird in einem Stück gehäkelt. In Dunkelblau 75 Lm + 2 Wende-Lm anschlagen und die M wie folgt aufteilen: In die 1. M 2 Stb häkeln * 10 Stb, 4 Stb zusammenhäkeln (siehe Häkelkurs Seite 47), 10 Stb, 4 Stb in eine GrundM. Ab * wiederholen. Die R endet: 10 Stb, 2 Stb in die letzte M der VorR. Diese R fortlaufend in folg. Farbfolge häkeln: * 3 R dunkelblau, 2 R türkisblau, 1 R gelb, 1 R violett, 1 R grün. Ab * noch 5mal wiederholen. Die Zacken mit fM aneinanderhäkeln. Eine Seitennaht ebenfalls mit fM zusammenhäkeln, die Füllung einlegen und dann die 2. Seitennaht zusammenhäkeln. Zum Abschluß über die Seitenkanten noch 1 R fM im Krebsstich (siehe Seite 54) häkeln.

Rundes Häkelkissen

Material: je 50 g violette, grüne, türkisblaue, blaue und dunkelgrüne Sportwolle, Häkelnadel Nr. 3¹/₂. Eine runde Kissenfüllung von 40 cm Durchmesser.

Grundmuster: hStb in Rd gehäkelt.

Anleitung: Für das Kissen werden zwei gleich große runde Platten gehäkelt.

Für jede Platte in Violett 6 Lm anschlagen und mit 1 Km zum Ring schließen. Im Grundmuster häkeln.

1. Rd: 10 hStb. Dann in jeder weiteren Rd gleichmäßig verteilt 10 M zunehmen. Die Rd jeweils mit 3 Lm beginnen und mit 1 Km schließen.

Farbfolge: 1.–5. Rd: violett, 6.–9. Rd: grün, 10.–13. Rd: türkis, 14.–17. Rd: blau, 18.–21. Rd: dunkelgrün, 22.–25. Rd: violett

Die Kissenfüllung zwischen die Platten legen und die Platten mit fM zusammenhäkeln.

Geringeltes rundes Häkelkissen

Material: 200 g bunte Wollreste von gleicher Stärke, Häkelnadel Nr. 3¹/₂. Eine runde Kissenfüllung von ca. 40 cm Durchmessser.

Grundmuster: hStb in Rd gehäkelt

Anleitung: Für das Kissen werden zwei gleich große runde Platten gehäkelt. Für jede Platte 6 Lm anschlagen und mit einer Km zum Ring schließen. Im Grundmuster und in beliebiger Farbfolge häkeln.

1. Rd: 10 hStb

2. Rd: 20 hStb

3. Rd: 30 hStb

4. Rd: 40 hStb usw., also in jeder Rd gleichmäßig verteilt 10 hStb zunehmen. Bis zu einem Durchmesser von 40 cm (ca. 24 Rd) häkeln. Die Kissenfüllung zwischen die beiden Platten legen und die Platten mit 1 Rd fM zusammenhäkeln. Darüber noch 1 Rd fM im Krebsstich (siehe Seite 54) häkeln.

Strickkissen in Pink, Cyclam und Hellrosa
Material für ein 40 × 40 cm großes Kissen: je 100 g pink- und cyclamfarbene und 50 g hellrosa Sportwolle, Stricknadeln Nr. 4. Eine entsprechend große Kissenfüllung.
Grundmuster: kraus (HinR re, RückR re)
Maschenprobe: 22 M in der Breite und 40 R in der Höhe ergeben 10 cm im Quadrat.
Anleitung: Für die aus Quadraten zusammengesetzten Felder 8 Streifen wie folgt stricken: In Pink 24 M anschlagen. 42 R pink und 42 R cyclam stricken. Die M abketten.
Für die gestreiften Felder 4 Quadrate wie folgt stricken: In Cyclam 48 M anschlagen und je 14 R cyclam, pink, rosa, cyclam, pink, rosa im Grundmuster stricken. Die M abketten. Die

beiden Kissenplatten entsprechend der Schemazeichnung zusammennähen. 3 Seitennähte schließen (siehe Stricknähte Seite 20), die Füllung einlegen und die 4. Naht schließen.

Buntgeringelte Häkelrolle
Material: ca. 300 g bunte Wollreste gleicher Stärke, Häkelnadel Nr. 3½. Eine Rollenfüllung ca. 50 cm lang und mit 50 cm Umfang.
Grundmuster: hStb in Rd gehäkelt
Anleitung: Zunächst einen flachen einfarbigen Teller von 50 cm Umfang häkeln. Dafür 6 Lm anschlagen und mit 1 Km zum Ring schließen. Dann im Grundmuster weiterhäkeln: **1. Rd:** 10 hStb. Dann in jeder Rd gleichmäßig verteilt 10 hStb zunehmen. Ist die Größe des Tellers erreicht, in beliebiger Farbfolge in Rd 50 cm ohne Zunahmen gerade hoch weiterhäkeln. Die Füllung einlegen. Einen 2. Teller häkeln und diesen mit fM an die offene Rollenkante anhäkeln.

Strickkissen aus blau-weiß-roten Karos
Material für ein 50 × 40 cm großes Kissen: je 150 g dunkelblaue, mittelblaue, rote und weiße Sportwolle, Stricknadeln Nr. 5½. Eine entsprechend große Kissenfüllung.
Grundmuster: kraus (HinR re, RückR re)
Maschenprobe: 13 M in der Breite und 26 R in der Höhe ergeben 10 cm im Quadrat.

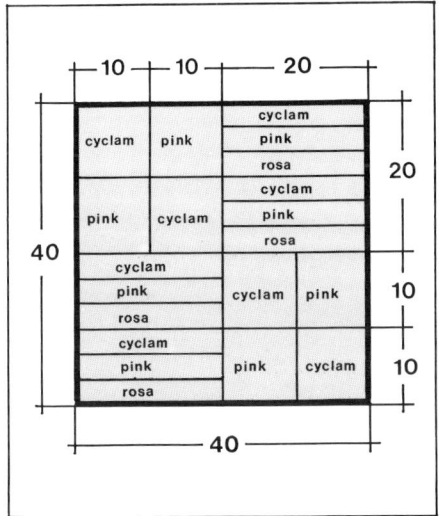

213

Anleitung: Es werden zunächst 5 Streifen gestrickt. Dafür in Dunkelblau 15 M anschlagen und im Grundmuster stricken. * 26 R dunkelblau, 26 R weiß, 26 R rot, 26 R mittelblau. Ab * noch einmal wiederholen. Der 2. Streifen beginnt mit Weiß, der 3. Streifen mit Rot, der 4. Streifen mit Mittelblau, der 5. Streifen wieder mit Dunkelblau, die Farbfolge bleibt aber immer dieselbe. Die Streifen zusammennähen, dabei darauf achten, daß die Karoecken genau aneinanderstoßen. Die Seitennähte schließen (siehe Stricknähte Seite 20). Die Füllung einlegen und die untere Naht schließen.

Ein kleines Problem bildet bei allen Sofakissen immer die Füllung. Sie ist stets aus einem kräftigen Inlett – doch womit nun diese Außenhülle füllen? Am einfachsten – allerdings auch am teuersten – ist es natürlich, wenn man allen Problemen aus dem Wege geht und sich in einem Fachgeschäft eine der fertigen Federfüllungen kauft, die es in allen möglichen Größen und Formen gibt. Billiger kommt es, wenn man ein Inlett selbst mit Schaumstofflocken füllt. Nur muß man hier sehr sorgfältig arbeiten, damit das Kissen nachher nicht häßliche Buckel aufweist, sondern eine glatte Oberfläche bekommt. Vielleicht haben Sie aber auch noch irgendwo ein unansehnlich gewordenes Kopfkissen, das zum Wegwerfen jedoch zu schade ist. Dann kann man das Sofakissen-Inlett selbst – am besten auf dem Balkon – mit Federn füllen und vernähen.

Schmuck fürs Badezimmer, gehäkelt und appliziert

Handtücher braucht man immer. Und deshalb kann man sie auch gut verschenken, besonders dann, wenn sie so persönlich und hübsch »aufbereitet« werden. Der Beschenkte wird sich darüber doppelt freuen. Dabei sind die Borten sehr schnell gehäkelt und können sogar mit der Nähmaschine aufgesteppt werden. Den ganz persönlichen Charakter erhält das Geschenk durch applizierte Blumen oder Monogramme. Schon etwas aufwendiger ist der Badezimmerteppich. Aber welchem Badezimmer stünde dieser bunte Blumenkorb nicht gut? Als Grund dient ein einfacher Frotteestoff, auf den Korb und Blumen aufappliziert werden, ebenfalls mit der Nähmaschine, wenn man will. Ein Badezimmerteppich muß unbedingt rutschfest sein, nicht dünn und »lappig«. Daher wird der Teppich mit einem rutschfesten, waschbaren Gummistoff abgefüttert. (Wir haben dazu einen festen Duschvorhangstoff verwendet).

Häkelspitze und applizierte Häkelblume für ein Frottierhandtuch

Material: 50 g braunes Baumwollgarn, Häkelnadel Nr. 3. Baumwollreste in Orange und Grün.

Grundmuster: Stb

Anleitung: Die Spitze wird an der Schmalseite begonnen. Man häkelt die Spitze so lang, wie es der jeweiligen Handtuchbreite entspricht. 11 Lm + 2 Wende-Lm anschlagen.

1. R: 3 Stb * 1 Lm, 1 GrundM übergehen, 1 Stb. Ab * noch 3mal wiederholen. Die R endet: 1 Lm, 1 GrundM übergehen, 4 Stb in die letzte M

2. R: 3 Lm zum Wenden, 4 Stb in das letzte der 4 Stb der VorR, 1 Lm, die Stb-Gruppe der VorR übergehen, 4 Stb unter die folg. Lm, 1 Lm, 1 Stb in das darunterliegende Stb, 1 Lm, 1 Stb in das darunterliegende Stb, 1 Lm, 4 Stb

3. R: 3 Lm zum Wenden, 3 Stb * 1 Lm, 1 Stb in das darunterliegende Stb. Ab * noch 2mal wiederholen. Dann 1 Lm, 4 Stb zwischen die Stb-Gruppe der VorR, 1 Lm, 4 Stb in die Wende-Lm der VorR

4. R: 3 Lm zum Wenden, 4 Stb in das letzte der 4 Stb der VorR * 1 Lm, 4 Stb zwischen die folgenden Stb-Gruppen der VorR. Ab * noch einmal wiederholen. Dann 1 Lm, 1 Stb über das darunterliegende Stb, 1 Lm, 1 Stb über das darunterliegende Stb, 1 Lm, 4 Stb

5. R: 3 Lm zum Wenden, 3 Stb * 1 Lm, 1 Stb über das darunterliegende Stb. Ab * noch 2mal wiederholen. Dann * 1 Lm, 4 Stb zwischen die Stb-Gruppen der VorR. Ab * noch einmal wiederholen. Dann 1 Lm, 4 Stb in die Wende-Lm der VorR

6. R: 3 Lm zum Wenden, 4 Stb in das letzte der 4 Stb der VorR * 1 Lm, 4 Stb zwischen die Stb-Gruppen der VorR. Ab * noch 2mal wiederholen. Dann 1 Lm, 1 Stb über das darunterliegende Stb, 1 Lm, 1 Stb über das darunterliegende Stb, 1 Lm, 4 Stb

7. R: 3 Lm zum Wenden, 3 Stb * 1 Lm, 1 Stb über das darunterliegende Stb. Ab * noch 2mal wiederholen. Dann 1 Lm, 4 Stb zwischen die ersten 2 Stb-Gruppen der VorR

8. R: wie 2. R. Die 2.–7. R fortlaufend wiederholen. Zum Schluß noch 1 R fM im Krebsstich (siehe Seite 54) über die gerade Kante der Spitze häkeln.

Für die Blume in Orange 6 Lm anschlagen und zum Ring schließen.

1. Rd: 14 fM

2. Rd: 21 fM

3. Rd: Farbe braun. * 1 fM, dann 16 Lm häkeln und über diese Kette zurück fM häkeln, 1 M des Mittelringes übergehen, 1 fM. Ab * noch 6mal wiederholen.

4. Rd: Rings um die Blütenblätter (also entlang den beiden Seiten) 1 Rd fM im Krebsstich häkeln. Für den Stiel 16 Lm in Grün anschlagen und 1 R Stb häkeln. Für die 2 Blätter je 15 Lm anschlagen und in die Lm-Kette 5 fM, 5 hStb und 5 Stb häkeln, dann in die EndM 6 Stb und über die andere Kante der Lm-Kette 5 Stb, 5 hStb und 5 fM häkeln. Spitze und Blume mit der Hand oder der Nähmaschine aufnähen.

Orangerote Häkelborte und Häkelmonogramm für ein Frottierhandtuch
Material: 50 g Baumwollgarn, Häkelnadel Nr. 3.
Anleitung: Für ein 50 cm breites Handtuch 124 Lm anschlagen.
1. R: fM
2. R: 3 Wende-Lm, 1 Stb * 1 Lm, 1 GrundM übergehen, 1 Stb. Ab * wiederholen.
3. R: 3 Wende-Lm, 1 Stb in das letzte Stb der VorR, 1 Stb in die Lm, 1 Stb in das folg. Stb * 1 Lm, 1 Stb in das folg. Stb, 1 Stb in die Lm, 1 Stb in das folg. Stb (= 1 Kästchen). Ab * noch 2mal wiederholen. Dann 1 Lm, 5 Stb in das folg. Stb (= 1 Muschel), ** 4 Kästchen, 1 Muschel. Ab ** noch 3mal wiederholen.
4. R: 3 Wende-Lm, 5mal abwechselnd: 3 Kästchen – in jede M der Muschel 1 Stb und in das mittlere Stb 3 Stb häkeln.
5. R: 3 Wende-Lm, 5mal abwechselnd: 2 Kästchen – in jede M der Muschel 1 Stb und in das mittlere Stb 3 Stb häkeln.
6. R: 3 Wende-Lm, 5mal abwechselnd: 1 Kästchen – in jede M der Muschel 1 Stb – 1 Lm und in das mittlere Stb 3mal 1 Stb – 1 Lm häkeln.
7. R: 2 Wende-Lm, dann 5mal: 1 fM in das mittlere Stb des Kästchens – in jede M der Muschel 1 Stb – 1 Mausezähnchen (= 3 Lm, 1 fM in die 1. der 3 Lm). Die Borte dämpfen und von Hand oder mit der Nähmaschine mit Zickzackstichen an die Kante nähen. Für das Monogramm eine in der Länge dem Buchstaben entsprechende Lm-Kette häkeln und 1 R fM und 1 R Mausezähnchen darüberhäkeln. Den Buchstaben in die richtige Form legen, auf dem Handtuch festheften und mit der Hand oder mit der Nähmaschine aufnähen.

Badezimmerteppich
Material: 80 cm weißer Frotteestoff 110 cm breit, rutschfester Gummistoff in entsprechender Größe, 100 g dunkelbraunes Baumwollgarn und viele bunte Baumwollreste, Häkelnadel Nr. 3.
Anleitung: Aus der braunen Baumwolle in Stb und fM mehrere bis 65 cm lange Streifen häkeln. Aus diesen Streifen ein Körbchen flechten. Den Korb sorgfältig auf den Frottee aufnähen. Aus den bunten Resten viele verschiedene Blüten- und Blattmotive häkeln und diese schön verteilt, wie die Abbildung auf S. 215 zeigt, auf den Frottee aufnähen. Den fertigen Frotteeteppich gut dämpfen. Dann mit dem Gummistoff abfüttern und zuletzt die Kanten 3 cm breit absteppen.

Weiße Zopfmusterdecke
Material für eine 160 × 220 cm große
Decke: ca. 4000 g Sportwolle, Strick-
nadeln Nr. 5$^1/_2$.
Anleitung: Die Decke besteht aus 7
Streifen von je 220 cm Länge, die anschließend zusammengenäht werden.
Streifen 1 und 6: Je 44 M anschlagen
und durchgehend im Zopfmuster 5
(siehe Seite 93) stricken. Die M ab-
ketten.
Streifen 2 und 5: 42 M anschlagen und
die M wie folgt aufgeteilt stricken: 3 M
li, 10 M Zopf aus Zopfmuster 4 (siehe
Seite 92), 2 M li, 12 M Zopf aus Zopfmuster 6 (siehe Seite 93), 2 M li, 10 M
Zopf aus Zopfmuster 4, 3 M li
Streifen 3 und 4: 34 M anschlagen und
die M wie folgt aufgeteilt stricken: 3 M
li, 8 M Zopf aus Zopfmuster 2 (siehe
Seite 91), 2 M li, 8 M Zopf aus Zopfmuster 3 (siehe Seite 92), 2 M li, 8 M
Zopf aus Zopfmuster 2, 3 M li
Mittelstreifen: 64 M anschlagen und
die M wie folgt aufgeteilt stricken:
RandM, 20 M Blattmotive (siehe
Seite 99, bei 20 M Breite ergeben sich
danach: 1. R: 6 M li, 1 U, 1 M re, 1 U,
6 M li, 1 U, 1 M re, 1 U, 6 M li). Es
folgen 22 M Zopfmuster 5, dann wieder 20 M Blattmotive, RandM
Wenn alle Streifen gestrickt sind, werden sie von links sehr vorsichtig gedämpft. Das Zusammennähen erfolgt
in dieser Reihenfolge: Streifen 1 – 2 – 3
– Mittelstreifen – Streifen 4 – 5 – 6.
Zuletzt über die Kanten noch 2 Rd fM
und 1 Rd fM im Krebsstich (siehe Seite
54) häkeln.

Zopfmuster – einmal ganz anders
*Auch diese Zopfdecke besteht aus lauter
Übungsstreifen. Sie ist weiß, paßt also zu
jeder Einrichtung und für jeden Zweck, und
wurde aus sieben langen Schals zusammen-
gesetzt, die in verschiedenartigen Zopfmu-
stern gearbeitet sind.
Natürlich kann man die Schals auch einzeln
verwenden. Sie sind praktisch und eignen
sich gut als Geschenk. Aber eine Zopfdecke
ist eben »mal ganz was anderes« und von
besonderem Reiz.*

Buntgeringelter Babysack
Material: je 100 g rote, violette, weiße, dunkelblaue, grüne und türkisfarbene Sportwolle, Häkelnadel Nr.4½, 35 cm langer Reißverschluß.
Grundmuster: 1. R: Stb **2. R:** fM Die 1. und 2. R fortlaufend wiederholen, dabei aber jeweils in das hintere Glied der M der VorR einstechen.
Farbfolge: Nach Belieben. In jeder R die Farbe wechseln.
Maschenprobe: 14 M in der Breite und 7 R in der Höhe ergeben 10 cm im Quadrat.
Rückenteil: 55 Lm anschlagen und im Grundmuster häkeln. Bis 46 cm Höhe auf beiden Seiten gleichmäßig verteilt

3mal 1 M abnehmen. Dann für die Ärmel auf beiden Seiten in jeder R 3mal 2 und 1mal 11 M zunehmen. Bis 58 cm Höhe gerade hochhäkeln.
Vorderteil: 55 Lm anschlagen und wie das Rückenteil beginnen. In 23 cm Höhe die Arbeit in der Mitte teilen und beide Seiten getrennt und gegengleich beenden. Die Seitenkanten und die Ärmel wie beim Rückenteil häkeln.
Kapuze: 74 Lm anschlagen und im Grundmuster 25 cm gerade hochhäkeln.
Ausarbeitung: Die Teile nach dem Schnitt spannen; leicht dämpfen. Die Schulternähte schließen. Das Kapuzenteil zur Hälfte zusammenlegen und

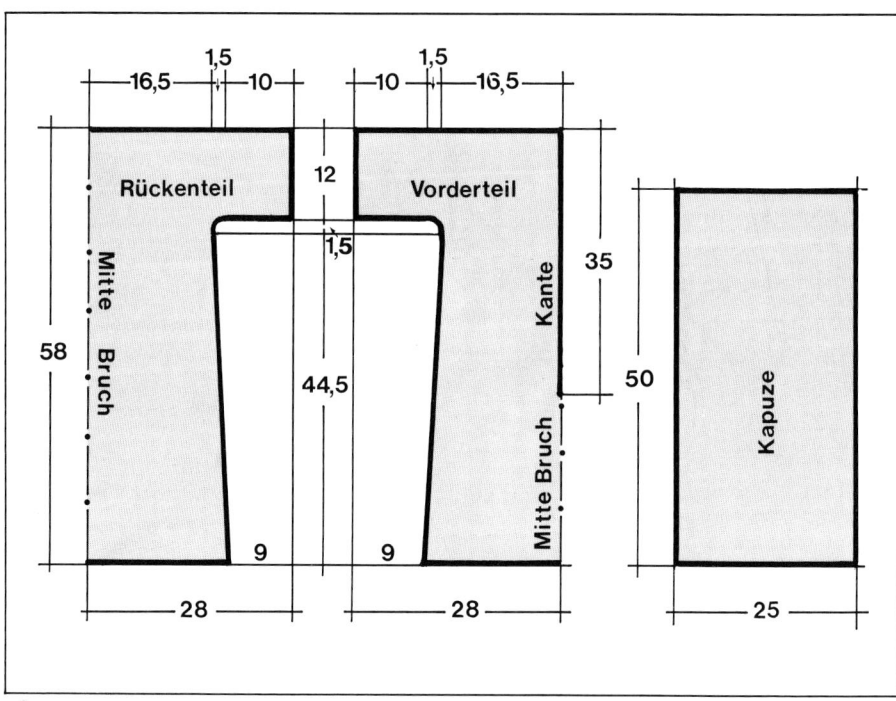

die rückw. Naht schließen (Häkelnähte siehe Seite 49f.). Die Kapuze an die obere Ausschnittkante annähen. Die vorderen Schlitzkanten und die äußere Kapuzenkante durchgehend mit 1 Rd fM im Krebsstich (siehe Seite 54) umhäkeln. Den Reißverschluß einnähen. Die Ärmel- und Seitennähte schließen. Die untere Naht schließen. Die unteren Ärmelkanten mit je 1 Rd fM und 1 Rd fM im Krebsstich umhäkeln.

Wem unser Farbvorschlag für den Strampelsack zu knallbunt ist, kann natürlich das übliche Hellblau oder Rosé verwenden (nur nicht unbedingt weiß, sonst muß zu oft gewaschen werden!). Gerade wenn man den Babysack verschenken will, sollte man sich vorher nach dem Geschmack der Mutter erkundigen. Es gibt noch erstaunlich viele »konservative« junge Mamas! Ein guter Kompromiß wäre übrigens ein Ringelmuster in harmonisch abgestimmten Pastellfarben.
Der Reißverschluß ließe sich auch durch Knöpfe und Schlingen ersetzen – sicherer fürs Baby ist allerdings der Reißverschluß.
Das Material muß unbedingt sehr weich sein – Babys haben eine zarte und empfindliche Haut. Zu »wuschlig« darf die Wolle aber auch nicht ausfallen. Sie könnte dann kratzen oder das Näschen reizen.

Gut eingehüllt im Strampelsack ▶

*Ein Babystrampelsack ist immer ein willkommenes Geschenk für die junge Mutter, für die Patin ein schönes, praktisches Mitbringsel. Ein Strampelsack ersetzt die Kinderwagendecke, hält wärmer und kann nicht verrutschen. Das ist gerade dann wichtig, wenn das Baby im Auto mitgenommen wird oder im Garten, im Park oder auf dem Balkon sein Schläfchen in der Sonne hält.
Ein langer Reißverschluß erleichtert das »Ein- und Aussteigen«. Der Sack ist um so hübscher, je bunter er ist (dann braucht er auch nicht so oft gewaschen zu werden).*

221

Blau-violett-rosa gestreifte Häkeltasche

Material: 150 g dunkelblaue und je 50 g violette und rosa Baumwolle, Häkelnadel Nr. 3½.

Grundmuster: hStb

Farbfolge: * 6 R blau, 4 R violett, 2 R rosa. Ab * fortlaufend wiederholen.

Maschenprobe: 19 M in der Breite und 14 R in der Höhe ergeben 10 cm im Quadrat.

Anleitung: Die Tasche wird in zwei Teilen gehäkelt. Für jedes Teil in Blau 28 Lm + 2 Wende-Lm anschlagen und im Grundmuster und in der Farbfolge häkeln. Dabei zunächst an beiden Seiten in jeder R 1 M zunehmen, insgesamt 14mal. Dann bis 37 cm Gesamthöhe gerade hochhäkeln. Die beiden Teile mit blauem Garn entlang den Seitenkanten und der Unterkante mit 1 R fM zusammenhäkeln. Zum Abschluß noch 1 R fM im Krebsstich (siehe Seite 54) häkeln. Für den Träger in Blau 190 Lm anschlagen. 4 R im Grundmuster häkeln. Als Abschluß über beide Längskanten je 1 R fM im Krebsstich häkeln. Die Trägerenden an den Seitennähten annähen.

◄ **Häkeltaschen, einfarbig und bunt**
Häkeltaschen sind hübsche Geschenke für die Freundin oder die Kollegin (und natürlich kann man auch sich selbst damit beschenken). Material- und Zeitaufwand sind gering und die Freude über das gelungene Werk groß. Und lassen sich angefangene Handarbeiten, Turn- und Badesachen oder kleine Einkäufe nicht viel besser in solch einem anmutigen Baumwollbeutel unterbringen als in einer Plastiktüte?

Buntgeringelte Häkeltasche

Material für eine 35 × 40 cm große Tasche: ca. 200 g bunte Baumwollreste gleicher Stärke und 50 g in Orange für die Oberkante, Häkelnadel Nr. 3.

Grundmuster: hStb in Rd gehäkelt.

Maschenprobe: 18 M in der Breite und 15 R in der Höhe ergeben 10 cm im Quadrat.

Anleitung: 65 Lm anschlagen und über die beiden Kanten des Lm-Anschlags im Grundmuster und in beliebiger Farbfolge in Rd häkeln. Bis 32 cm Höhe vielfarbig häkeln, dann 5 cm in Orange. Für den Griff jeweils die mittleren 24 M auf beiden Seiten mit je 24 Lm übergehen und noch 3 cm im Grundmuster darüberhäkeln.

Fliederfarbene Häkeltasche

Material: 250 g Baumwollgarn, Häkelnadel Nr. $3^{1}/_{2}$.

Grundmuster: Stb und Büschelstb (siehe Seite 15, Häkelmuster 11)

Maschenprobe: 16 Stb in der Breite und 8 R in der Höhe ergeben 10 cm im Quadrat.

Anleitung: Die Tasche wird in zwei Teilen gehäkelt. Für jedes Teil 49 Lm + 2 Wende-Lm anschlagen und wie folgt häkeln:

1. R: 5 Stb, 1 Lm, 1 GrundM übergehen, 1 Büschelstb, 1 Lm, 1 GrundM übergehen, 1 Büschelstb, 1 Lm, 1 GrundM übergehen, 8 Stb *1 Lm, 1 GrundM übergehen, 1 Büschelstb. Ab * noch 5mal wiederholen. Dann 1 Lm, 1 GrundM übergehen, 8 Stb, 1 Lm, 1 GrundM übergehen, 1 Büschelstb, 1 Lm, 1 GrundM übergehen, 1 Büschelstb, 1 Lm, 1 GrundM übergehen, 6 Stb

2. R: 3 Wende-Lm (= 1. Stb), 5 Stb, 1 Lm, 1 Büschelstb zwischen die 2 Büschelstb der VorR, 1 Lm, 8 Stb, 1 Lm, je 1 Büschelstb – 1 Lm zwischen die Büschelstb der VorR, 1 Lm, 8 Stb, 1 Lm, 1 Büschelstb zwischen die Büschelstb der VorR, 1 Lm, 6 Stb

Die 1. und 2. R fortlaufend wiederholen. 35 cm gerade hochhäkeln. Die Teile entlang den Seitenkanten und der Unterkante mit fM zusammenhäkeln, dann noch 1 R fM im Krebsstich (siehe Seite 54) darüberhäkeln. Dann wird die Oberkante mit dem Eingriff mit fM in Rd über die Öffnung gehäkelt: 5 cm gerade hochhäkeln. Auf beiden Seiten für den Schlitz die mittleren 24 M mit 24 Lm übergehen. Noch 3,5 cm gerade darüberhäkeln.

Runder Häkelteppich

Material: Für einen Teppichdurchmesser von ca. 1,50 m 2000 g farbechte Baumwolle: 500 g dunkelbraun, je 400 g goldgelb, olivgrün und blaßgrün, je 150 g schwarz und orange, Häkelnadel Nr. $3^{1}/_{2}$, Imprägnierungsspray gegen Flecken.
Grundmuster: fM in Rd gehäkelt.
Farbfolge: 1.–10. Rd: dunkelbraun **11. Rd:** schwarz **12.–22. Rd:** dunkelbraun **23. Rd:** oliv **24.–29. Rd:** dunkelbraun **30. Rd:** blaßgrün **31. und 32. Rd:** dunkelbraun **33.–37. Rd:** oliv **38. Rd:** blaßgrün **39. Rd:** oliv **40.–43. Rd:** blaßgrün **44. Rd:** dunkelbraun **45. Rd:** goldgelb **46. Rd:** dunkelbraun **47.–52. Rd:** goldgelb **53. Rd:** orange **54.–56. Rd:** goldgelb **57. Rd:** blaßgrün **58. Rd:** goldgelb **59. Rd:** oliv **60. Rd:** goldgelb **61. Rd:** dunkelbraun **62. Rd:** schwarz **63. und 64. Rd:** goldgelb **65. Rd:** blaßgrün **66. Rd:** goldgelb **67.–69. Rd:** blaßgrün **70. Rd:** oliv **71. Rd:** blaßgrün **72.–76. Rd:** oliv **77.–81. Rd:** dunkelbraun **82.–84. Rd:** schwarz **85. Rd:** dunkelbraun **86. Rd:** goldgelb **87. Rd:** dunkelbraun **88. Rd:** orange **89 Rd:** dunkelbraun **90. Rd:** goldgelb **91. Rd:** orange **92. Rd:** goldgelb **93. Rd:** orange **94.–96. Rd:** goldgelb **97. Rd:** blaßgrün **98. Rd:** goldgelb **99. und 100. Rd:** blaßgrün **101. Rd:** oliv **102. Rd:** dunkelbraun **103. Rd:** oliv **104. und 105. Rd:** dunkelbraun
Arbeitsanleitung: 6 Lm anschlagen und mit 1 Km zum Ring schließen.

1. Rd: 12 fM **2. Rd:** 24 fM **3. Rd:** abwechselnd 1 mal 1 fM und 1 mal 2 fM in die M der Vorrd **4. Rd:** abwechselnd 2 mal 1 fM und 1 mal 2 fM in 1 GrundM **5. Rd:** abwechselnd 3 mal 1 fM und 1 mal 2 fM in eine GrundM usw.
Beim Weiterhäkeln darauf achten, daß der Teppich sich weder zusammenzieht (das würde bedeuten, daß zuwenig zugenommen worden ist) noch daß er Wellen schlägt (was bedeuten würde, daß zuviel zugenommen wurde). Als Abschluß noch 1 Rd fM mit doppeltem Faden über die Außenkante häkeln.
Den Teppich leicht gedehnt aufstecken und dämpfen. Ausdampfen lassen.
Den Teppich dann mit dem Spray gut einsprühen und trocknen lassen.

Ein kreisrundes Schmuckstück

Dieser Häkelteppich ist kein Mitbringsel mehr, sondern ein großes Geschenk für jemand, der so etwas zu schätzen weiß. Oder ein Schmuckstück für die eigene Wohnung. Der Teppich wird einfach mit festen Maschen in Runden gehäkelt; die Farben müssen gut auf den Raum abgestimmt werden, in welchem er einmal liegen soll.
Häkelteppiche, ob rund oder rechteckig, sind übrigens sehr leicht zu pflegen. Der fertige Teppich wird gut mit einem Fleckenschutzspray eingesprüht und kann später in der Waschmaschine gereinigt werden – er wird immer wieder wie neu aussehen.
Teppiche dieser Art sind ideal für eine Eßecke und ein guter Schutz für einen teuren Teppichboden.

Weißer Häkelvorhang
Material: 200 g feines Baumwollgarn, Häkelnadel Nr. 2½b.
Anleitung: 119 Lm + 2 Wende-Lm anschlagen und nach der Zählvorlage häkeln. Die leeren Kästchen bedeuten: * 1 Stb, 1 Lm, 1 GrundM übergehen. Ab * wiederholen. Die Punkte besagen, daß statt der Lm ein Stb gehäkelt wird. Wenn der Vorhang nach dem Zählmuster fertiggehäkelt ist, werden über die Seitenkanten noch je 3 R längs heruntergehäkelt, und zwar in der 1. R abwechselnd 3 Stb, 1 Lm, in der 2. R dann die 3 Stb um die Lm der VorR und die 3. R wieder wie die 1. R. Zum Abschluß eine Bogenkante wie folgt häkeln: 1 fM in die 1. Lm der VorR, 8 Stb in die folg. Lm (die 3 Stb also jeweils übergehen), 1 fM in die dann folg. Lm usw. Zum Schluß die großen Bögen entlang der Unterkante häkeln. Sie werden zunächst einzeln gehäkelt. In das 3. leere Feld neben der Kante 1 fM häkeln, 1 Feld von 3 Stb übergehen, in das folg. Leerfeld 14 Stb, 1 Feld übergehen, 1 fM in das folg. leere Feld, 1 fM, 3 Lm, 1 Feld übergehen, 1 fM, wenden. Dann 6mal 1 Stb, 1 Lm, 2mal 1 Stb, 1 Lm, 1 Stb in 1 GrundM, 6mal 1 Stb, 1 Lm. 1 fM in das nächste leere Feld der Unterkante des Vorhangs, 3 Lm, 1 fM in das dann folg. Leerfeld. Wenden, und nun in jedes Stb der VorR 1 Stb, 1 Lm häkeln. Den Faden abschneiden. 3 Leerfelder der Unterkante frei lassen und mit einem weiteren Bogen beginnen. Wenn alle Bögen gehäkelt sind, wird noch als Verbindung die letzte Bogenkante gearbeitet, und zwar durchgehend über alle großen Bögen. 1 fM in das 1. Stb des Bogens * 1 Stb übergehen, 5 Stb in das folg. Stb, 1 Stb übergehen, 1 fM Ab * bis Ende wiederholen.

Topfhandschuh »Kanne«
Material: je Handschuh 50 g orangerotes und einen Rest gelbes Baumwollgarn, Häkelnadel Nr. 3½.
Grundmuster: hStb in Rd gehäkelt.
Anleitung: 26 Lm anschlagen. Die 1. R im Grundmuster häkeln. Die 2. R über die Unterkante der soeben gehäkelten R ebenfalls im Grundmuster häkeln. Nun in Rd weiterhäkeln: 19 Rd orange, 1 Rd gelb, 1 Rd orange, 1 Rd gelb, 1 Rd orange und 1 Rd gelb häkeln. Es folgen noch 1 Rd orange, 2 Rd gelb und 4 Rd orange, bei welchen für die »Schnute« wie folgt zugenommen wird: In der **1. Rd** re und li der M am Bruch in 1 GrundM je 2 M häkeln. **2. Rd:** In die äußeren der 2 M der VorRd je 2 M häkeln. **3. Rd:** In die äußeren M der zugenommenen M der VorRd 2 M häkeln usw.
Für den Henkel 26 Lm anschlagen und 2 R fM häkeln. Den Henkel an den der Schnute gegenüberliegenden Punkten annähen.

Gestrickter Topflappen »Socken«
Material: je 50 g orangefarbenes, gelbes, weißes und grünes Baumwollgarn, 1 Nadelspiel Nr. 3½
Anleitung: In Orange 48 M anschlagen und auf das Nadelspiel verteilt abstricken. 10 Rd orange, 10 Rd gelb,

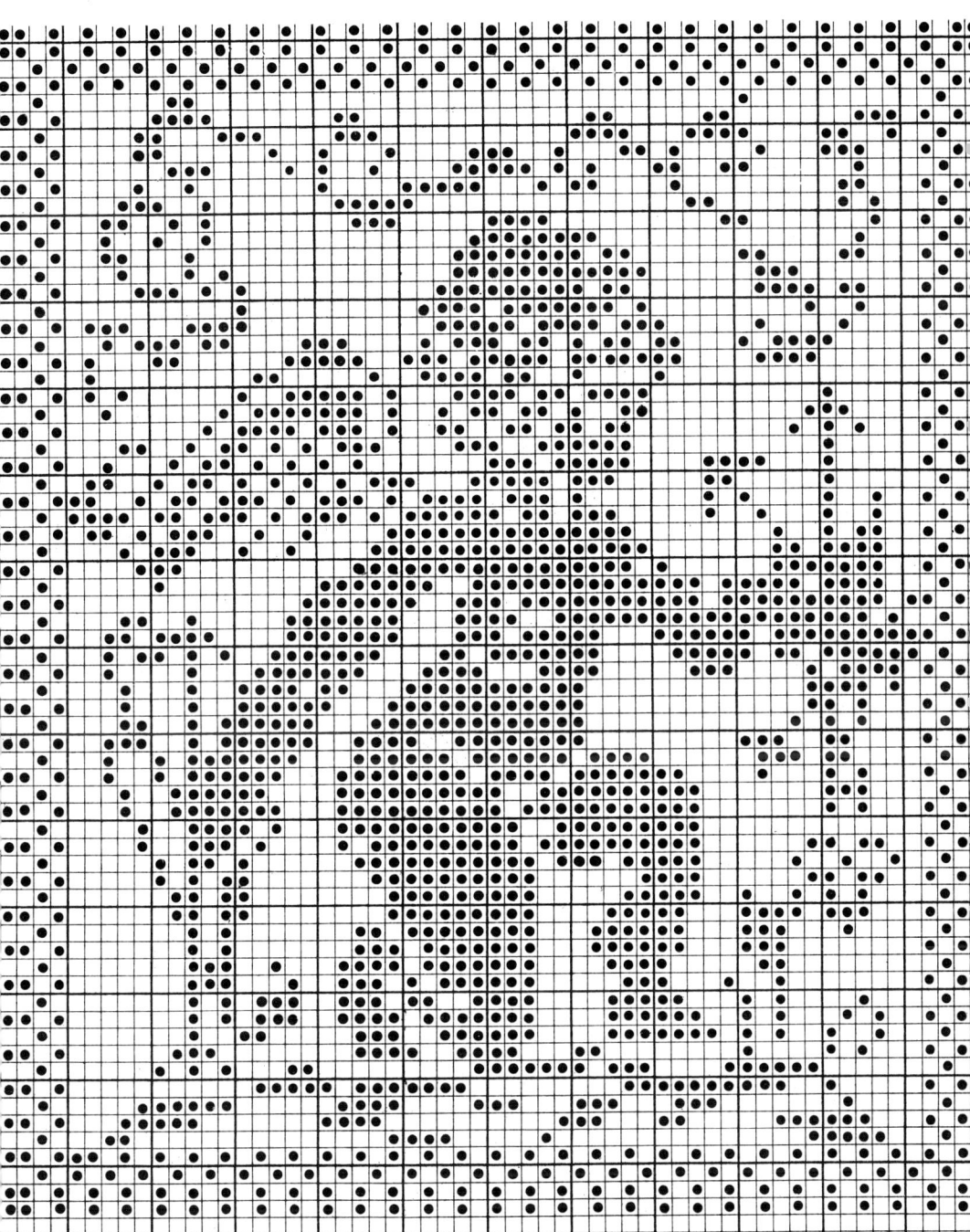

10 Rd weiß gerade hochstricken. In
Grün dann zuerst die Ferse stricken.
Die M der 1. und 2. Nadel re abstrikken, und dabei jeweils die 2 li M zusammenstricken. Es bleiben 18 M.
Diese M 14 R gerade hochstricken und
dann für das Käppchen in 3mal 6 M
aufteilen. Mit den mittleren 6 M beginnen und jeweils am Ende jeder R von
den danebenliegenden 1 M mehr mitstricken, bis wieder über alle M gestrickt wird. In Orange fortfahren. Die
M des Käppchens abstricken, aus der
Seitenkante der Ferse 8 M auffassen,
die stillgelegten M der 2 Nadeln abstricken und dabei ebenfalls die 2 li M
zusammenstricken. Aus der 2. Kante
der Ferse ebenfalls 8 M auffassen. Es
müssen nun 52 M auf den Nadeln sein.
In Rd glatt re fortfahren und dabei
8mal in jeder Rd jeweils die 1. und
letzte M der vorderen M mit 1 M der
aus der seitl. Ferse zugenommenen M
zusammenstricken. Noch 2 Rd gerade
hochstricken und in Gelb fortfahren.
26 Rd gelb und 4 Rd weiß gerade
hochstricken, dann in Grün 2 Rd gerade hochstricken und für die grüne
Spitze mit den Abnahmen beginnen.
Dafür in jeder Rd jeweils die zweit-
und drittletzte M der 1. Nadel, die 2.
und 3. M der 2. Nadel, die zweit- und
drittletzte M der 3. Nadel und die 2.
und 3. M der 4. Nadel zusammenstrikken. Wenn nur noch insgesamt 8 M
vorhanden sind, den Faden abreißen,
durch die M ziehen und vernähen. An
der rückw. Sockenkante einen Aufhänger anbringen: 18 fM in 14 Lm häkeln.

Hübsche Kleinigkeiten für die Küche
*Über solch fröhlich-bunte Dinge ist be-
stimmt jede Hausfrau entzückt, die nicht nur
ans »leidige Essen« denkt, wenn sie in der
Küche steht und brutzelt.*
*Bringen Sie guten Freunden statt Blumen
einmal ein paar lustige Topflappen mit – die
Gastgeber werden sich noch lange an den
vergnügten Besuch erinnern.*
*Eine nostalgische Häkelgardine ist für einen
größeren Anlaß gedacht – und nicht für
Leute natürlich, die an einer Küche nur das
technisch Perfekte zu schätzen wissen.*
*Topflappen können auch einmal eine ande-
re Form haben. Über die großen Handschuhe oder Socken wird sich bestimmt auch der
Hausherr freuen, wenn er am Grill hantiert.*

Gestrickter Topflappen »Handschuh«
Material: je 50 g orangefarbenes, gelbes, weißes, grünes und rotes Baumwollgarn, 1 Nadelspiel Nr. 3½.
Anleitung: In Orange 48 M anschlagen und auf das Nadelspiel verteilt abstricken. 2 M re, 2 M li im Wechsel stricken, und zwar 10 Rd orange, 10 Rd gelb, 10 Rd orange. In Weiß glatt re fortfahren. In der 3. weißen Rd für den Spickel vor und nach der vorletzten M der 1. Nadel jeweils 1 U machen und diesen in der 4. Rd verschränkt abstricken. Die 5. und 6. Rd in Weiß gerade hochstricken, dann in Orange fortfahren. Dabei in jeder 3. Rd vor und nach der zuletzt zugenommenen M wieder je 1 U, und diesen wieder in der folg. Rd verschränkt abstricken. Nach 14 Rd orange die 13 M des Spickels auf einen Faden ziehen und stilllegen. In Grün fortfahren, und in der nun 1. Rd statt der Daumen-M 3 M neu anschlagen. 2 Rd gerade hochstricken, und in der 4. Rd die 3 neu angeschlagenen M zusammenstricken. In Gelb 22 Rd und in Weiß 4 Rd gerade hochstricken. Für die Handschuhspitze in Rot 2 Rd gerade hochstricken, und dann in jeder Rd jeweils die zweit- und drittletzte M der 1. Nadel, die 2. und 3. M der 2. Nadel, die zweit- und drittletzte M der 3. Nadel und die 2. und 3. M der 4. Nadel zusammenstricken. Sind nur noch 8 M vorhanden, Faden abschneiden, durch die M ziehen und innen vernähen. Die Daumenmaschen auf 3 Nadeln verteilen. Den Daumen in Rot stricken. In der 1. Rd aus den 3 neu angeschlagenen M 3 M herausstricken. 2 Rd gerade hochstricken, und in der 3. Rd die herausgestrickten 3 M zusammenstricken. 10 Rd gerade hochstricken, und in der folg. Rd abwechselnd 1 M re, 2 M zusammenstricken. Noch 1 Rd ohne Abnahme stricken, dann den Faden abschneiden, durch die restlichen M ziehen und innen vernähen. In die obere Kante 1 fM – 14 Lm – 1 fM häkeln, wenden und 18 fM in die Schlaufe häkeln.

Zwei Topflappen mit eingehäkelten Motiven
Material: 100 g Baumwollgarn in der Grundfarbe und 50 g in einer Kontrastfarbe für das einzuhäkelnde Muster, Häkelnadel Nr. 3.
Grundmuster: fM
Maschenprobe: 28 M in der Breite und 30 R in der Höhe ergeben 10 cm im Quadrat.
Anleitung: 42 Lm in der Grundfarbe anschlagen und im Grundmuster häkeln. Nach 7 R mit dem Muster beginnen und dafür nach dem Zählmuster das Motiv in der Mitte des Topflappens einhäkeln. Bis 18 cm Höhe gerade hochhäkeln. Zum Abschluß den Topflappen in der Grundfarbe wie folgt umhäkeln: **1. Rd:** fM **2. Rd:** * 1 fM, 3 GrundM übergehen, 6 Stb in die folg. M, 3 GrundM übergehen, ab * wiederholen. Für den Aufhänger an einer oberen Ecke eine Schlaufe von 15 Lm anhäkeln und in diese Schlaufe 30 fM häkeln.

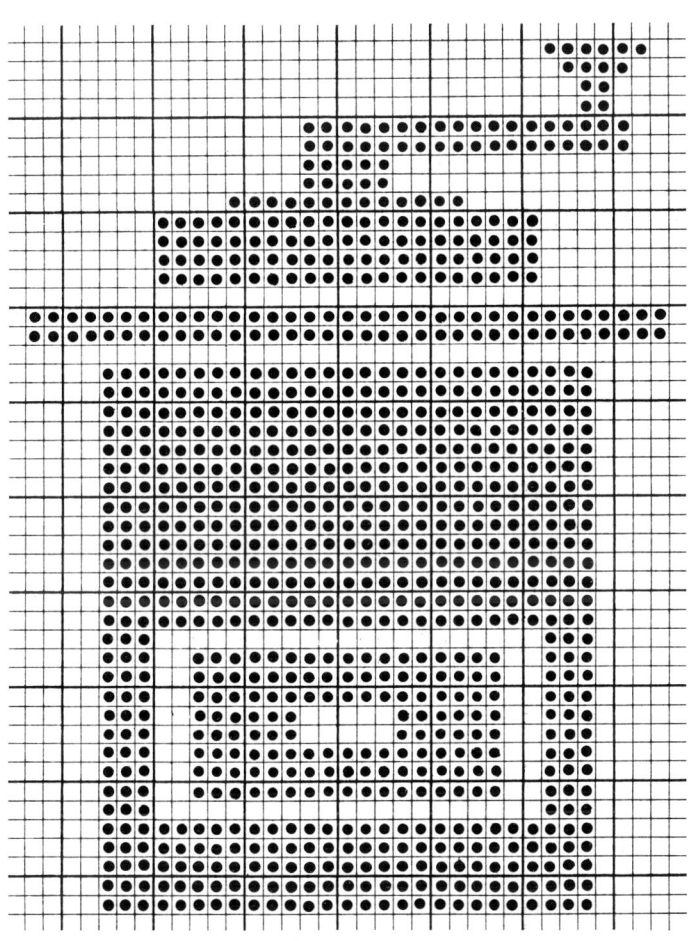

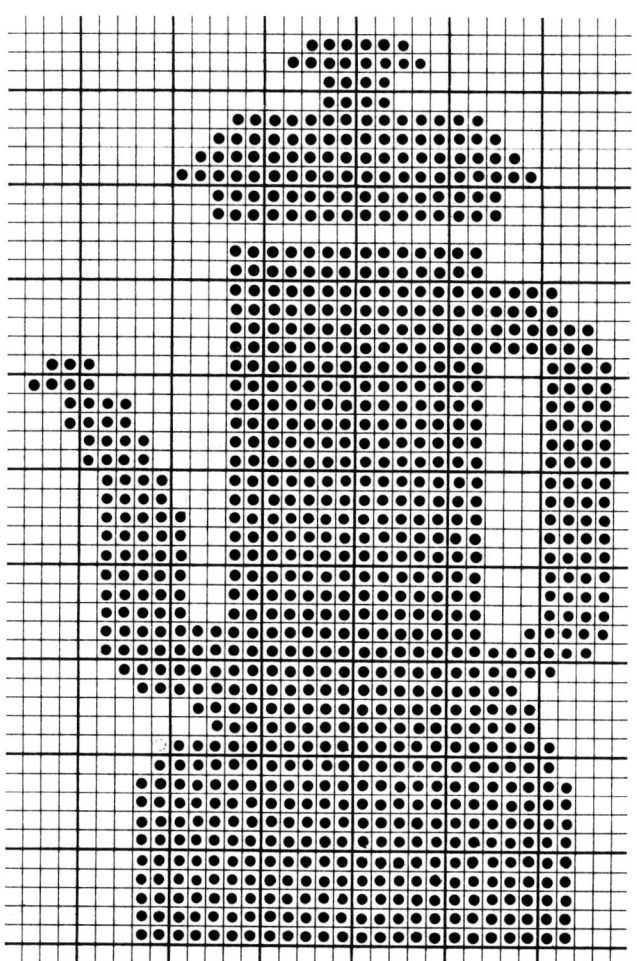

Gehäkelter runder Topflappen mit großer Rosette

Material: je 50 g Baumwollgarn in Rohweiß, Braun, Orange und Grün, Häkelnadel Nr. 3.

Anleitung: In Rohweiß 8 Lm anschlagen und mit 1 Km zum Ring schließen. **1. Rd:** 16 fM **2. Rd:** 32 fM **3. Rd:** 40 fM **4. Rd:** in Orange 40 fM **5. Rd:** in Orange 8mal abwechselnd 1 fM, 6 Lm, 4 Grund-M übergehen. **6. Rd:** in Orange jeweils 1 fM über die fM der Vor-Rd und 9 Stb in die Lm-Bögen **7. Rd:** in Rohweiß in jede fM der orangefarbenen 4. Rd je 1 fM häkeln. **8.–10. Rd:** fM in Rohweiß, dabei in jeder Rd gleichmäßig verteilt 8 M zunehmen. **11. Rd:** fM in Braun: * 7 fM, bei der 8. M gleichzeitig in die darunterliegende fM und das mittlere Stb der orangefarbenen Bögen einstechen. Ab * wiederholen. **12.–14. Rd:** fM in Rohweiß, dabei in jeder Rd gleichmäßig verteilt 6 M zunehmen. **15. Rd:** fM in Grün. **16. Rd:** in Grün: * 1 fM, 5 Lm, 3 Grund-M übergehen. Ab * fortlaufend wiederholen. **17. Rd:** in Rohweiß in jede fM der 15. Rd 1 fM **18. und 19. Rd:** fM in Rohweiß, dabei in jeder Rd gleichmäßig verteilt 6 M zunehmen. **20. Rd:** in Grün: * 2 fM, 1 fM und dabei gleichzeitig in die darunterliegende fM und unter den Lm-Bogen der 16. Rd einstechen, 2 fM – 3 Lm – 1 fM in die 1. der 3 gerade gehäkelten Lm (= 1 Mausezähnchen). Ab * wiederholen. **21. Rd:** in Braun abwechselnd 4 Stb in die fM über den hochgeholten Lm-Bögen und 1 fM in das Mausezähnchen der VorRd. Zuletzt den Aufhänger arbeiten: 14 Lm häkeln und 18 fM in die Schlaufe häkeln.

Gehäkelter runder Topflappen mit kleiner Rosette

Material: je 50 g rohweiße und dunkelbraune Baumwolle, dazu Reste in Orange und Grün, Häkelnadel Nr. 3.

Anleitung: In Braun 6 Lm anschlagen und mit 1 Km zum Ring schließen. **1. Rd:** 10 fM **2. Rd:** 5mal abwechselnd 2 fM, 2 Lm **3. Rd:** in Orange jeweils 1 fM in die fM der VorRd und 6 Stb unter die Lm der VorRd **4. Rd:** in Grün 5mal abwechselnd 2 fM, 6 Lm. Dabei die fM unterhalb der orangefarbenen Blütenblätter der VorRd in die braunen fM der 2. Rd einstechen. **5. Rd:** in Grün jeweils 1 fM in die fM der VorRd und 8 Dstb in die Lm-Bögen **6. Rd:** 5mal abwechselnd 2 fM, 7 Lm, dabei die fM in die fM unterhalb der grünen Blätter häkeln. **8. Rd:** in Rohweiß je 8 fM in jeden Lm-Bogen der VorRd **9.–15. Rd:** in Rohweiß fM häkeln und dabei in jeder Rd gleichmäßig verteilt 6 M zunehmen. **16. Rd:** in Braun in jede 2. M der VorRd 1 Büschel-Stb, 1 Lm häkeln (siehe Häkelmuster 11). **17.–20. Rd:** in Rohweiß fM, dabei in jeder Rd gleichmäßig verteilt 6mal 1 M zunehmen. **21. Rd:** in Braun: * 1 fM, 2 Grund-M übergehen, 6 Stb in die folg. M, 2 Grund-M übergehen. Ab * wiederholen.

Für die Schlaufe 1 fM – 14 Lm – 1 fM in die folg. M häkeln, wenden und 18 fM in die Schlaufe häkeln.

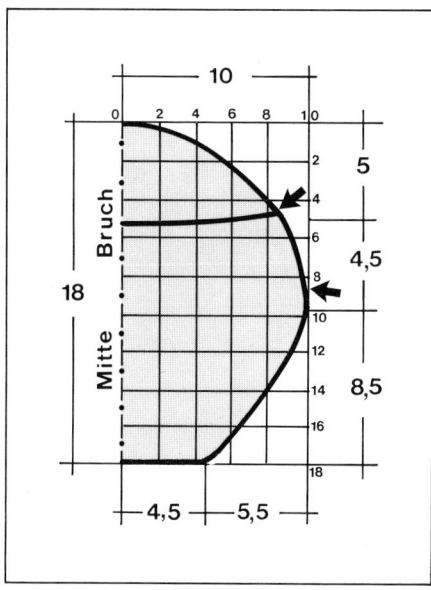

Gehäkelter Topflappen »Suppen-schüssel«

Material: je 50 g orangefarbenes und braunes Baumwollgarn, Häkelnadel Nr. 3.

Grundmuster: hStb

Anleitung: Der Topflappen wird zunächst durchgehend in Orange gehäkelt: 18 Lm anschlagen und im Grundmuster häkeln, dabei auf beiden Seiten in jeder R 16mal 1 M zunehmen. 4 R gerade hochhäkeln und dann 4mal in jeder 2. R beidseitig je 1 M abnehmen. Dann 8mal in jeder R beidseitig je 2 M abnehmen. Ober- und Seitenkanten in Orange mit fM umhäkeln, die Unterkante in Braun mit fM im Krebsstich (siehe Seite 54). Das Teil nach dem Schnitt spannen; leicht dämpfen. Den Deckelrand in Braun mit 1 R fM im Krebsstich aufhäkeln. Für die Henkel wie eingezeichnet von ∕ bis ∕ in Braun je 12 Lm häkeln, und in diese Bögen jeweils 15 fM im Krebsstich häkeln. Für den Deckelknopf in Braun 6 Lm anschlagen und zum Ring schließen.

1. Rd: 8 fM **2. Rd:** 16 fM **3. Rd:** 24 fM im Krebsstich. Zuletzt wird der Knopf in der Mitte des Deckels aufgenäht.

Die wichtigsten Maße

Strick- und Häkelkleidung erfordert nicht so viele detaillierte Maße wie geschneiderte: Im Gegensatz zu Stoffen ist Maschiges elastisch. Oberweite, Taillenweite und Hüftweite kann man mit einem Maßband leicht selbst ausmessen: Ober- und Hüftweite an der weitesten Stelle von Busen und Po, Taillenweite an der engsten. Für unkomplizierte Sachen genügt die äußere Ärmellänge von Schulterende bis

Maßtabelle für Damen

Größe	34	36	38	40	42	44	46
Oberweite	80	84	88	92	96	100	104 cm
Taillenweite	60	63	66	70	74	80	86 cm
Hüftweite	88	90	94	98	102	106	112 cm
Vordere Taillenlänge	43	44	45	46	47	48	49 cm
Rückwärtige Taillenlänge	40	40	40	40,5	41	41,5	42 cm
Innere Ärmellänge	43	43	43	44	44	44	44 cm
Schulterbreite	12	12,5	12,5	13	13	13,5	14 cm

Maßtabelle für Herren

Größe	46	48	50	52	54
Oberweite	92	96	100	104	108 cm
Taillenweite	80	84	88	92	96 cm
Hüftweite	100	104	108	112	116 cm
Taillenlänge	43	44	45	46	47 cm
Innere Ärmellänge	44	45	45	46	46 cm

Hand. Die ganze Länge von Pullovern, Jacken oder auch Kleidern wird vom oberen Schulterpunkt an gemessen, die Rückenbreite – falls erforderlich – von Schulterkante zu Schulterkante. Kompliziertere Schnitte für Bikinis, Hosen, Kapuzen oder Capes müssen genau nach Vorlage gezeichnet und dann ganz individuell abgeändert werden, auf ebensolche Weise wie beschrieben. Dabei muß immer beachtet werden, daß die Form erhalten bleibt.

Maßtabelle für Kinder
Die Größe entspricht der Körperhöhe

Größe	80	86	92	98	104	110	116
Oberweite	52	54	56	58	60	62	64 cm
Taillenweite	52	54	56	57	59	60	62 cm
Hüftweite	56	58	60	62	64	66	68 cm
Vordere Taillenlänge	22	23	26	27	29	30	32 cm
Innere Ärmellänge	21	23	24	26	28	29	30 cm
Rocklänge	15	18	21	22	23	24	25 cm
Seitenlänge	46	50	54	58	62	65	68 cm
Beinlänge	29	33	36	40	43	46	49 cm

Größe	122	128	134	140	146	152	158
Oberweite	66	68	70	72	74	76	78 cm
Taillenweite	64	65	66	67	67	68	68 cm
Hüftweite	70	72	74	76	78	82	84 cm
Vordere Taillenlänge	34	35	36	37	39	39	40 cm
Innere Ärmellänge	32	33	35	36	37	37	38 cm
Rocklänge	26	28	30	30	33	34	35 cm
Seitenlänge	72	75	78	81	84	90	93 cm
Beinlänge	52	55	58	60	63	67	70 cm

Register

(26)
27cm

Schulte 36,√

Ges 49